W0038913

Heinz Dieterich • **Der Sozialismus des 21. Jahrhunderts**

DER SOZIALISMUS DES 21. JAHRHUNDERTS

Wirtschaft, Gesellschaft und Demokratie nach dem globalen Kapitalismus

Heinz Dieterich

KAI HOMILIUS VERLAG, 2006
Politik und Denken Band 3

Die neuen Zeiten, von den alten wund
Sind neu genug erst, wenn wir aufrecht stehn.
Die Plage dauert und kann uns vergehn.
In unsern Händen halten wir den Grund.

Volker Braun „Großer Frieden" (Epilog)

IMPRESSUM

© Kai Homilius Verlag 2006, 2. Auflage
Alle Rechte vorbehalten. Ohne ausdrückliche
Genehmigung des Verlages ist es nicht gestattet,
dieses Werk oder Teile daraus auf fotomechanischem
Wege (Fotokopie, Mikrokopie) zu vervielfältigen
oder in Datenbanken aufzunehmen.

Kai Homilius Verlag
Christburger Straße 4, 10405 Berlin
Tel.: 030 28 38 85 10 / Fax: 030 28 38 85 18
www.kai-homilius-verlag.de
Email: home@kai-homilius-verlag.de
Internetseite zum Buch: http://www.puk.de

Autor:	Heinz Dieterich
Vorwort:	Manfred Wekwerth
Widmung:	Volker Braun
Lektorat:	Saskia Pawlitzki
Cover:	Joachim Geißler
Satz:	KM Design, Berlin
Druck:	Ueberreuter Tschechien
ISBN:	3-89706-652-1
Preis:	€9,90

Die Deutsche Bibliothek-CIP-Einheitsaufnahme

Heinz Dieterich
Der Sozialismus des 21. Jahrhunderts/ Dieterich, Heinz
Kai Homilius Verlag, 2006

ISBN: 3-89706-652-1
Ne: GT

INHALTSVERZEICHNIS

Vorwort zur deutschen Ausgabe

Eines ist sicher: dieses Buch wird etwas in Gang setzen. Oder, wie Brecht sagt: Stillstand dialektisieren. Stößt es doch bei uns in eine Situation, in der das Kapital alles versucht, mit der Zauberformel der Alternativlosigkeit die Geschichte anzuhalten. Obwohl der Sieg über den Sozialismus als endgültig verkündet wurde, fürchtet man offenbar den Sozialismus mehr als je zuvor. Von den Kathedern, den Kanzeln, den Bildschirmen predigt man unablässig die Sinnlosigkeit jeder Veränderung des Systems. Man diskreditiert, vom Sklavenaufstand des Spartacus angefangen, systematisch alles, was Revolutionen je hervorbrachten und nimmt damit den Menschen Fähigkeit und Mut, Alternativen auch nur zu denken. Die stereotype Behauptung, diese Welt sei vielleicht nicht die beste, aber heute die einzig mögliche, soll allgemeines Alltagsbewusstsein werden, denn das bietet – mehr als jede Gewalt – eine zuverlässige Sicherung der Herrschaft „der verordneten Unordnung und planmäßigen Willkür".[1]

Auch selbsternannte Linke haben das „Ende der großen Erzählungen" entdeckt. Sie bedauern, von Gesellschaftsumwälzungen Abstand nehmen zu müssen, da die Welt sich mit zunehmender Zivilisation global so verkompliziert habe, dass gesellschaftliche Zusammenhänge nicht mehr erkennbar seien. Die Welt sei in ihre Einzelheiten zerfallen und seien nunmehr die einzig fassbare Realität. Eine Suche nach Wahrheit gliche unter diesen Bedingungen der Plackerei jenes Sisyphos von Korinth, der wenigstens noch wusste, was ein Stein ist. Wahrheit sei heute überhaupt, wie jedes Denken in Systemen, eine Verirrung, da sie den freien Willen, den Liberalismus, einschränke. Sie sei nicht Heilung, sondern die eigentliche Krankheit. „Kämpfen wir also gegen den weißen Terror der Wahrheit, mit und für die rote Grausamkeit der Singularitäten."[2] Heute sei Revolutionär, wer dies kühn erkenne und dafür sorge, dass diese Theorie die Massen ergreift. Links-Sein heiße heute, den Leuten helfen, „den Gürtel enger zu schnallen,

---

1 – Bertolt Brecht
2 – Jean-Francois Lyotard, postmoderner Philosoph

9

wenn wir uns nicht daran aufhängen wollen."[3] Damit enden natürlich Klassenkämpfe wie die um die Enteignung des Kapitals, denn „es geht weniger um die Frage, wer Eigentümer ist, sondern wie mit Eigentum umgegangen wird."[4] Und Sozialismus ist auch nicht mehr einseitig nur der Sieg der Mühseligen und Beladenen, „heute ist der Sozialismus eine Philosophie gesellschaftlichen Zusammenlebens".[5]

In diese „Eiswüste der Abstraktion"[6] stößt nun ein Buch von unerhörter Konkretheit. Es will nicht mehr und nicht weniger als hier und heute „alle Verhältnisse umwerfen, in denen der Mensch ein erniedrigtes, ein geknechtetes, ein verlassenes, ein verächtliches Wesen ist".[7]

Heute ist eindeutig, dass keines der entscheidenden Subsysteme der bürgerlichen Gesellschaft, die nationale Marktwirtschaft, der Klassenstaat und die plutokratische Minderheitsdemokratie Quellen systemstabilisierender Inputs für das Gesamtsystem mehr darstellen. Dieses gerät dadurch immer mehr in Widersprüche, die die herrschende Klasse nicht mehr adäquat lösen kann. Sie sind nur noch durch Aufgabe des Systems zu beseitigen, und dies kann nur gegen den Willen der Herrschenden geschehen.

Das ist die Funktion des „Neuen Historischen Projekts"[8].

Dazu werden im Buch in nahezu enzyklopädischer Akribie die widersprüchlichen Entwicklungen von Natur und Mensch aufgerissen und zwar vom Beginn menschlichen Denkens bis zu den komplizierten Netzwerken moderner Kommunikationswissenschaft. Denn nur die „konkrete Analyse der konkreten Situation"[9] vermag reale Zusammenhänge herzustellen, die allein dem Menschen ermöglichen, seine Lage zu erkennen. Und: „Wer seine Lage erkannt hat, wie soll der aufzuhalten sein?"[10]

Dieses Buch wird etwas in Gang setzen. Auch unter den Linken. Denn unter ihnen ist eine „Dialektisierung des Stillstandes" mehr als wünschenswert. Hier ist Stillstand nicht Folge mangelnder Erkenntnisse, im Gegenteil, deren Vielfalt schafft ihn. Welch eine Dynamik könnten die unterschiedlichen Meinungen – zum Bei-

3 – Klaus Harpprecht, SDP-Vordenker
4 – Gregor Gysi
5 – Oskar Lafontaine
6 – Walter Benjamin
7 – Karl Marx
8 – Heinz Dieterich
9 – Wladimir Iljitsch Lenin
10 – Bertolt Brecht

spiel zum Wert-Begriff oder zur Ideologie als falsches oder alltägliches Bewusstsein oder zum Proletariat als noch mögliches Subjekt historischer Entwicklung – in den linken Diskurs einbringen. Es scheint aber ein Ritual zu sein, den „Sieg" einer Meinung an der Niederlage der anderen zu messen.

Das Buch kennt eine andere Gangart. Hier kommt der „Sozialismus des 21. Jahrhunderts" nicht als Meinung ex cathedra daher, sondern „will zur kollektiven Konstruktion des neuen Sozialismus und der Mehrheitsdemokratie beitragen und als Geburtshelfer für das neue Subjekt universaler Emanzipation willkommen sein"[11].

Solche Haltung macht auch Passagen des Buches produktiv, die den einen oder anderen zum Widerspruch herausfordern. Ich denke da an die Ausführungen über die „Äquivalenz-Ökonomie", auf die sich der Autor wesentlich bezieht. Arno Peters, der Verfechter jenes Äquivalenz-Prinzips, das die jahrtausendwährende Ungleichheit in der Verteilung der produzierten Werte beseitigen will, greift auf Gedanken der „Großen Gleichheit" zurück, wie wir sie in den frühen chinesischen Utopie-Büchern DER WAHRE WEG oder DIE GROSSE ORDNUNG finden, konkretisiert sie aber ökonomisch in einem System des gerechten (äquivalenten) Werte-Austauschs. Durch Wegfall des Profits verliere die Warenproduktion ihren repressiven Charakter, um schließlich ganz zu verschwinden. Unternehmer und Arbeiter seien gleichgestellt, beide beziehen für ihre Tätigkeit entsprechende Äquivalente, den Lohn, und nähern sich in ihrer sozialen Stellung allmählich an.

Nur: „Wer soll denn all die schönen Dinge ins Werk setzen?", lässt Georg Büchner seinen Danton fragen, als Philippeau ihm die Vision der großen Gerechtigkeit entwickelt. Ähnlich würde ich fragen, wenn ich an die Durchsetzung dieses sicher großartig humanen Entwurfs der Äquivalenz-Ökonomie denke. Aber indem Gegenfragen provoziert werden, kommt vielleicht der Diskurs über jene „weiße Flecken" in Gang, die uns Marx, was das konkrete Funktionieren einer sozialistischen Gesellschaft betrifft, hinterlassen hat.

Dieses Buch wird etwas in Gang setzen. Es ist nicht nur ein hervorragender politischer Text, es ist auch ein literarischer. Schriften linker Philosophen bedienen sich heute zunehmend jener „Wissenschaftssprache", von der sogar Martin Heidegger sagt, dass sie nicht mehr denke, sondern nur ableite. Selbst da, wo die Inhalte

Wegfall des Profits

vermittelt werden, fehlt der Impuls – man könnte auch Genuss sagen – zum Nach-Denken.

Hier nimmt das Buch die Tradition großer „Historischer Projekte" auf. „Das kommunistische Manifest" oder Pjotr Kropotkins „Eroberung des Brotes" oder Frantz Fanons „Die Verdammten dieser Erde" zeigen nicht nur, „wie man den gefesselten Prometheus befreit, sie schulen auch in der Lust, ihn zu befreien"[12].

Der „Sozialismus des 21. Jahrhunderts" enthält Passagen von wirklich ästhetischer, also politischer Kraft. Zum Beispiel bei der Vorstellung des „Neuen Himmelsvaters, angeblich unbekannt und allmächtig in seinen Entscheidungen, den sie ‚Weltmarkt' nennen, ist er eben so leicht zu dekodifizieren wie der alte Jahve und seine Bodentruppen und himmlischen Heerscharen. Er bewegt sich weder in palästinensischen Bauernsandalen noch mit biblischem Bart, sondern im Mercedes-Benz mit Armani-Anzügen. Den alttestamentarischen Dekalog, die mosaischen Zehn Gebote, hat er kostensparend auf ein Mandat herunterrationalisiert: das ist die Profitrate. Sein Kultgebäude oder Gotteshaus ist die Wertpapierbörse und seine irdische Residenz findet sich in den Villen der exklusiven großbürgerlichen Stadtviertel und Suburbs.

Omnipotend und omnipräsent verliert der neue strafende Jahve seine Anonymität und seine Unschuld und, in einer liturgisch nicht vorgesehenen Konsekration kehrt er zurück in Körper und Seele zu den Sterblichen, unter denen er nun aufzufinden ist."[13]

Dieses Buch wird etwas in Gang setzen. Auch bei uns. Und vielleicht etwas, was anderswo schon in Gang gekommen ist. Was bei uns noch „Philosophie der Praxis" heißt, ist dort schon praktizierte Philosophie:

„Seit dem Zusammenbruch des Sozialismus in Osteuropa ist die Welt aus dem Gleichgewicht gekommen. Daher ist die erste Revolution im 3. Jahrtausend von größter Bedeutung. Erstmals wird der Versuch unternommen, den Sozialismus des 21. Jahrhunderts zu verwirklichen", so Hugo Chávez zur Eröffnung der 16. Weltfestspiele 2004 in Venezuela.

Manfred Wekwerth

---

12 – Bertolt Brecht
13 – Heinz Dieterich

Einleitung

Der erste Lebenszyklus der modernen Gesellschaft nähert sich seinem Ende. Seit über zweihundert Jahren, von der Französischen Revolution bis in die Gegenwart, hat die menschliche Gattung die beiden großen Wege der Evolution, die ihr zur Verfügung standen, durchschritten: den industriellen Kapitalismus und den historischen (realexistierenden) Sozialismus. *marxelliche Problem*
Keinem von beiden ist es gelungen, die drängenden Probleme der Menschheit wie Armut, Hunger, Ausbeutung, Unterdrückung ökonomischer, sexistischer und rassistischer Natur, die Zerstörung der natürlichen Lebensgrundlagen und das Fehlen einer real teilhabenden Demokratie zu lösen.
Unser Zeitalter steht daher unter der Deutung zweier weltgeschichtlicher Vorzeichen: der Erschöpfung der gesellschaftlichen Projekte des Bürgertums und des historischen Proletariats, sowie des Übergangs der gegenwärtigen Bourgeois-Zivilisation zu einer nichtkapitalistischen Weltgesellschaft: der universalen Basisdemokratie.
Als die Bourgeoisie ihr Historisches Projekt ausformte, ließ sie dieses auf vier theoretisch-praktischen Grundpfeilern ruhen:

1. der auf dem Tauschwert basierenden nationalen Markt- oder Bereicherungswirtschaft (Chrematistik);
2. der formalen, repräsentativ-parlamentarischen Demokratie;
3. dem der ökonomischen Elite verpflichteten Klassenstaat und
4. dem liberalen Besitzbürgertum. Mit diesem System gelang es ihr, zwei Jahrhunderte lang als vorherrschende Klasse die globale Gesellschaft zu dominieren und auszubeuten.

Aus der Negation des Programms der Bourgeoisie durch den wissenschaftlichen Sozialismus von Karl Marx und Friedrich Engels erwuchs das erste strategische Geschichtliche Projekt der Arbeiterbewegung, welches durch die Oktoberrevolution in Russland (1917) aus der Planungsphase in die Realisierungsphase übertrat – unter den widrigsten objektiven Bedingungen, die möglich waren. Dieser Realisierungsversuch wäre weder in Form noch Inhalt denkbar gewesen, ohne das Einschwenken der sozialdemokratischen und sozialistischen Arbeiterparteien Europas auf die „patriotische

Linie" der Bourgeoisie in der Frage der Kriegskredite (1914) und den darauf folgenden Ersten Kapitalistischen Weltkrieg. Beide Ereignisse machten deutlich, dass sich die europäische Arbeiterbewegung schon seit Jahrzehnten auseinanderentwickelt und praktisch gespalten hatte entlang zweier großer Entwicklungslinien. Der von Lenin geleitete Implantationsversuch des wissenschaftlichen Sozialismus in Russland machte den Bruch nicht nur für alle sichtbar, sondern zeigte ebenfalls die Unmöglichkeit, ihn über eine neue Einheit beider Bewegungen und Weltanschauungen zu vermitteln. Während Lenins Versuch an der ursprünglichen, radikalen Programmatik von Marx und Engels festhielt und unter seinen Erben schließlich im „real existierenden Sozialismus" endete, entfernte sich hingegen die sozialdemokratische Tendenz von dieser Programmatik und ihrer revolutionären Vollfüllung und übernahm Schritt um Schritt das Historische Projekt der Bourgeoisie.

Trotz der dramatisch unterschiedlichen weltanschaulichen und objektiven Ausgangslagen zeigten in der Praxis beide, von Sozialismus und Bürgertum herausgebildeten Gesellschaften und Staatsgebilde am Ende des zwanzigsten Jahrhunderts, erstaunliche Parallelen. Die Erklärung für dieses überraschende Phänomen liegt darin, dass die es gestaltenden politischen Kräfte einander ähnlichen übermächtigen objektiven Entwicklungsbedingungen unterworfen waren – wie etwa bestimmten Notwendigkeiten der Kapitalakkumulation, der industriellen Massenproduktion (Fordismus), beschränkten Entwicklungsgraden der Arbeitsproduktivität und der Wissenschaft, den Imperativen des Weltmarktes und der Systemkonkurrenz sowie undemokratischen vertikalen Partei-, Gesellschafts- und Staatsstrukturen – welche die Freiheitsgrade der Entwicklung beider Systementwürfe gegen den Willen ihrer Protagonisten gnadenlos einengten.

Heute ist die Arena der Geschichte, in der sich eineinhalbjahrhundertelang beide sozialen Subjekte mit ihren jeweiligen Entwürfen, Utopien und Armeen gegenüberstanden, in welthistorischer und erkenntnistheoretischer Dimension freigeräumt. Die großen Konturen der Zukunft, jenseits von Trümmern und Ruinen, sind erneut am Horizont zu erkennen, und die neue Zivilisation, lang schon in ihrem Werden, manifestiert sich als subjektiver Machtfaktor der Gegenwart. Die letzte zeitgeschichtliche „Schonfrist" des Kapitals geht damit ihrem Ende zu, ebenso wie die universale Agonie der Menschheit vor der Dekadenz der Bourgeoisie: die politische

Ökonomie des Bürgertums und ihre Überwindung wird erneut zum Gravitationszentrum öffentlichen Denkens und Handelns. Niemand, der diese erste Etappe der modernen Gesellschaft in ihrer Entwicklungslogik verstanden hat, kann glauben, dass der Kapitalismus ein System für die Zukunft ist, welches der Menschheit das geben wird, was sie schon immer gefordert hat: Frieden, Würde, reale Demokratie und soziale Gerechtigkeit. Die weitestentwickelte Sozialform des Systems, der keynesianische Wohlfahrtsstaat war, in geschichtlicher Perspektive, nicht mehr als ein von der Weltwirtschaftskrise und dem Zweiten Kapitalistischen Weltkrieg hervorgerufenes Ausnahmeprodukt. Und als solches wird es nicht mehr zurückkehren.

Dabei vollführt die Geschichte wieder einmal einen ihrer unvorhergesehenen Bocksprünge, der die großen Bewegungen des gesellschaftlichen Magmas voraussagt. Die Bedingungen der nun im wesentlichen vollendenten realen Subsumtion des Planeten unter das Kapital verweisen den Keynesianismus in das, was die bürgerliche Ökonomie „Dogmengeschichte" nennt, also ins Archiv des Vergangenen – und holen die millionenfach totbeschwörten Marx und Engels entstaubt aus dem Präteritum zurück.

Unter diesen Umständen sind die herrschenden Klassen nicht mehr davon überzeugt, den „Luxus" des Sozialstaates weiter finanzieren zu müssen, angesichts der „Demokratiemüdigkeit" der Massen, der Auflösung der riesigen Proletarierkonzentrationen und ihrer Gewerkschaften in den früheren industriellen Ballungszentren und der Dritten Industriellen Revolution, die die Basis wie die Überbaustrukturen der nationalen fordistischen Industriegesellschaften für immer qualitativ verändert hat. Lafontaines und Gysis keynesianischer Wahlversuch ist daher aus taktischen Gründen zu unterstützen, bietet jedoch mittel- und langfristig keinerlei Möglichkeit, dem faschistoiden Weltkapital entgegenzutreten.

In dieser neuen und letzten Epoche des Kapitals verändert sich das System auf allen seinen Ebenen. Im Arbeitsprozess wird der subjektive Faktor, die lebendige Arbeit, in immer größerem Maß vom objektiven Faktor der Produktionsmittel ersetzt. Im Verwertungsprozess des Kapitals findet diese Entwicklung in der ständig wachsenden Bedeutung des konstanten Kapitalanteils gegenüber dem variablen ihren Ausdruck, und auf der Ebene des staatlichen Überbaus ist jede Prätention wirklicher Demokratie für die Mehrheiten längst zynisch aufgegeben zugunsten zunehmend faschistoider Weltkontrollsysteme.

Ist von der liberalen Demokratie und dem ihr zugrundeliegenden privatkapitalistischen Wertverhältnis also nichts Fortschrittliches mehr zu erwarten, so kann andererseits niemand, der realistisch ist, denken, dass der vergangene „real existierende" Sozialismus noch eine Alternative darstellt, die fähig wäre, den Kapitalismus mittels einer Massenbewegung über den Haufen zu werfen. Der „real existierende Sozialismus" ist ein Fakt der Vergangenheit, nicht eine Möglichkeit der Zukunft.

Nun, da die Protagonisten vergangener Zeiten vor den Ruinen ihrer großen historischen Experimente stehen, gibt die Geschichte grünes Licht für die zweite Etappe der Moderne, der die Lösung jener Aufgaben zuteil wird, zu deren Bewältigung ihre Vorgänger nicht imstande waren: die Errichtung der vier grundlegenden Institutionen der neuen Wirklichkeit der postkapitalistischen Zivilisation:

1. der auf dem Gebrauchswert und der Werttheorie basierenden nicht-marktwirtschaftlichen, demokratisch von den unmittelbar Wertschaffenden bestimmten Äquivalenzökonomie;
2. der Mehrheiten-Demokratie, die in den wesentlichen gesamtgesellschaftlichen Fragen plebiszitär verfährt;
3. dem basisdemokratischen Staat als Repräsentant der Allgemeininteressen mit angemessenem Minderheitenschutz und
4. dem kritisch-verantwortlichen Subjekt, dem rational-ethisch-ästhetisch selbstbestimmten Staatsbürger. Unschwer ist zu erkennen, dass es sich hierbei um die grundlegende Institutionalität handelt, die dem Historischen Projekt von Marx und Engels seine strategische Richtung wies. Da revolutionäres Handeln bedeutet, die existierende Institutionalität einer Gesellschaft durch eine qualitativ andere (systemkonträre) zu ersetzen, ist das Programm des Sozialismus des 21. Jahrhunderts notwendig revolutionär.

Auf dieser Erkenntnis aufbauend haben sich zwei Forschungsrichtungen entwickelt, deren Arbeiten das Neue Historische Projekt des Antikapitalismus über die im Westen allgemein vorherrschende Kritikphase hinausgetrieben haben. Robert Kurz hat die vielleicht brillantesten kritischen Analysen des gegenwärtigen Kapitalismus geschrieben, doch gilt für sein Werk, abgesehen von partikulären Mängeln wie dem Missverstehen der nationalen Frage für die Befreiungskämpfe in der Dritten Welt, die Marxsche Sentenz, dass die Waffe der Kritik die Kritik der Waffen nicht ersetzen kann. Seine Beiträge erlauben nicht die Organisation der Massen, da sie in der kritischen Negation des Bestehenden verharren. Sie sind somit eine notwendige Bedingung für die Entwicklung der neuen Philosophie der Praxis, aber keine hinreichende. Und das gleiche gilt für das enzyklopädische Essay des Georg Lukacz Schülers, István Mészáros, „Beyond Capital", welches versucht „eine Theorie der Transformation" der modernen Gesellschaft im Rahmen der Marxschen Theorie zu formulieren, oder auch für Hal Drapers Werk „Karl Marx's Theory of Revolution", das ohne Zweifel die beste hermeneutische (geschichtsbewusste) Interpretation des Marx/Engels-Werkes ist, die seit Lenin geschrieben wurde. Der slowenische Philosoph Slavoj Zizek geht einen Schritt weiter in Richtung auf die antibürgerliche Praxis, indem er auf intelligente und mutige Weise versucht, den notwendigen revolutionären Bruch mit dem kapitalistischen System aus einer leninistischen Perspektive heraus zu denken[1], doch fehlt seinen Reflexionen die wissenschaftliche Dimension und das konkrete institutionelle Programm der postbürgerlichen Zivilisation.

Die hinreichende Bedingung der Entwicklung der neuen Theorie und der ihr entsprechenden gesellschaftlichen Praxis ist, wie gesagt, am weitesten fortgeschritten in den Arbeiten der Schottischen und der sogenannten Bremer Schule. „Towards a New Socialism" ist das brillante Hauptwerk des Computerspezialisten Paul Cockshott und des Ökonomen Allin Cottrell, die das Schwergewicht ihrer Untersuchungen auf die materielle technische Möglichkeit einer postkapitalistischen, demokratisch bestimmten Ökonomie und direkten Demokratie konzentrieren. Die Bremer Schule, welche auf einem eher institutionell-historischen Ansatz beruht, entstand im Wesentlichen im Umkreis der Arbeiten des Bremer Polyhistorikers Arno Peters, des kubanischen Physik- und Mathematikwissenschaftlers Raimundo Franco, des deutschen Mathematikers Carsten Stahmer, des argentinisch-mexikanischen Philosophen Enrique Dussel und meiner eigenen sozialwissenschaftlichen Beiträge. Obgleich beide Gruppen unabhängig voneinander gearbeitet haben, sind ihre Forschungsergebnisse über die neue nichtkapitalistische Zivilisation im Wesentlichen gleich,

---

1 – Robert Kurz, Schwarzbuch Kapitalismus. Ein Abgesang auf die Marktwirtschaft,
Eichborn Verlag, 1999, und, Weltordnungskriege, Horlemann Verlag, 2003.
István Mészáros, Beyond Capital, The Merlin Press, London, 1995.
Hal Draper, Karl Marx's Theory of Revolution, Monthly Revie Press, New York, 1977.
Slavoj Zizek, Die Revolution steht bevor. Dreizehn Versuche über Lenin. Ed.

was in wissenschaftsmethodischer Hinsicht als Indikator für die Richtigkeit (Validität) der erarbeiteten Schlussfolgerungen über das Neue Historische Projekt gewertet werden darf.

Das hier vorgelegte Werk, das in einer ersten Fassung in Lateinamerika gut ein Jahrzehnt nach dem Fall der Berliner Mauer veröffentlicht wurde unter dem Titel „Der Sozialismus des 21. Jahrhunderts und die Mehrheitsdemokratie", versucht den Lehren der sozialen Praxis der letzten Jahrhunderte, den neuen Erkenntnissen der fortgeschrittenen Wissenschaft und der Entwicklung der Produktivkräfte Rechung zu tragen. Es ist also weder ein Produkt der Utopie noch der Nostalgie; weder Frivolität noch fehlendes historisches Bewusstsein liegen ihm zugrunde. Sein Erscheinen wird vielmehr durch die Dynamik der weltgesellschaftlichen Evolution und ihrer augenscheinlichen Tendenz zur Zeitenwende markiert. Und deren mächtigstes Indiz, das Indiz der strukturellen Erschöpfung der bürgerlichen Zivilisation, ist die nach ihrem Abbild geschaffene Realität. In ihrer Agonie entsubstantiiert die bürgerliche Gesellschaft die menschliche Daseinsweise immer weitgehender ihres Lebenssinns und reduziert sie durch die kapitalistische Verwertungslogik auf ihre absurdesten und entwürdigendsten Existenzformen.

Bedrückt durch die existentielle tägliche Angst um seine ungesicherte Reproduktion, ohne geistige Transzendenz in einem Meer trivialisierenden Konsumismus navigierend und ständig weiter um sich greifender Tendenzen religiösen und magischen Obskurantismus ausgesetzt, kann das entfremdete Subjekt seiner Situation innerhalb der ehernen Strukturen bürgerlicher Gesellschaft keine Erlösung verschaffen. Diese wird nur möglich sein in einer Form qualitativ andersartigen Zusammenlebens in einer neuen Wirklichkeit: der demokratischen Wirtschaft und Gesellschaft der nachkapitalistischen Geschichtsphase, in deren Übergang wir uns befinden.

Die qualitativen Sprünge in der Entwicklung der Menschheit werden immer durch Historische Projekte hervorgerufen, welche Produkte der Interessen und Durchsetzungsweisen der großen sozialen Akteure und Klassen sind. Der Kampf gegensätzlicher Historischer Projekte, in ihrer dialektischen Bewegung, ist es, welcher den Lauf der Geschichte stets bestimmt hat und bestimmen wird, solange es Klassengesellschaften gibt. Dieser Satz steht der genialen Erkenntnis von Marx, dass die Geschichte stets die Geschichte von Klassenkämpfen ist, nicht entgegen. Im Gegenteil.

Er nimmt ihn auf und konkretisiert ihn in einer weniger abstrakten Fassung.

Erst in der Konfrontation der von den Hauptklassen und sonstigen Akteuren der Gesellschaft entworfenen und praktizierten historischen Gesellschaftsprojekte, deren Mittelpunkt die Produktion und Aneignung des Mehrproduktes bildet, wird die Dynamik des Geschichtsprozesses sichtbar und kausal erklärbar.

Daraus folgt, dass die Klasse oder das soziale Subjekt, das einer systematisierten Zukunftsvision entbehrt und folglich spontan, ohne historisches Projekt agiert, niemals Eigner seiner Zukunft sein wird, sondern immer nur Wegbereiter und Handlanger der triumphierenden Klasse. Der Aufbruch zur neuen Zivilisation bleibt dann in der Rebellion stecken, ohne zur tiefgreifenden bewussten Veränderung vorzudringen, da das zielbewusste Wirken Einzelner wie programmatisch Verbundener fehlt.

Gorbatschows berühmter Appell an das Zentralkomitee der Kommunistischen Partei der Sowjetunion im Januar 1987, in dem er erklärt, dass der sowjetische Sozialismus die Demokratie und die umfassende Teilnahme der Werktätigen an der demokratisch-sozialistischen Entwicklung braucht „wie die Luft zum Atmen", ist ein gutes Beispiel dafür. Obwohl in Diagnose und abstrakter Zielsetzung völlig richtig, war die Losung der Demokratie und Einbeziehung der Werktätigen in die Umgestaltung zum Scheitern verurteilt, solange beide Kategorien nicht kohärent in ein *konkretes* Historisches Projekt des Sozialismus des 21. Jahrhunderts eingebettet waren, also in eine Konfiguration nach-bürgerlicher Demokratie, Wirtschaft, Kultur und Militärwesen. Ein der Mystik progressiv verfallender Ex-KGB-Funktionär und eine alkoholisierte Randfigur der Lumpenbourgeoisie konnten so dem grandiosen Experiment Lenins und der heroischen Aufbauarbeit des der Demokratie systematisch entwöhnten russischen Volkes ein ungewöhnlich schmachvolles und tragisches Ende bereiten, welches zugleich die gattungsgeschichtliche Evolution weit zurückwirft.

Die Menschheit hat sich seit ihrer Entstehung bis vor etwa 5.000 Jahren unter den Prinzipien der bedarfsdeckenden Lokalwirtschaft, des intuitiv äquivalenten Produktentausches und der Solidargemeinschaft reproduziert und organisiert. Dann brach die durch privates Bereicherungsstreben gekennzeichnete Marktwirtschaft (Chrematistik) in die zivilisatorische Enwicklung ein und zerstörte die Prinzipien solidarischer Bande, wertgleichen Gütertauschs und gebrauchswertorientierter Arbeit und Produktion.

Seitdem lebt die Gattung unter der privaten Tyrannei der Produktionsmitteleigner und ihrer repressiven Staatsapparate in hierarchischen und antidemokratischen Klassengesellschaften.

Erst jetzt hat die Menschheit die objektiven Bedingungen dafür geschaffen, das Joch der fünftausendjährigen privaten Tyrannei zu brechen. Möge dieses Essay zur kollektiven Konstruktion des neuen Sozialismus und der Mehrheitendemokratie beitragen und als Geburtshelferin für das neue Subjekt universaler Emanzipation willkommen sein.

1.
Das Ende der bürgerlichen Gesellschaft

1.1 Wissenschaft und Sozialismus, oder kann man beweisen, dass die bürgerliche Gesellschaft in ihrer Endphase ist?

In den turbulenten Jahren der Studentenbewegung und der demokratischen Radikalisierung der sechziger Jahre galt es unter den Protestierenden als nichtzudiskutierende Wahrheit, dass das bürgerlich-kapitalistische System in seine Endphase eingetreten war. Die Ausbreitung sozialistischer Regimes schien dem ehernen materialistischen Gesetz aufeinanderfolgender Produktionsweisen Rechnung zu tragen und den imperialistischen Herrschaftsbereich des Kapitals nach und nach immer weiter einzuschränken bis zu seiner endgültigen, vorhersehbaren Erdrosselung.

Mit dem erfolgreichen Sturm auf den Winterpalast geriet 1917 ein Sechstel der Erdoberfläche unter das Zeichen von Hammer und Sichel; von 1945 bis 1949 folgten die osteuropäischen Staaten und Jugoslawien; 1949 löste sich Maos Volksrepublik China aus der weltkapitalistischen Kette; 1953 folgte Nordkorea, und unter dem Schutzschild des Vietnam-Sieges 1975 konnten Kambodscha und Laos, dann Angola, Mosambik und 1979 Nicaragua den Fängen des westlichen Imperialismus entfliehen.

Angesichts dieser empirischen Evidenz schienen die Gesetzmäßigkeit des Übergangs zum Sozialismus und das Ende der bürgerlichen Gesellschaft keiner weitergehenden Untersuchungen zu bedürfen. Karl Marx und Friedrich Engels großartige Reflexionen über den Sprung von der Quantität in die Qualität wurden, positivistisch, nur in einer Richtung ausgelegt, obgleich doch Engels explizit auch auf die inverse Bewegung, von der Qualität in die Quantität, hingewiesen hatte.

Ist die Vernachlässigung des Zeitfaktors für die Beurteilung des Untergangsprozesses der bürgerlichen Zivilisation in den sechziger Jahren unter dem Einfluss der weltgeschichtlichen Nachkriegsentwicklung und dem Enthusiasmus der revolutionären Aufbruchsstimmung zu verstehen, so wird heute jedoch ein fundierter Nachweis der Untergangstendenz des Weltkapitals von denjenigen gefordert werden, die bereit sind, gegen das waffenstarrende Unrechtssystem und für die neue Demokratie zu kämpfen.

Die Frage ist also, ob es Gewissheit darüber gibt, dass diejenigen, die den Kampf gegen den Weltkapitalismus aufnehmen, sicher sein können, auf der richtigen Seite der weltgeschichtlichen Entwicklungsdynamik zu stehen, oder im Heer des unerschrockenen Junkers Don Quijote einmal mehr vergebens gegen die Windmühlen illusorisch verstandener Zeitläufe anrennen.

Diese Frage kann nicht über die klassenmäßig und wissenschaftlich unbestimmte Vernunft des gesunden Menschenverstandes beantwortet werden, sondern bedarf dessen, was Hegel die „Augen der Vernunft" nennt, das heißt, der Theorie.

Theorie, oder kritische Wissenschaft, belehrt uns zunächst, dass es in der realen Wirklichkeit, in empirischen Systemen, keine Gewissheiten gibt, sondern lediglich Wahrscheinlichkeiten. Wahrscheinlichkeit ist die auf einer Skala quantifizierte Möglichkeit eines Ereignisses. Die Skala der Wahrscheinlichkeiten geht von Null bis Eins. Ist die Wahrscheinlichkeit eines möglichen Ereignisses Null, dann kann es nicht auftreten. Erreicht seine Wahrscheinlichkeit den Endpunkt der Skala, Eins, dann wird es sich mit Sicherheit ereignen. Diesen zweiten Fall nennt man Gewissheit, und er bezieht sich auf die absolute Abwesenheit von Zweifeln. Gewissheit oder hundertprozentige Wahrscheinlichkeit tritt nur in sogenannten tautologischen oder analytischen Systemen auf, etwa der Mathematik oder der Logik, nicht jedoch in empirischen Systemen, in denen Ereignisse möglich sind und, falls quantifizierbar, wahrscheinlich, nie jedoch gewiss. Der Sonnen-„Aufgang" am Morgen, beispielsweise, ereignet sich mit hoher Wahrscheinlichkeit, aber es ist nicht sicher, dass er sich vollziehen wird. Faktoren im Kosmos, die wir nicht kennen, können ihn verhindern. Ebensowenig ist es sicher, dass ein junger Mensch, der abends zu Bett geht, morgens aufwacht. Es ist wahrscheinlich, doch nicht gewiss. In diesem Sinn ist die oben gestellte Frage folgendermaßen zu beantworten: Gewissheit über die gegenwärtig gelebte Endphase der bürgerlichen Zivilisation gibt es nicht, doch erlaubt uns die wissenschaftliche Kenntnis der Evolutionslogik des dynamisch komplexen Systems „Menschheit" die mit hoher Wahrscheinlichkeit korrekte Diagnose, dass das System sich in der Übergangsphase zur postkapitalistischen Zivilisation befindet, wie im folgenden gezeigt wird.

Wissenschaft hat uns, zweitens, die Mysterien des Universums verständlich gemacht, indem sie uns rationale Erklärungen über die unterschiedlichen Kausal- und Abhängigkeitsbeziehungen der Seinswirklichkeit geliefert hat, einschließlich seines höchstentwickelten biologischen Systems, dem homo sapiens. Aufgrund dieser Erklärungen wissen wir, dass das cartesianische Subjekt – der Schrecken aller totalitären Systeme der Neuzeit, vom Führerspuk Adolf Hitlers über den Woytila/Ratzinger-Katholizismus bis hin zum Bus(c)h-Fundamentalismus – vielfältige symbolische Systeme benutzt, um die Realität zu interpretieren, sich in ihr zu orientieren und zu handeln. Zu diesen unterschiedlichen Software-Paketen gehören unter anderem der „gesunde Menschenverstand" (common sense) mit seinem spontanen Empirismus, seinen unzulässigen Verallgemeinerungen, Vor-Urteilen und aproximativ-richtigen Lösungen unglaublich komplexer Raum-Zeit-Bewegungskalkulationen; das magische Kalkül mit seinen fiktiven Kausalbeziehungen; die ästhetische Interpretation mit ihrer enormen Spannweite von sublimster Realitätsverdichtung bis zur brutalsten Vergewaltigung grundlegender Farb-, Klang-, Form- und Materialharmonien; die philosophische Reflexion, die heute obdachlos zwischen Kirchturm und Laboratorium ein neues Zuhause sucht sowie die religiöse Software, welche ihren Klienten seit zweitausend Jahren trügerische Sicherheit in Physik und Metaphysik verkauft.

Jedes einzelne dieser Systeme erfüllt spezifische und zum Teil unverzichtbare Funktionen für das menschliche Überleben, doch allein die empirische und formale Wissenschaft hat die Fähigkeit, uns objektive Kenntnis über den Bestand und die Entwicklung der Phänomene zu verschaffen und damit zu erläutern, wie sie in Wirklichkeit sind, d.h. jenseits unserer subjektivistischen (persönlichen) Wahrnehmungs-Verzerrungen existieren. *kritische Wissenschaft* Das Urteil über das „Ende der bürgerlichen Zivilisation" und die notwendigen Formen und Phasen des Kampfes für die nachkapitalistische Gesellschaft sind also auf dem Gebiet des Wissens, letztendlich, Domäne der wissenschaftlichen Analyse. Da wir Wissenschaft jedoch in kritischer oder ethischer Absicht betreiben, das heißt gesellschaftsverändernd, müssen als Rohmaterialien die alltäglichen Erfahrungen mit dem Kapital und seiner Ausbeutungs-, Entfremdungs- und Repressionspolitik in die Analyse einfließen. Und diese Produktionsfaktoren bereichernder wissenschaftlicher Erkenntnis sind nur über den direkten Kontakt mit den sozialen Bewegungen zu gewinnen, sodass wie bei Marx und Engels

Theorie und Praxis – je nach Persönlichkeit in unterschiedlicher Proportion – zur dialektischen Arbeitseinheit werden müssen, in der Erstellung der neuen Theorie.

Ist die erkenntnistheoretische Problematik oder das Wissensproblem der neuen Zivilisation zufriedenstellend gelöst, was bei den Schöpfern des wissenschaftlichen Sozialismus mit der Fertigstellung des Kapitals der Fall war, so verändert sich das Problem der Herbeiführung der neuen Zivilisation: es wird von einer theoretischen Frage zu einer Frage der Macht. Die Theorie muss nun zur materiellen Gewalt werden, indem sie die Massen ergreift, wie Marx sagt. Beide Phasen, obgleich dialektisch vermittelt, unterliegen eigenen Gesetzmäßigkeiten und müssen daher in ihrer Spezifität analysiert werden.

Der Doppelcharakter der Konstruktion des Neuen Historischen Antikapitalistischen Projekts verweist uns also zunächst darauf, Hand anzulegen an das, was, wie bereits erwähnt, Hegel „die Augen der Vernunft" nannte, was bei den Revolutionären Marx und Engels als „Philosophie der Praxis" auftauchte und was wir schlicht Wissenschaft oder auch ethische oder kritische Wissenschaft nennen.

Ersetzt man das leitende Erkenntnisinteresse hegelscher Geschichtsphilosophie, die Versöhnung subjektiver Autonomie mit staatlicher Zwangsgewalt, durch das Raster widersprüchlicher Kapital- und Machtakkumulationsphasen der Bourgeoisie, so lassen sich ihr Gewordensein und ihre historische Verlaufsbahn klar erkennen: Beginnend mit ihrer Genesis in den ursprünglichen Akkumulationen von Kapital und Macht im 17. und 18. Jahrhundert; vorangetrieben in die „Adoleszenzphase" des 19. Jahrhunderts durch Kohle, Dampfmaschine, Bahnwesen und Telegraph; katapultiert in die „Reifephase" des 20. Jahrhunderts durch Verbrennungsmotor, fordistische Großindustrie, neue Telekommunikationen und zwei imperialistische Weltkriege, tritt sie gegen 1980 des Jahrhunderts in das ein, was wir als ihre klassische Phase bezeichnen könnten. *Massindes Kapitalismus*

In dieser Phase erreicht das System des Großkapitals und der sie tragenden Klasse, des Großbürgertums, seine prototypische Ausprägung, mit der dritten industriellen Revolution (Automation), der realen Subsumtion des gesamten Erdballs unter seine Kapitalverwertungszwänge und der wachsenden Unfähigkeit, das System gegen seine eigenen Widersprüche am Leben zu erhalten. Die Klassik, als Phase höchster Entwicklung der bourgeoisen Produk-

tionsweise und Staatsgewalt, markiert gleichzeitig den Wende-
punkt ihres historischen Daseins und leitet ihre Überwindung ein
durch die neue postkapitalistische Zivilisation.

Die vorgehende Argumentation ist, theoretisch gesprochen, des-
kriptiv-historischen Charakters und kann daher vertieft werden, indem wir einen analytischeren Ansatz verwenden, der der
Erkenntnistheorie der modernen Wissenschaft näher steht als
taxonomische Modelle. Aus der wachsenden Anzahl objektiver
Erkenntnisse über die Gesetzmäßigkeiten der Bewegung im Universum, einschließlich der Bewegung von Humangesellschaften
und gesellschaftlichen Individuen, interessieren uns für diese Diskussion folgende.

1. Das Universum existiert nur in zwei Seinsmodalitäten: als Substanz (Materie) und als Energie. Aus dieser Eigenschaft oder Charakteristik des Universums leitet sich ab, dass alle Phänomene,
vom Stein bis zum menschlichen Denken, Materie und/oder Energie sind und dass sie in letzter Instanz als solche erklärt werden
können. Beide Seinsmodalitäten sind einander äquivalent: Energie ist freigesetzte Materie, und Materie ist Energie, die auf ihre
Befreiung wartet. Die ungeheure Vielfalt der empirischen Welt
und ihre qualitativen Unterschiede sind Resultate unterschiedlicher Organisationskomplexität beider Grundelemente. Komplexität kann über die Anzahl der Freiheitsgrade, d.h. unterschiedlicher
Handlungsmöglichkeiten eines Systems definiert werden. Ein
System, eine Bewegung, eine Organisation usw. ist demnach um
so komplexer, je mehr Handlungsmöglichkeiten es aufweist. Mittels dieses Kriteriums lassen sich, für unsere Zwecke, drei Niveaus
der Organisationskomplexität von Materie und Energie definieren: das anorganische, das biologische und das humanbiologisch-
soziale.

2. Alles, was existiert, befindet sich in stetiger Bewegung, das heißt
in konstanter Evolution oder Wandel, so wie wir es unter anderem im Atom, in einer Zelle, im Organismus, in der Geologie, in
menschlichen Organisationsformen und in kosmischen Phänome-
nen beobachten können. Ausgenommen Substanz und Energie ist
somit alles das, was in Natur und Gesellschaft existiert, vergänglich
oder vorübergehend (transitorisch).

3. Die adäquate Fragestellung hinsichtlich der Permanenz bürgerlicher Gesellschaft und der nationalen Marktökonomie ist demzufolge nicht, ob sie vorübergehende oder permanente Phänomene
darstellen, sondern lediglich, welches die Charakteristika ihrer

transitorischen Existenz sind; für unser Erkenntnisinteresse, insbesondere:

a) Was ist ihre durchschnittliche „Lebens"erwartung oder Existenzdauer? Und

b) in welchem Typus neuer Zivilisation werden sie sich auflösen?

Anzunehmen, dass die bürgerlichen Institutionen nicht vorübergehender Natur sind, sondern den Endpunkt gattungsgesellschaftlicher Evolution (Fukuyama, Hegel), beziehungsweise den höchstmöglichen Perfektionsgrad zivilisatorischer Institutionalität (von Hayek) darstellen, bedeutet, der infantilen Behauptung aufzusitzen, dass sich die Bourgeoisie und ihr soziales Umfeld außerhalb der ontologischen Gesetze des Universums bewegen.

Es ist die Eigenschaft ständiger Bewegung alles Existierenden, die Marx bewegt zu sagen, dass der Kommunismus an sich nicht „Ziel der menschlichen Entwicklung" sei, sondern nur die „notwendige Gestalt" seiner nahen Zukunft, also, die notwendige Gestalt nach dem Kapitalismus. Die, verglichen mit Hegel, größere wissenschaftlich-ethische Konsequenz von Marx verhindert, dass, wie beim ersteren der Fall, aus objektiv konstatierbarer Gesellschaftsdynamik zwingend hervorgehende wissenschaftliche Schlussfolgerungen politischen Interessen akkomodiert (geopfert) werden.

4. Die Bewegungen oder Verhaltensweisen der Realität folgen unterschiedlicher Logik, die doppelt abhängig ist von: a) der Größenordnung der (Untersuchungs-) Phänomene, das heißt, ihrer Zugehörigkeit zum Mikro-, Meso- oder Megakosmos und b) der Organisationskomplexität der Materie. Vereinfachend können wir sagen, dass viele dieser Bewegungen mit Hilfe mathematischer Begriffe und Verfahren beschrieben werden können. Heute sind wir in der Lage, die Bewegung oder Veränderung der Realität mittels fünf verschiedener mathematisch definierter Dynamiken zu erfassen: a) als lineare, b) als nicht-lineare, c) als probabilistische oder wahrscheinliche, d) als chaotische (unvorhersehbare) und e) als eine Kombination dieser vier Bewegungsformen oder Evolutionstendenzen.

Die gesellschaftlichen Beziehungen zwischen Menschen entwickeln sich generell über eine Kombination dieser vier Dynamiken von Verhalten und Bewegung. Es ist jedoch die Grenzzone zwischen der Verhaltensdynamik „b", „c" und „d", welche die Erklärung liefert für das, was Marx und Engels als dialektische Prozesse und quantitativ-qualitative Sprünge in der Evolution der Gesellschaft verstanden und analysiert haben, oder auf der politischen Ebene als Dialektik von Reform und Revolution. Das bedeutet nicht, dass strukturelle Entwicklungstendenzen des Systems, die langfristig eine lineare Tendenz aufweisen, wie etwa das Gesetz der organischen Zusammensetzung des Kapitals (Ersetzung lebendiger Arbeitskraft durch Maschinen), nicht in die politische Analyse einbezogen werden, doch bildet das für taktisches und strategisches revolutionäres Handeln entscheidende Planungspolygon doch die Grenzzone von „b-c-d".

Genau über diese Grenzzone hat nun die moderne Naturwissenschaft neue Kenntnisse erarbeitet, die für das Neue Historische Projekt von größter Bedeutung sind. Bedingt durch die Charakteristiken der Grenzzone können gewisse Prozesse der Bewegung (Evolution) in der Natur, der Gesellschaft und im Menschen in bestimmten Phasen ihrer Entwicklung oder unter gewissen Umständen die Qualität ihres Verhaltens oder ihres „Zustandes" sprunghaft ändern, d.h. ein anderes Verhalten oder einen anderen Zustand annehmen. Dies ist beispielsweise der Fall bei den so genannten Supraleitern, also Metallen und anderen Materialien, die bei extremer Abkühlung nahe dem absoluten Temperaturnullpunkt einen widerstandslosen elektrischen Stromfluss zulassen.

In der traditionellen Philosophie wurde dieser Typ sprunghafter Verhaltensänderung eines Systems über das Konzept des „qualitativen Sprungs" erfasst; in den Politik- und Sozialwissenschaften pflegte man ihn als „Revolution" zu qualifizieren, und in der modernen Physik wird er als Quantensprung, Phasenübergang oder Zustandsänderung des Systems bezeichnet, der dann zustande kommt, wenn eine Serie mikroskopischer Änderungen im System zur makroskopischen Änderung seines Verhaltens führt.

Die Implikationen dieser Entdeckung der modernen Wissenschaft sind fundamental für die Entwicklung jedes postkapitalistischen historischen Projekts, weil sie Folgendes bedeuten:

1. Die Zustandsänderung ist eine Gesetzmäßigkeit der Bewegung des Universums, die nicht beschränkt ist auf menschliche Sozialsysteme, wie frühere Revolutionskonzepte und -theorien angenommen hatten, oder auf den homo sapiens selbst, dessen Erkenntnisakte häufig nicht auf linear fortschreitenden Leistungszunahmen beruhen (etwa dem Aneinanderfügen von Buchstaben zu Silben und dann zu mehrsilbigen Wörtern), sondern auf einem kreativen Salto in höhere Erkenntnisniveaus.

2. Revolutionäre Prozesse oder qualitative Sprünge sind nicht notwendigerweise irreversibel, so wie es sich in gewissen Naturprozessen beobachten lässt (Wasser-Dampf-Wasser). Diese Erkenntnis lag natürlich im Begriff der Dialektik von Quantität und Qualität eingeschlossen und Engels hat sie 1891 auch expliziert formuliert, als er Hegel konzedierte, „höchst geniale Gedanken und stellenweise sehr wichtige Umschläge, wie der der Qualität in Quantität und umgekehrt" zu haben (M/E, Briefe über das Kapital, Dietz, 1954, S. 332). Doch ist im Laufe positivistischer Verflachung der Philosophie der Praxis nach Marx und Engels das Verhältnis Quantität zu Qualität fast immer nur einseitig und unidirektional verstanden worden.

3. Da die Freiheitsgrade (Bewegungsmöglichkeiten) jedes Systems begrenzt sind – bei einem Körper beispielsweise limitiert auf die horizontale Verschiebung, die vertikale Verschiebung und die Drehung – und zudem an jeder Stelle der Behinderung der Bewegungsmöglichkeit eine Kraft entsteht, die in bestimmten Umständen den Bestand des Systems gefährden kann, ist selbst die revolutionäre Transformation der Gesellschaft kein willkürlicher, aleatorischer oder agnostischer Prozess.

Trotz der erkenntnistheoretischen Probleme, die aus der universalen Grenzzone resultieren, ermöglicht die adäquate Kenntnis der verhaltensbestimmenden Variablen und des Systemzustands einerseits und einer angemessenen Analysekapazität andererseits, doch, mit einer gewissen Wahrscheinlichkeit die Umstände vorauszusehen, die einen qualitativen Sprung in Gesellschaft und Staat auslösen können oder werden. Lenins Hypothese über den möglichen Umschlag des imperialistischen Ersten Weltkrieges in einen revolutionären Bürgerkrieg zwischen Bourgeoisie und Proletariat illustriert diesen Sachverhalt, ebenso wie seine Aprilthesen von 1917, in denen er praktisch gegen das gesamte Zentralkomitee der bolschewistischen Partei allein die (richtige) These verteidigte, dass in Russland der Moment der sozialistischen Revolution gekommen war[1].

---

1 – Lenins Kampf- und Lebensgefährtin, N. Krupskaja, beschreibt die Reaktion der Bolschewiki diplomatisch mit folgenden Worten: „Lenin legte in zehn Thesen seine Ansichten darüber dar, was in diesem Augenblick getan werden musste (…) Die Unsrigen waren im ersten Augenblick fast etwas verwirrt. Vielen schien es, dass Lenin die Fragen zu scharf formulierte, dass es noch zu früh war, von einer sozialistischen Revolution zu sprechen."
Arnold Reisberg, Wladimir Iljitsch Lenin – Dokumente seines Lebens, Band 2, Verlag Philipp Reclam jun., Leipzig 1977, S. 50.

4. Die „revolutionäre" Zustandsänderung des Systems kann verschiedene Grade des „Bruchs" und demzufolge verschiedene Grade der Kontinuität aufweisen. Ein natürliches Beispiel dieses Phänomens ist der Übergang von Wasser in Wasserdampf, der vom Standpunkt der Physik aus als ein qualitativer Sprung des Systems betrachtet wird (von einer Flüssigkeit zu einem Gas), jedoch vom Standpunkt der Chemie aus nicht. *Unabhängigkeit in Südamerika* Eines der vielfältigen sozialen Beispiele dieses Phänomens ist die Unabhängigkeitsrevolution (1810–25) in Lateinamerika. Der qualitative Sprung realisierte sich nur im politischen Subsystem der nachkolonialen lateinamerikanischen Gesellschaft, dahingehend, dass innerhalb der herrschenden Klasse die spanische Elite von der kreolischen (lateinamerikanischen) Elite verdrängt wurde. Es ergab sich jedoch weder ein qualitativer Wechsel im ökonomischen noch im kulturellen Subsystem, in denen im Wesentlichen der Kolonialzustand erhalten blieb. Das Gewicht des „Bruches" oder des Neuen war daher geringer als das Gewicht der Trägheitskräfte des Bestehenden, was erklärt, weshalb eventuelle revolutionäre Transformationen unter der Führung Simón Bolivars und San Martins hin zur modernen bürgerlichen Industriegesellschaft sich nicht durchsetzen konnten im Gegensatz zum napoleonischen Europa und den Vereinigten Staaten George Washingtons und Thomas Jeffersons. Auf die heroische Phase der revolutionären Avantgarde folgte somit nicht der Übergang zur Konstruktion des bürgerlichen Akkumulationsgeschehens, sondern die Ersetzung des offenen Kolonialismus durch den Neokolonialismus.

5. Der Kosmos ist organisiert in Systemen und Netzen. Diese Eigenschaft bedeutet, dass nichts in der Realität existiert, was nicht Teil eines höheren Systems oder Netzwerkes wäre. Es gibt keine isolierten Elemente im natürlichen oder sozialen Universum. Eine Person wohnt in einer Stadt, gehört zu einer Familie, zu einer Arbeitsinstitution, zu einer nationalen Gesellschaft, die wiederum ein regionales Subsystem der globalen Ökonomie bildet, und sofort.

Dieser systemische Charakter des Universums ist fundamental für sein Verständnis und muss sich in angemessener Weise in der Theorie widerspiegeln, so wie es in den Werken der großen Denker wie Hegel (*Das Ganze ist das Wahre*), Marx, Engels und Lenin ja auch geschehen ist. Die Bewegung des Mondes, zum Beispiel, lässt sich nicht auf eine rationale Weise deuten, außerhalb (in abstracto) des Sonnensystems. Die Evolution eines Bakteriums ist unerklärbar außerhalb der Umgebung, in der es sich reproduziert, und das menschliche Verhalten, losgelöst von seinem sozialen Kontext, wird immer eine weitgehend agnostische Größe (Unbekannte) sein.

Schließlich haben alle Elemente, die das Universum bilden, eine eigene Identität oder Partikularität. Ein Atom, zum Beispiel, ist in seiner individuellen Eigentümlichkeit definiert durch seine Masse, seine elektrische Ladung und seinen *Spin*, neben weiteren Eigenschaften. Ein biologisches System wie ein Hund, eine Pflanze oder ein menschliches Wesen repräsentiert ein Genom (Zusammenstellung von Genen), das einzigartig im Universum ist. Der homo sapiens jedoch verfügt, über seine singulären physischen und biologischen Eigenschaften hinaus, die in der DNA definiert sind, über eine kulturelle Identität (*software*), welche ihm eine zusätzliche unverwechselbare Eigenart oder Identität gegenüber allen anderen Menschen verleiht. Genau diese menschliche Identität – historisch analysiert in der politischen Philosophie als Bewusstsein des Subjekts – ist das fundamentale Element aller menschlichen Praxis und jeden historischen Projekts.

6. Wir können drei Arten von Systemen im Universum unterscheiden, je nach Organisations- oder Komplexitätsgrad der Materie, aus der sie gebildet werden: Die präbiologischen mit ausschließlich physikalischen oder physikalisch-chemischen Eigenschaften, wie z. B. ein Stein; die biologischen, wie eine Pflanze, ein Bakterium oder ein Tier, die über ihre physikalisch-chemische Beschaffenheit hinaus eine vitale Eigenschaft besitzen; schließlich die menschlichen Sozialsysteme, wie eine Person, eine Familie, ein Unternehmen oder ein Staat, die als vierte Eigenschaft die individuelle oder kollektive Fähigkeit des rationalen Urteilens besitzen. Letztere werden auch „propositive Systeme" genannt, weil der menschliche Geist die Fähigkeit besitzt, die Zukunft des Systems rational zu planen.

7. Die Freiheit des Subjekts, ein bestimmtes System zu verändern, ist durch vier Faktoren bestimmt:

a) die Situation struktureller und konjktureller Stabilität oder Instabilität, in dem sich das System im Moment des geplanten Wechsels befindet;

b) die Richtung seiner Fortentwicklung (Evolution);

c) die Dynamik (Geschwindigkeit) seiner Fortentwicklung (Evolution);

d) die Phase des *Existenzzyklus*, den es im Augenblick des intentionierten Wechsels durchläuft.

8. Der Existenz- oder Lebenszyklus eines Systems ist im Wesentlichen, eine Funktion zweier Faktoren:

a) der Organisationskomplexität der Materie derjenigen Elemente, die es bilden, sowie

b) seiner Beziehung zur Umwelt.

Dies erklärt, warum die Lebenszyklen eines präbiologischen, biologischen oder menschlichen Sozialsystems unterschiedlich lang sind. Ein Stein kann Hunderttausende von Jahren existieren, ein Säugetier maximal um die 150 Jahre und eine menschliche Gesellschaft (wie die chinesische) einige Tausend Jahre.

Das *Kriterium,* welches zu bestimmen erlaubt, in welcher Phase seines Lebenszyklus sich ein System befindet, das verändert werden soll, ist für den Fall bloß physikalisch-chemischer Phänomene zweifach, nämlich die Organisation der Materie, aus der es zusammengesetzt ist und die Umgebung. Im Fall eines Steines etwa, ob er

a) aus Sandstein, Granit, Marmor etc. besteht und b) ob er einem fließendem Gewässer, der Sonne, Kälte und Wind oder anderen Faktoren ausgesetzt ist.

In den biologischen Systemen hingegen ist der Lebenszyklus abhängig von

a) der entsprechenden genetischen Konfiguration (Genom), welche die Existenzparameter (Alter) des Systems vorbestimmt, wie z. B., in einer Pflanze,

im Zusammenhang mit

b) günstigen oder ungünstigen Bedingungen seiner Umweltsituation.

9. Für die menschlichen Sozialinstitutionen muss der Lebenszyklus in anderer Form definiert werden als für die physikalischen, chemischen oder biologischen Systeme, da erstere weder durch Zersetzung von Materie noch programmiertem genetischem Telos (Endzustand) ihr Ende erfahren. Dies kann sinnvoll getan werden über die Systemtheorie.

Biologische Subsysteme, wie etwa der Verdauungstrakt eines Menschen, der Herzmuskel oder das optische System, geraten dann an das Ende ihres Existenzzyklus, wenn sie die Kapazität verlieren, zum Fortbestand des ihnen übergeordneten Systems (homo sapiens) noch etwas beizutragen. Für das Makrosystem der Gesamtgesellschaft ist die Situation analog. Es tritt dann in seinen Endzustand ein, wenn es:

a) die integrativen materiellen und ideellen Inputs (Unterstützung) wichtiger Sektoren der Staatsbürger oder Institutionen verliert, oder

b) wenn es durch eine Intervention von außen aufgelöst wird.

Das wirtschaftliche Subsystem einer Gesellschaft, zum Beispiel, ist dann an die maximale Grenze seines Existenzzyklus geraten, wenn es die grundlegenden Bedürfnisse der Staatsbürger nicht mehr befriedigen kann und somit dysfunktional für den Fortbestand des Systems in seiner Gesamtheit wird. Die Ökonomie wird in diesem Fall von einer Quelle gesellschaftlicher Kohäsion durch Bedürfnisbefriedigung zur fundamentalen Ursache gesellschaftlicher Konflikte und Unzufriedenheit (Klassenkämpfe).

Ein Beispiel für den Fall „a" eines Makrosystems – Verlust der Unterstützung wichtiger sozialer Sektoren oder Institutionen – ist die ehemalige Deutsche Demokratische Republik (DDR). Obgleich sie die wesentlichen materiellen Probleme der Staatsbürger gelöst hatte, gewährte sie diesen keine demokratische politisch-ökonomische Teilhabe und verlor dadurch ihre soziale Basis und politische Legitimität. Als die Staatsbürger 1989 mittels großer Demonstrationen diese Teilhabe einforderten, verweigerte die Volksarmee den Einsatzbefehl zur Unterdrückung der Massen. Mit der Doppelverweigerung von wesentlichen Teilen der Bevölkerung und einer zentralen Institution (Armee) war das Schicksal der DDR-Gesellschaftsordnung beendet – ihr Lebenszyklus abgelaufen.

Die Exempel für den Fall „b", äußere Intervention zur Beendigung eines sozio-politischen Systems, sind zahlreich in der neuen Geschichte, wie etwa in der Reorganisation der Balkanstaaten durch die NATO oder des Mittleren Orients durch die angloamerikanische Intervention im Irak.

Resümierend: Wenn sich die historische Durchführbarkeit (Historizität) eines etablierten sozialen Gesamtsystems erschöpft, wie z. B. die Sklavenhaltergesellschaft, der Feudalismus, der sowjetische Sozialismus oder der gegenwärtige Kapitalismus, dann öffnen sich die Türen für eine qualitative Veränderung in seinem Evolutionsprozess, d. h. für eine „Zustandsänderung" oder einen Quantensprung, sei es über den Weg einer Implosion wie im Fall des sowjetischen Sozialismus, sei es über eine interne Weiterentwicklung (Evolution) oder über die Zerstörung seitens der globalen Umgebung.

Für den Eingriff menschlicher Praxis in diese objektiven Entwicklungsprozesse sind das Konzept und die konkrete Bestimmung des Existenzzyklus eines sozialen Systems von zentraler Bedeutung, weil sie entscheiden, ob ein Subjekt der Veränderung in der historischen Szenerie als heroische oder als tragikomische Figur agiert: als Mío Cid oder als Don Quijote.

Heute ist eindeutig, dass keines der entscheidenden Subsysteme der bürgerlichen Gesellschaft, die nationale Marktwirtschaft, der Klassenstaat und die plutokratische Minderheitendemokratie, Quellen systemstabilisierender Inputs für das Gesamtsystem mehr darstellen. Dieses gerät dadurch immer mehr in Widersprüche, die die herrschende Klasse nicht mehr adäquat lösen kann. Sie sind nur noch durch die Aufgabe des Systems zu beseitigen, und dies kann nur gegen den Willen der Herrschenden geschehen. Das ist die Funktion des Neuen Historischen Projekts.

1.2 Strukturelle Erschöpfung der bürgerlichen Institutionen

Die Schlussfolgerung über das Ende der bürgerlichen Zivilisation leitet sich aus drei Diskussionspunkten ab: 1. der strukturellen Erschöpfung der Basisinstitutionen des bürgerlichen Systems; 2. dem Erscheinen konstitutiver Strukturen nachbürgerlicher Zivilisation in der zeitgenössischen globalen Gesellschaft und; 3. der Logik der gesellschaftlichen Entwicklung der Menschheit.

1.2.1 Die Nationale Marktwirtschaft

Dem Bremer Universalwissenschaftler Arno Peters gebührt der Verdienst, unter wenigen anderen, der Forschung über das Prinzip der zukünftigen sozialistischen Ökonomie einen neuen Impuls gegeben zu haben. Wir werden in zwei Abschnitten dieser Arbeit auf ihn zurückgreifen: in diesem Kapitel auf die Kritik der strukturellen Defizite der nationalen Marktökonomie und ihrer Denaturierung zur Chrematistik (Bereicherungswirtschaft) und im vierten Kapitel auf seine Ausführungen über die Äquivalenzwirtschaft. Der folgende Teil ist die wörtliche Wiedergabe eines meisterhaften Vortrags zum Thema, den er 1995 vor dem *Gramsci*-Institut in Palermo unter dem Titel *Das Äquivalenz-Prinzip als Grundlage der Global-Ökonomie* gehalten hat.[2]

Die Wirtschaft ist, wie jede andere Erscheinung der Gegenwart, nur in ihrer Gewordenheit zu begreifen. Sie beruht auf der Arbeit aller früheren Generationen und ist selbst Grundlage des Lebens der kommenden. Dabei ist sie, wie Technik, Politik, Recht, Moral, Wissenschaft und Kunst, mit allen anderen Seiten der historischen Entwicklung in vielfältiger Weise verbunden, durch sie beeinflusst, geprägt. So entspricht jeder Stufe der Menschheitsentwicklung eine bestimmte Ökonomie. Um die Frage zu beantworten, ob unsere Wirtschaft heute sinnvoll organisiert ist, ob die Fülle der ökonomischen Lehrmeinungen der Gegenwart und ihre Anwendung unserer Epoche gemäß ist, müssen wir die Entwicklung der Menschheit unter dem besonderen Blickpunkt der Wirtschaft betrachten.

Wenn wir unter »Wirtschaft« die Gesamtheit aller Tätigkeiten und Einrichtungen zur Befriedigung der allgemeinen Bedürfnisse verstehen, liegt der Anfang unseres Wirtschaftens etwa 800.000 Jahre zurück, und zwar beim Beginn der Anfertigung einfacher Werkzeuge. Lebten die Menschen bis zu diesem Zeitpunkt wie Tiere von der sie umgebenden Natur, so fingen sie nun an, die von ihnen vorgefundenen Gegenstände und Materialien zu bearbeiten, um sie ihren Zwecken nutzbar zu machen. Mit dieser Veränderung der Natur durch Arbeit beginnt die Wirtschaftsgeschichte. Beobachtungsgabe, Tatkraft und handwerkliche Geschicklichkeit befähigten den Menschen bald zu regelmäßiger Tätigkeit. [...]

Mit der Verfeinerung der Werkzeuge beginnt innerhalb der Familie, der Sippe, des Stammes eine erste Aufgabenteilung. Neben Messer, Ahle, Meißel und Nähnadel treten Angelhaken, Speer, Harpune, Pfeil und Bogen auf. Die Männer werden zu Jägern, die Frauen sammeln Beeren, Nüsse, Knollen und Früchte, und sie hüten die Kinder. Diese Phase der innerfamiliären Aufgabenteilung begann etwa vor 80.000 Jahren, als der Mensch anfing, sich gegen die Unbill der Witterung durch selbst gefertigte Fellkleidung zu schützen.

Zähmung und Zucht von Tieren sowie die Erfindung des Ackerbaus führten vor etwa 12.000 Jahren zu einer neuen Phase der Wirtschaftsgeschichte. Der Mensch begann, seine Nahrung selbst zu produzieren. [...] Wohl schwankt die Menge seiner Nahrung von Ernte zu Ernte, aber nicht mehr von Tag zu Tag. Seine Existenz wird sicherer. Der Mensch baut für sich und seine Vorräte Hüt-

2 – Arno Peters, Das Äquivalenz-Prinzip als Grundlage der Global-Ökonomie, Akademische Verlagsanstalt, Vaduz, 1996

ten und Häuser, er wird sesshaft. Auch die zwischenmenschlichen Beziehungen werden dauerhafter. Überschüssige Nahrungsmittel werden gegen andere Güter (wie Feuerstein, Kupfer, Bronze, Tongefäße) eingetauscht. Es entstehen erste Dörfer. Ihre Wirtschaft ist auf die Bedarfsdeckung von Familie, Sippe, Stamm gerichtet. Werkzeuge und Waffen sind persönliches Eigentum, der Boden Gemeineigentum. Der Tausch von Gütern wird weiterhin in der Regel durch die Produzenten selbst vorgenommen.

Mit der Sicherung der Ernährung und der Errichtung fester Dörfer vermehrt sich die Bevölkerung. Produktion und Konsum werden vielfältiger, weiter entfernt hergestellte Güter werden begehrt, längere Wege schieben sich zwischen Erzeuger und Verbraucher. Damit ergibt sich die Notwendigkeit von Transport, Lagerung und Verteilung der auszutauschenden Güter. […] Als Beauftragte der Produzenten bringen sie Güter zu den Konsumenten und erhalten dafür andere Güter, die sie den Produzenten zurückbringen. Später kaufen sie den Produzenten ihre Produkte ab und liefern sie den Konsumenten auf eigene Rechnung, was ihnen mehr Nutzen bringt, als sie für ihre Leistung des Transportierens, Lagerns und Verteilens erlangen können. Dafür übernehmen sie das Risiko, dass Güter verderben oder geraubt werden oder erst nach Wartezeiten Abnehmer finden. In den wenigen zu Ackerbau und Viehzucht fortgeschrittenen Gemeinwesen begann dieser Übergang vom Tausch zum Handel vor etwa 7.000 Jahren. Zu gleicher Zeit entwickelte sich der Beruf des Kriegers, dessen Aufgabe die Unterwerfung und Beraubung fremder Stämme sowie der Schutz der Angehörigen und der Vorräte des eigenen Stammes vor fremder Unterwerfung und Beraubung war. Kämpfe zwischen benachbarten Stämmen sind schon früher bezeugt, auch Raubzüge. Doch daran waren alle Männer der betroffenen Stämme beteiligt. Der Berufskrieger aber leistet, wie der Händler, für seinen eigenen Lebensunterhalt keine produktive Arbeit mehr. Diese Berufe entstehen beim Emporwachsen der ersten Dörfer zu Städten und Stadtstaaten.

Vor gut 5.000 Jahren hat sich diese neue, von Handel und Krieg geprägte Wirtschaftsordnung in einem so großen Teil der damals besiedelten Welt durchgesetzt, dass wir vom Beginn einer neuen Epoche sprechen können, der National-Ökonomie, die allmählich überall die Lokal-Ökonomie ablöst. Wir begreifen »Nation« hierbei als historisch gewachsenes Staatswesen mit eigener Tradition und hegemonialer Ausrichtung, fassen darunter also alle, den lokalen selbstgenügsamen Rahmen überschreitende Gemeinschaften, wie sie sich seit Entstehung der ersten Stadtstaaten vor 5.000 Jahren in Struktur und Charakter bis in unsere Tage behauptet haben. Diese neue Epoche, die National-Ökonomie, begann etwa um das Jahr 3.000 vor unserer Zeitrechnung, als sich in den Flusstälern des Nils, des Euphrats und Tigris, des Indus und des Hoanghos [Hwangho, gelber Fluss] eine größere Anzahl von Menschen vereinigte, um die Gewalt der Ströme zu bändigen und das Wasser ihren Zwecken nutzbar zu machen. Durch Anlage von Dämmen, Staubecken und Kanälen verwandelten sie öde Landstriche in fruchtbare Felder und blühende Gärten. [...] Zunehmende Aufgabenteilung steigert die Güte der Erzeugnisse und bewirkt eine höhere Arbeitsergiebigkeit. Neue Berufe bilden sich heraus. Die Menschen benennen alle Dinge und geben sich selbst Namen. Hebel und Rad vervielfachen ihre Kraft. Warenaustausch und Handel führen zu einem geregelten Verkehr. Seetüchtige Schiffe werden gebaut. Die Menschheit hat den Übergang vom instinktiven Handeln zum überlegten Tun vollzogen, sie ist in die bisher letzte Epoche ihrer Entwicklung eingetreten. Metallverarbeitung bringt den Durchbruch zu technischem Denken und Handeln. Schrift macht menschliche Erfahrung mitteilbar, summierbar und vererbbar, Geschichte wird überlieferbar, die schöpferische Leistung des Menschen unsterblich. Handel und private Aneignung des Bodens führen zur Dienstbarmachung des Menschen durch den Mitmenschen, an die Stelle der alten Solidarität zwischen Freien und Gleichen treten Befehl und Gehorsam zwischen Herr und Knecht. Der Staat entsteht als stabilisierender Ordnungsfaktor einer sich zunehmend feindlich gegenüberstehenden Menschengemeinschaft: Macht und Zwang im Innern, Krieg, Raub, Unterwerfung, Ausbeutung im Verhältnis der Stämme und Völker untereinander. Militärische Organisation, auch der Wirtschaft, ersetzt das natürliche Wachstum der menschlichen Gemeinschaft. Reichtum und Armut entstehen. Die Käuflichkeit aller Güter und Werte bewirkt den Verlust des ganzheitlichen Wesens des Menschen. So wird jeder Sieg auf dem Wege des Fortschritts zu einer Niederlage. Die Epoche der höchsten Schöpfungen des Menschen wird zur Epoche seiner tiefsten Selbsterniedrigung.

Wenn wir heute, an der Wende vom zweiten zum dritten Jahrtausend, auf diese Epoche der hinter uns liegenden 5.000 Jahre zurückblicken, so erkennen wir, dass diese Zeit durch allen Wechsel der Staaten, Reiche, Dynastien, Religionen, Gesellschaftsordnungen hindurch vom gleichen Grundzug geprägt wurde: nämlich vom Streben nach Reichtum und Macht, wie es der Durchbruch von Handel, Krieg und Raub beim Übergang von der Lokal-Ökonomie zur National-Ökonomie in die Welt gebracht hatte. Dieser Übergang, der in den wenigen Hochkulturen der großen Flusstäler vor 5.000 Jahren begann, ereignete sich in Südeuropa erst vor rund 3.000 Jahren, in Nordeuropa vor 1.500 Jahren, in den meisten außereuropäischen Ländern erst vor 500 Jahren mit der kolonialen Besitznahme durch die europäischen Mächte und bei den letzten, entlegendsten Stämmen und Völkern erst vor hundert oder fünfzig Jahren. Obwohl es durch die ganze Epoche der National-Ökonomie bis heute Inseln der Lokal-Ökonomie gegeben hat, ist die Einbeziehung aller Familien, Stämme, Völker und Staaten in die von den reichen „Herren"-Völkern organisierte marktwirtschaftliche National-Ökonomie jetzt weltweit vollzogen.

Hat sie sich bewährt? Kann sie Grundlage der vor uns liegenden Global-Ökonomie sein? Das Jahrhundert, dessen Ende wir entgegengehen, hat uns mehr wissenschaftliche und technische Fortschritte gebracht als die ganze Weltgeschichte zuvor. Die Massenproduktion hat vielen Menschen Güter beschert, die früher nur wenigen vorbehalten waren. Verkehr und Kommunikation haben die Völker enger zusammenwachsen lassen. Wenn vor hundert Jahren vier Bauern nötig waren, um einen Städter zu ernähren, so haben Mechanisierung, Pflanzenzucht und Chemie es geschafft, dass heute ein Bauer 25 Menschen ernähren kann. Trotzdem überwiegen auf der Erde Mangel, Entbehrung, Not. Eine Milliarde Menschen leben in Wohlstand (ein Zehntel davon im Überfluss), drei Milliarden in Armut, mehr als eine Milliarde hungert. Seit 1945 sind 600 Millionen Menschen verhungert, das sind zehnmal mehr Menschen als der Zweite Weltkrieg Tote gefordert hat, und täglich verhungern weltweit 40.000 Kinder, während unsere Lager überquellen und die europäischen Staaten Milliarden für die Stilllegung fruchtbarer Äcker zahlen. Aber auch in den reichen Ländern gibt es Not: In den zwölf EU-Staaten leben 44 Millionen Menschen in Armut, das sind 14 %, in den USA sind es 10 % der Weißen und 31 % der Afroamerikaner. Und auch hier werden die Reichen von Jahr zu Jahr wohlhabender. Genau um 62 % stieg in den USA in den letzten zehn Jahren das Einkommen der reichsten 20 %, während in der gleichen Zeit das Einkommen der ärmsten 20 % der US-Bevölkerung um 14 % gesunken ist. Die Polarisie-

37

rung schreitet also innerhalb der Industrieländer ebenso fort wie
das Verhältnis von Industrieländern zu Entwicklungsländern.

Überall in der Welt werden Güter und Dienstleistungen aller Art
dringend benötigt, trotzdem sind in Westeuropa 35 Millionen Menschen arbeitslos, weltweit sind es 820 Millionen, fast ein Drittel der
arbeitsfähigen Menschen. Und die sich täglich verdichtenden globalen Kapitalströme schaffen keine Arbeitsplätze und keine materiellen Werte, sie sind nicht mehr auf Profit gerichtet, sondern
allein auf den Zins. Das Volumen der internationalen Geldströme
hat sich in den letzten sechs Jahren verzehnfacht. Täglich wechseln nun mehr als 1.000 Milliarden Dollar weltweit den Besitzer
– nur 1 % davon (täglich etwa zehn Milliarden) für die Abwicklung
des Welthandels – 99 % der Geldbewegungen sind rein spekulativ.
Die Auslandsguthaben der Banken haben sich seit 1980 von 1.836
Milliarden Dollar auf mehr als 8.000 Milliarden Dollar vervierfacht [...]. Der Anteil des reinen Zinseinkommens gegenüber dem
Unternehmergewinn stieg von 7 % im Jahre 1960 auf fast 60 %.

In den reichsten Ländern verbrauchen die Menschen 400 Mal so
viel wie die Menschen in den ärmsten Ländern, die Einwohner
der Schweiz verbrauchen also an einem Tag mehr als die Bewohner Mosambiks im ganzen Jahr. Dabei handelt es sich um Durchschnittswerte. Die Direktoren großer Industrie-Unternehmen in
reichen Ländern verdienen in einer Minute soviel wie die Menschen in den armen Ländern in ihrem ganzen Leben. Und die Einkommen der Eigentümer sind noch höher: Ein südafrikanischer
Minenbesitzer verdient zwei Milliarden im Jahr, das ist dreimal
soviel wie das jährliche Einkommen der fünf Millionen Einwohner des Tschad insgesamt.

Wenn es Aufgabe der Wirtschaft ist, die allgemeinen Bedürfnisse
durch sinnvolle Organisation der Arbeit zu befriedigen, müssen
wir feststellen, dass unser Wirtschaftssystem seine Aufgabe nicht
erfüllt. Es besteht auch keine Hoffnung, dass es sie in Zukunft wird
erfüllen können, denn dem ihm zugrunde liegenden System der
Marktwirtschaft wohnt die Tendenz inne, dass die Reichen immer
reicher werden und die Armen immer ärmer. Und diese Polarisierung verschärft sich noch seit dem Ende des politischen Kolonialismus in den sechziger Jahren unseres Jahrhunderts, als viele
Menschen hofften, dass nun eine Wende zum Guten eintritt. Der
Anteil der ärmsten 20 % der Erdbevölkerung am Welteinkommen
hat sich in den letzten zwanzig Jahren von 2,3 % auf 1,4 % vermindert, während der Anteil der reichsten 20 % von 74 % (1970)

auf 83 % (1990) gestiegen ist. Die Zahl der Hungertoten hat eine Höhe von vierzig Millionen jährlich erreicht. Dabei würde allein die Menge des weltweit geernteten Getreides (durchschnittlich 964 Gramm pro Kopf und Tag) ausreichen, um alle Menschen satt zu machen (Tagesbedarf 750 Gramm). Aber in Europa werden 57 % des Getreides als Viehfutter verwendet, in den USA sind es sogar 70 %.

Nicht das Bevölkerungswachstum und nicht die Natur oder der Mensch tragen die Schuld an der wachsenden Not und am Hunger in den armen Ländern, sondern unser Wirtschaftssystem, die Marktwirtschaft, in der Güter und Dienstleistungen nicht zu ihrem Wert ausgetauscht werden, sondern zum Weltmarktpreis, der sich seit den sechziger Jahren ständig weiter zugunsten der reichen Industrieländer verschiebt. So muss Brasilien für eine Lokomotive, für die es vor zwanzig Jahren 15.000 Sack Kaffee zahlte, heute das Dreifache (46.000 Sack Kaffee) geben. Der Wert der Lokomotive hat sich in diesen zwanzig Jahren nicht verdreifacht, und der Wert des Kaffees hat sich nicht verringert. Verändert hat sich nur der Weltmarktpreis, der das Austauschverhältnis zwischen den überwiegend von den reichen Ländern angebotenen Industrieprodukten und den vorwiegend von den armen Ländern angebotenen Naturprodukten bestimmt.

Obwohl die schnelle Rationalisierung in den Industriestaaten eigentlich die Industrieprodukte gegenüber den Naturprodukten verbilligen müsste, also die Weltmarktpreise der Naturprodukte gegenüber den Industrieprodukten hätten steigen müssen, waren 1990 die Preise für Naturprodukte (= Rohstoffe und landwirtschaftliche Produkte) auf 59 % ihres Preises von 1980 gefallen. Dadurch sank der finanzielle Anteil der armen Länder am Welthandel von 43 % (1980) auf 26 % (1990) – nicht mengenmäßig und nicht nach ihrem Wert, sondern nach ihrem Weltmarktpreis, der zum Hebel der Ausbeutung der außereuropäischen Welt seit dem Ende des politischen Kolonialismus geworden ist.

Aber nicht nur die Zeit des politischen Kolonialismus ist vorüber. Die ganze, seit 5.000 Jahren die Wirtschaft der Welt prägende Epoche der National-Ökonomie neigt sich ihrem Ende zu. Die Erde steht im Begriff, zu einem einzigen Lebensraum zusammenzuwachsen. Wir treten in eine neue Epoche der Wirtschaftsgeschichte ein, die Epoche der Global-Ökonomie. Vorbereitet wurde dieser jetzt vor unseren Augen sich vollziehende Übergang durch die technischen und wissenschaftlichen Errungenschaften der letzten anderthalb Jahrhunderte. Auto und Flugzeug, ein weltumspannendes Straßen- und Schienennetz lassen die Menschen näher zusammenrücken, auch der Güteraustausch wird vereinfacht und beschleunigt. Elektrik macht Energie transportabel. Erdöl, Erdgas, Atomkraft, Wasser- und Sonnenkraft verbilligen die Produktion und den weltweiten Transport der Güter. Telefon, Radio, Fernsehen machen in dieser globalen Vernetzung die Menschen zu Zeugen des gleichzeitigen Geschehens auf der ganzen Erde. Eine Sprache entwickelt sich zur Weltsprache, mehrere Währungen gelten weltweit. Rationalisierung und Automation vervielfachen die Produktivität; die Computerisierung erreicht mit den sich selbst reproduzierenden Systemen eine Stufe, die bei sinkender Arbeitszeit die Lebensgrundlage für alle Menschen sichern kann. Voraussetzung für eine solche weltweite allgemeine Lebenssicherung ist aber ein Wirtschaftssystem, das dieser Aufgabe gewachsen ist. Die bis in unsere Tage gültige National-Ökonomie und die ihr zugrunde liegende Marktwirtschaft sind das nicht. Ist es möglich, dieses Wirtschaftssystem auf die Erfordernisse der Global-Ökonomie umzustellen?

Im folgenden sind die der National-Ökonomie zugrunde liegenden Prinzipien, wie sie sich in den letzten Jahrhunderten herausgeschält haben, aufgeführt:

1) Ziel der Wirtschaft ist der Wohlstand der eigenen Nation.

2) Der Staat hat die Interessen der Wirtschaft nach außen zu schützen (Zölle, Steuern, Einfuhrbeschränkungen), nach innen zu fördern (Abgaben-Vergünstigungen, Privilegien, Subventionen) und weltweit machtvoll zur Geltung zu bringen (Embargo, Sanktionen, Krieg).

3) Der Staat darf die freie Entfaltung der Wirtschaft nicht einschränken.

4) Grund und Boden, Bodenschätze und Produktionsmittel sind Privateigentum.

5) Die Struktur der Wirtschaft ist hierarchisch, alle Entscheidungsgewalt liegt bei den Eigentümern der Produktionsmittel.

6) Art und Menge der Produktion sowie die Verteilung der produzierten Güter regeln sich selbst durch Angebot und Nachfrage (Marktwirtschaft).

7) Die auf freiem Wettbewerb beruhende Marktwirtschaft führt von selbst zur Harmonie der individuellen und sozialen Interessen.

8) Durch den freien Wettbewerb pendelt sich der Preis jedes Produktes auf seinen »natürlichen Preis« ein, der langfristig im Mittel seinem Wert entspricht.

9) Die menschliche Arbeit ist käuflich, ihr Preis wird wie der Preis
jedes anderen Gutes von Angebot und Nachfrage bestimmt.

10) Individuelles Gewinnstreben ist die entscheidende letzte
Antriebskraft der Wirtschaft.

Diese Lehrsätze der Marktwirtschaft stimmen nicht mit der Wirklichkeit überein (6, 7, 8) oder sie beschreiben einen Zustand, ohne
dessen Veränderung die Global-Ökonomie ihr eigentliches Ziel,
die Versorgung aller Menschen der Erde mit den lebensnotwendi-
gen Gütern und Leistungen, nicht erfüllen kann (1, 2, 3, 4, 5, 9, 10).

Voltaire hat das Wesen der in diesen zehn Sätzen zusammengefassten Prinzipien der National-Ökonomie in einem einzigen Satz
beschrieben: »Es ist klar, dass ein Land nur gewinnen kann, wenn
ein anderes verliert« und Pareto hat es in unserem Jahrhundert
so gesagt: »Niemand kann besser gestellt werden, ohne die Lage
eines anderen zu verschlechtern«. In der Global-Ökonomie aber
darf nicht ein Land oder ein Mensch auf Kosten eines anderen
gewinnen.

Aber gibt es ein Wirtschaftssystem, das sich in diesem entscheidenden Punkt von der Marktwirtschaft unterscheidet? Gibt es
eine Alternative zur National-Ökonomie? Wenn wir die Ökonomie und ihre Geschichte auf die ihr insgesamt zugrunde liegenden Prinzipien hin untersuchen, finden wir nur zwei Archetypen:
die äquivalente Ökonomie, in der die Menschheit seit Beginn
ihrer Wirtschaftsgeschichte fast 800.000 Jahre lang lebte und die
nicht-äquivalente Ökonomie, die vor etwa 6.000 Jahren begann,
die Wirtschaft auf eine neue Grundlage zu stellen und die in den
vergangenen fünf Jahrtausenden die ganze Erde ihrem System
unterwarf. [...] Beide Archetypen der Ökonomie sind grundsätzlich unvereinbar. [...] Und auf allen Stufen ist die vollständige Entsprechung von Input und Output das Merkmal der äquivalenten
Ökonomie, wie ihre Nicht-Entsprechung das Kennzeichen der
nicht-äquivalenten Ökonomie ist.

Wenn die äquivalente Ökonomie als die ursprüngliche Form der
Wirtschaft die einzige Alternative zu der vor unseren Augen zu
Ende gehenden nicht-äquivalenten Ökonomie ist, müssen wir fra-
gen, wie es überhaupt zu unserer heutigen, das eigentliche Ziel der
Wirtschaft, die allgemeine Bedarfsdeckung verfehlenden, nicht-

äquivalenten Ökonomie kommen konnte. Gehen wir also zurück zu den Anfängen der Wirtschaftstheorie.

Aristoteles ist der Begründer der wissenschaftlichen Kategorienlehre wie der Logik, die durch richtige Begriffe, Urteile und Schlüsse zum Wesen der Dinge vordringt. Er hat vor 2.300 Jahren die Einzelwissenschaften verselbständigt – auch die Ökonomie, und er ist ihr erster Theoretiker – Theoretiker im eigentlichen Sinne des Wortes, *der, durch denkende Betrachtung der Wirklichkeit, deren Grundsätze Auffindende und Beschreibende*. Er sieht die Wirtschaft auf dem Hintergrund der Politik, der Ethik, des Rechts, der Geschichte. In der Wirtschaftslehre des Aristoteles ist »Ökonomie« die Bezeichnung für die Erwerbskunst, deren Inhalt die Schaffung der zum Unterhalt von Haus und Staat erforderlichen Mittel ist, also die Bedarfsdeckung. Daneben beschreibt Aristoteles eine zweite Art von Erwerbskunst, die im Gegensatz zur ersten nicht von der Natur vorgegeben ist, sondern ihr künstlich hinzugefügt wurde. Diese zweite Art von Erwerbskunst gehört nicht zur Wirtschaft (Ökonomie), sie stellt eine eigene Erscheinung dar, die Chrematistik (=Bereicherung). »Weil diese der Ökonomie nahe steht«, sagt Aristoteles, »halten sie viele Leute für identisch mit dieser; sie ist es aber nicht«. *Wesen der Chrematistik*

In Griechenland und Kleinasien hatte Aristoteles noch Dorfgemeinschaften kennen gelernt, in denen Güter überwiegend oder fast ausschließlich von den Produzenten auf äquivalenter Grundlage direkt getauscht wurden. Er sagt darüber: »Dieser Tausch ist weder gegen die Natur, noch ist er eine Art des Gelderwerbs, denn er dient nur zur Ergänzung der natürlichen Selbstständigkeit«. Dann beschreibt Aristoteles, wie mit dem Aufkommen des Geldes (die ersten Münzen wurden in Kleinasien dreihundert Jahre vor Aristoteles geprägt) die zweite Art der Erwerbskunst begann, der Handel, der nicht mehr der Bedarfsdeckung dient, sondern nur einen möglichst großen Gewinn erzielen will. Diese Bereicherung (Chrematistik) ist für Aristoteles der widernatürliche Gebrauch menschlicher Fähigkeiten, eine Störung der Ökonomie.

Aristoteles weist dann auf die Unersättlichkeit der Chrematistik hin: Während der Wirtschaft in der Bedarfsdeckung eine natürliche Grenze gesetzt ist, sucht die Chrematistik ihr Geld ins Endlose zu vermehren: »Sie wird mit Recht getadelt«, sagt Aristoteles, »weil sie nicht der Natur folgt, sondern auf Ausbeutung ausgeht. Ihr zur Seite tritt das Wuchergewerbe, das aus guten Gründen verhasst ist, weil es seinen Erwerb aus dem Gelde selbst zieht und nicht aus den Dingen, zu deren Vertrieb das Geld eingeführt wurde. Denn dies sollte nur zur Erleichterung des Austauschs dienen, der Zins aber bewirkt, dass es sich selbst vermehrt. Deshalb ist diese Art des Erwerbs die allernaturwidrigste«. Schließlich verwirft er die Selbstsucht, die in der Chrematistik gipfelt, ganz allgemein: »Dass jedermann sich selbst liebt, liegt in unserer natürlichen Anlage. Dagegen wird der Egoismus mit Recht getadelt. Denn dieser besteht nicht darin, dass man sich selbst liebt, sondern dass man sich mehr liebt, als man darf«.

Für Aristoteles ist die Ökonomie nicht autonom, hat also keine ihr allein eigenen Gesetze. Der Mensch ist von Natur aus ein gemeinschaftsbildendes Wesen, das sich nicht für sich allein, sondern im Staate erfüllt. So bleibt die Ökonomie des Aristoteles immer Staats- und Menschenlehre. Deshalb ist für ihn die wichtigste, allen übergeordnete Wissenschaft die Politik, der die Wirtschaft ebenso wie die Kriegsführung oder die Redekunst untersteht. So hat Aristoteles seiner ökonomischen Theorie keine eigene Abhandlung gewidmet, sie ist Teil seiner Bücher über Ethik und Politik.

In den Lehren des Aristoteles ist die Gedankenwelt der griechischen Philosophen seit Pythagoras zu einem Ganzen verschmolzen und geordnet. So ist seine Ökonomie zusammenfassender Ausdruck der philosophisch-politischen Wirtschaftslehre dieser Epoche wie ihrer zahlreichen ökonomischen Schriften. Auch Erkenntnisse und Einsichten seines Lehrers Plato und dessen Lehrers Sokrates sind in ihren Grundaussagen darin enthalten. So die Aufdeckung der Unersättlichkeit der Chrematistik als Ursache des Krieges: Plato beschrieb die natürlichen Bedürfnisse des Menschen, Nahrung, Wohnung, Bekleidung und ihre Befriedigung in der »rechten Stadt, die gleichsam gesund ist«. Ihr stellte er die »aufgeschwemmte Stadt« gegenüber, wo die Grenzen des Notwendigen überschritten werden und maßloses Besitzstreben zu Überfluss und Luxus führt. Der Grund und Boden, der für die Bedürfnisbefriedigung ausreicht, wird nun zu klein. »Also werden wir von den Nachbarn Land abtrennen müssen und ebenso diese von unserem, und von nun an werden wir Krieg zu führen haben«. Und Plato schließt: »Wir haben den Ursprung des Krieges in dem gefunden, dessen Vorhandensein sowohl für die Staaten im Ganzen als auch für den einzelnen Bürger persönlich meist eine Veranlassung zum Unheil wird« – in der Maßlosigkeit, die mit der Chrematistik die Wirtschaft ergriffen hat. Aus seinem Grundsatz vom Vorrang des Ganzen vor den Teilen wuchs Platos Lehre von der dem Lebensgesamt dienenden Wirtschaft, die niemals mehr als ein Mittel für Staat und Mensch sein darf.

Platos Lehrer Sokrates hatte bereits das entscheidende Kriterium der Wirtschaft in seiner allgemeinsten Form ausgesprochen: »Höchste Tugend ist die Genügsamkeit«. Das war die Zurückweisung der Maßlosigkeit, wie sie durch die Chrematistik in die Ökonomie gekommen war. All diese Erkenntnisse gingen in die Wirtschaftslehre des Aristoteles ein, deren wichtigste Grundzüge ich hier zusammenfasse:

1) Der Mensch ist von Natur aus ein gemeinschaftsbildendes Wesen, er erfüllt sich im Staate und dessen Gesetzen.

2) Die Wirtschaft hat gegenüber dem Staate keine eigenständige, eigengesetzliche, sondern nur eine dienende Funktion.

3) Aufgabe der Wirtschaft ist die Befriedigung der menschlichen Bedürfnisse.

4) Wie den menschlichen Bedürfnissen ist auch dem Erwerbsstreben der Wirtschaft eine natürliche Grenze gesetzt.

5) Notwendige Ergänzung der Gütererzeugung ist der zur Ökonomie gehörende Gütertausch, bei dem Verschiedenartiges, aber Gleichwertiges, ohne Gewinn (= äquivalent) ausgetauscht wird.

6) Außer der Ökonomie gibt es die Chrematistik, die auf Handel und Geldverleih beruht und deren einziges Ziel der Gelderwerb ist. Sie stört die Ökonomie in ihrer freien Entfaltung und hindert sie dadurch an der Erfüllung ihrer Aufgabe.

7) Das Erwerbsstreben der Chrematistik kennt keine Grenze. Ihre Unersättlichkeit ist widernatürlich und lebensfeindlich.

8) Die Chrematistik ist die letzte Ursache von Handel, Raub und Krieg.

9) Mangel und Überfluss, Armut und Reichtum sind gemeinsam entstanden und bedingen einander.

10) Leben ist Tätigkeit. Nur eine um ihrer selbst willen ausgeübte Tätigkeit bringt dauerhafte Erfüllung. Das Leben des Gelderwerbs ist kein lebenswertes Leben.

Bis hierhin die Ausführungen von Arno Peters zur Nationalökonomie.

1.2.2 Die formal-repräsentative Demokratie

Die real existierende bürgerliche Demokratie teilte mit dem „real existierende" Sozialismus eine substantielle Charakteristik: den Abgrund, der sie von den ursprünglichen Idealen und Problemstellungen ihrer Gründungsväter trennte. Ein Abgrund, so tief wie jener, der zwischen dem sowjetischen Sozialismus und der emanzipatorischen Geschichtsphilosophie der Pariser Manuskripte von Karl Marx lag.

Der Unterschied zwischen den doktrinären Fundamenten der formalen Demokratie und ihrer zeitgenössischen Realität manifestiert sich in ihrer gesamten politischen Struktur, beginnend mit dem Anspruch, dass es sich um eine repräsentative Demokratie handelt.

Der Mythos der Repräsentativität liegt in folgender Argumentationskette begründet: Die politische Souveränität und Legitimität der demokratischen Herrschaftsform geht ursprünglich und in letzter Instanz aus den Mehrheitsentscheidungen des Volkes hervor und nur aus diesen. Da die Mehrheit ihre Souveränität jedoch nicht direkt ausüben kann, delegiert sie diese mittels Wahlen an parlamentarische Repräsentanten, die ihrerseits die staatlichen Organe bilden. Alle Zweige staatlicher Macht entspringen somit direkt oder indirekt der Herrschaft des Volkes, einschließlich der obersten Verfassungsgerichte. Sie sind in anderen Worten vor dem Volk und der Verfassung legitime Gewalten.

Diese Apologie der parlamentarischen Demokratie ist logisch zwingend. Doch hat sie leider nichts mit der Realität zu tun, denn die Abgeordneten und Senatoren der bürgerlichen Demokratie *repräsentieren* nicht diejenigen, von denen sie ihr Mandat bekommen, sondern *substituieren* sie. Anders wäre es nicht zu erklären, dass die großen Probleme der Mehrheiten, wie soziale Sicherheit, Frauenrechte usw. nicht gelöst werden. Gewählt, dem Volke zu dienen, dienen sie nur zwei Herren: den Eliten und ihren eigenen Interessen.

Häufig pervertieren die bürgerlichen Wahlsysteme sogar die formalen Aspekte der Repräsentationsidee dahingehend, dass die gewählten Regierungen nicht das Ergebnis der Mehrheitsentscheidungen der Bürger sind, sondern das Resultat eines Minderheitenvotums. Der US-amerikanische Präsident George W. Bush, beispielsweise, erhielt in den Wahlen des Jahres 2000 etwa 500.000 abgegebene Stimmen weniger als sein Konkurrent der Demokratischen Partei, Al Gore. Gleichwohl wurde er über das „Wahlmännerkolleg"-System zum Präsidenten gekürt, d.h. der Präsidentschaftskandidat, der die wenigsten abgegebenen Voten erhielt, wurde mit der Investitur prämiert.

Vor dieser paradoxen Entscheidung hatte George W. Bush zusammen mit seinem Bruder Jeb Bush, Gouverneur des Bundesstaates Florida, dort einen systematisch durchgeführten Wahlbetrug begangen, der ihm dessen Wahlmännerstimmen sicherte. Der Protest der Demokraten vor dem Obersten Gerichtshof in Washington wurde mit fünf gegen vier Stimmen abgelehnt. Die fünf Richter, die den Wahlbetrug der Republikaner legalisierten, waren allesamt von republikanischen Präsidenten ernannt worden. Die vier Richter, die gegen den Beschluss votierten, waren sämtlich Nominierungen demokratischer Präsidenten. Doch der Skandal der bürgerlichen Demokratie endet nicht hier. Da die Wahlbeteiligung bei nur etwa 50 % lag und Bush nur wenig mehr als die Mehrheit der Stimmen erhielt, repräsentiert er, gemessen an der Gesamtheit der stimmberechtigten Wähler der USA, gerade eben ein Viertel der gesamten wahlberechtigten Bevölkerung – weniger als Hitler 1933. Mit dieser raquitischen Legitimation begann er den Angriffskrieg gegen den Irak und den Klassenkrieg von oben gegen die Armen der USA.

Ein ähnliches Problem fehlender Repräsentativität taucht auf, wenn eine Regierung in extreme Unpopularität verfällt, so wie es im Jahre 2004 in Peru und Ecuador der Fall war. Sowohl Präsident Alejandro Toledo in Peru, als auch Lucio Gutiérrez in Ecuador verfügten in diesem Jahr über eine Zustimmung von rund sechs Prozent der Bevölkerung, wodurch ihre demokratische Repräsentativität und Legitimität völlig unterminiert waren. Das hinderte diese, im Grunde handlungsunfähigen Regierungen allerdings nicht daran, „im Nahmen des Volkes" und der Nation Hoheitsakte durchzuführen, welche die Souveränität beider Nationen für die Zukunft kompromittierten.

Die Repräsentationsidee wird durch den bürgerlichen Parlamentarismus und Parteienstaat selbst ad absurdum geführt, indem die quantitative Vertretung von Frauen, Arbeitern, Bauern, ethnischen Minderheiten, Arbeitslosen, usw. in den Entscheidungsniveaus der legislativen und juristischen Institutionen völlig unterhalb der erforderten Proportionalität liegt, also weit von dem entfernt ist, was als statistische Repräsentativität der gesamtgesellschaftlichen Struktur gelten könnte. In Frankreich sind beispielsweise nur 73 von 577 Mitgliedern der Nationalversammlung Frauen, also nur rund 14 % gegenüber einem Gesamtanteil an der Bevölkerung von rund 50 %.

Eine der Säulen der freiheitlichen Demokratie resultiert aus dem Grundgedanken, dass die Gesetze aus der wahrheitsstiftenden Konfrontation von Meinungen und Argumenten und nicht aus Interessen heraus geboren werden. Der Gedanke der griechischen Agora stand hier Pate. Aber innerhalb der Parteien des modernen Parlaments ist der gedachte Ort des Arguments und der rationalen Debatte längst vom kalten Kalkül der dominierenden Interessen, der Disziplin der Herde (Partei), der Demagogie und der Macht usurpiert worden, während in der Behandlung der Massen die manipulierte „Konsensbildung" dominiert; das, wie es im Englischen treffend heißt, „perception management", das Management der Wahrnehmung und die Fabrikation des Konsenses, „the manufacture of consent".

Das „Haus des Volkes", das Parlament, ist nicht das Forum der sich herausbildenden Wahrheit, sondern der Ort des Marktes, wo die Verteilung von Macht und sozialem Reichtum zwischen den verschiedenen Fraktionen der Elite verhandelt wird. Grundbegriffe und -vorstellungen der politischen Gründungsväter westlicher Demokratie, wie „government by discussion", Regierung durch Diskussion; die direkte und primäre Verantwortlichkeit der Abgeordneten und Funktionäre vor dem Volk, nicht vor ihren Parteien, Lobbyisten oder *Wall Street*; die Abwesenheit der *arcana imperii* (Staatsgeheimnisse); das Recht zum Tyrannenmord; der freie Zugang zur Produktiveigentumsbildung; die reale Gleichheit vor dem Gesetz oder die effektive politische Gewaltenteilung des Staatsapparates, unter anderen, erscheinen heutzutage eher als romantische Überbleibsel und tote Schriften aus einer verlorenen Gründerzeit, denn als Elemente einer lebendigen Praxis der *res publica*. In der real existierenden Demokratie regieren innerhalb des Parlaments die verlängerten Arme der ökonomischen Elite, die Parteienoligopole (Parteidiktatur), sowie die ideologische wie materielle Korruption; außerhalb dominiert das „Wahrnehmungsmanagement", die „Fabrikation des Konsensus" und die systematische Idiotisierung über die transnationalen Oligopole der Massenindoktrinierung (Medien) und das Opium des Konsumismus – all dies finanziert über die Ausplünderung der Dritten Welt und der eigenen Bevölkerung.

Nicht weniger wichtig für den politischen Überbau der Bourgeoisie als das Parlament und die Parteienherrschaft ist die Montesquieusche Gewaltenteilung. Sie ist das interne Gravitationszentrum des bürgerlichen Rechtsstaates. Doch ist ihre reale Situation ähnlich der des Parlaments, weil die zur Kontrolle der Staatsmacht bestimmte Doktrin Montesquieus – neben der es übrigens andere, möglicherweise effizientere Modelle gibt, wie das von John Locke oder Simón Bolívar – nur dann wirklich realisiert werden kann, wenn die drei Staatsgewalten (Gesetzgebung, Rechtsprechung, Exekutive) auf doppelte Weise getrennt werden: in eine juristisch-organisative Dimension und eine soziale.

Der von Jeremias Bentham gegenüber Montesquieu formulierte Zweifel, ob denn Gewaltenteilung die Freiheit für die Bürger garantieren könne, wenn die drei Staatsgewalten von nur einer sozialen Gruppe oder Schicht kontrolliert werden, hat eine einfache Antwort: Sie kann es nicht. Das konstitutionelle Prinzip der Gewaltenteilung erfordert eine Komplettierung mit dem soziologischen Prinzip des Gleichgewichts der sie tragenden gesellschaftlichen Kräfte, das heißt, dass jede staatliche Gewalt (Legislative, Exekutive, Judikative) unterschiedliche Schichten und Klassen der Gesellschaft repräsentieren muss, um ein funktional notwendiges Maß an Autonomie zu haben.

Montesquieu erfasste diese Problematik, als er darauf hinwies, dass „wenn Legislative und Exekutive in der gleichen Person oder Körperschaft vereint sind, es keine Freiheit geben kann, sondern (nur) einen schrecklichen Despotismus", wie er ihn, zu seiner Zeit, im Osmanischen Reich beobachtete. Untersucht man die Situation der Gewaltenteilung in der Welt, dann kommt man zu dem offensichtlichen Schluss, dass in der Mehrheit der Staaten in der Tat ein „schrecklicher Despotismus" der herrschenden Klasse existiert, der wenig zu tun hat mit den ursprünglichen gewaltenteilenden Vorsätzen ihres doktrinären Schöpfers. Unter der soliden Kontrolle der Oligarchie wird das Prinzip mit musealer Didaktik behandelt: Hinter der sicheren Glasvitrine degeneriert es vom aktiven Prinzip zum Objekt hehrer Vorsätze und doppelzüngiger Huldigung.

Ein weiterer doktrinärer Anspruch der formalen Demokratie liegt darin, dass die periodische Abhaltung von allgemeinen, gleichen und geheimen Wahlen der Garant für die Partizipation der Mehrheiten in politischen Angelegenheiten sei. Es ist schwierig, sich eine ungezügeltere Demagogie vorzustellen als diese. Unter dem zunehmenden Gewicht der Tauschwertlogik, die alle gesellschaftlichen Bereiche mehr und mehr durchdringt, ist die politische Sphäre zum Markt geworden, auf dem als prinzipielle Waren öffentliche politische Macht und hoheitliche Befugnisse gegen privatwirtschaftliche Privilegien, Macht und Reichtum gehandelt werden. Innerhalb dieses soziopolitischen Zusammenhangs besteht die wesentliche Funktion des elektoralen Systems darin, den verschiedenen Fraktionen der herrschenden Klasse gleichberechtigten Zugang zur Staatsmacht zu garantieren. Das bürgerliche Wahlsystem ist nicht mehr als ein oligopolitisches Rotationssystem, welches die Monopolisierung des politischen Marktes verhindern soll, sei es in einer de facto oder de jure Einparteiendiktatur. Die herrschende Klasse ist heute in allen modernen Industriestaaten im Wesentlichen in zwei großen politischen Blöcken organisiert, den Konservativen oder Christdemokraten sowie den Sozialdemokraten oder Sozialisten, die sich durch eine konvergierende Programmatik auszeichnen und aufs schärfste darüber wachen, dass ihr Zugang zu den Pfründen des Politmarktes nicht verloren geht. In dieser politischen Anti-Kartell-Funktion und der ideologischen Funktion, diese Art der Klassenherrschaft den Untertanen als Demokratie zu verhökern, liegt die Daseinsberechtigung des Wahlsystems. Engels hat das allgemeine Stimmrecht in der bürgerlichen Demokratie daher zu Recht als Instrument der Herrschaft der Bourgeoisie angesehen.

Wahlen haben also nichts mit realer Einflussnahme oder Teilnahme des Volkes an der politischen Machtausübung zu tun, weder von der Intention her, noch von der Systemrealität. Dies wird unmittelbar deutlich, wenn die bürgerliche Demokratie in eine „Krise" gerät. Gelingt es den Mehrheiten in bestimmten Umständen, eine ihren Interessen entsprechende demokratische Regierung zu wählen, dann verleugnet die herrschende Klasse ihre eigenen konstitutionellen Verfahrensweisen und Normen und organisiert einen Staatsstreich. Diesen Mechanismus, der nichts anderes zum Ausdruck bringt als die Superiorität der Klassenfunktion des bürgerlichen Staates über seine Demokratiefunktion und natürlich die Normativität politischer Ethik, wird in den bürgerlichen Sozialwissenschaften mit dem üblichen Zynismus als das Paradoxon der Demokratie bezeichnet. Die demokratischen Institutionen sind nur für die Freunde der Demokratie da, das heißt jene, die das Primat ihres Klassencharakters anerkennen, nicht jedoch für die Mehrheiten, die bereit sind, die Gesellschaft strukturell und friedlich zu ändern oder für jene, die glauben, dass das Wahlsystem etwas mit realer Demokratie zu tun hätte. Eine Lektion, die Salvador Allende und das chilenische Volk, unter vielen anderen Opfern des Illusionismus großbürgerlicher Demokratieloyalität, teuer bezahlte.

Der Souveränitätsverlust der Nationalstaaten angesichts der Globalisierung reduziert noch mehr die eingeschränkte Bedeutung der formalen Demokratie. Der Nationalstaat erleidet eine doppelte Unterordnung im Weltgefüge: Im Politischen, Kulturellen und Militärischen ist er sowohl dem Regional- als auch dem Globalstaat unterworfen, und im Ökonomischem hängt er von den regionalen Märkten und dem Weltmarkt ab. Obwohl die Funktionäre dieser übergeordneten Exekutivstrukturen des Weltstaates, wie die Welthandelsorganisation (WHO), der Internationale Währungsfonds (IWF), die Weltbank (WB) und die NATO von keinem Staatsbürger gewählt wurden, ist ihre Einflussmöglichkeit auf nationale Angelegenheiten weitaus höher als die irgendeines demokratisch gewählten Volksvertreters. Das Gleiche gilt für das nichtgewählte „Parlament der Manager der transnationalen Konzerne", welche die entscheidende Variable der Volkswirtschaft determinieren, die Investitionen des Großkapitals, sowie für die Eigentümer und Manager der großen Medienkonzerne, die die politischen Anschauungen und Entscheidungen der Bevölkerung im Wesentlichen formieren, ohne jedoch irgendeiner formaldemokratischen Legitimierung zu bedürfen oder entsprechender Kontrolle unterworfen zu sein. Der Paroxysmus dieser plutokratischen Entwicklung wird deutlich in Italien, wo das Oberhaupt der politischen Macht, Präsident Silvio Berlusconi, zugleich Eigentümer des größten Medienimperiums des Landes ist, also politische Hoheitsmacht und ökonomische Privatmacht nahtlos verschmelzen in einem antidemokratischen oligarchischen Herrschaftssystem.

Ein weiteres problematisches Phänomen in den liberalen Demokratien ist das von John Locke sogenannte „Prärogativ der Macht" oder das „Machtvorrecht". Diese vierte Gewalt im Dominationssystem der Bourgeoisie besteht im „souveränen Handeln" der Exekutive „zum öffentlichen Wohl, ohne sich auf die Mandate des Gesetzes zu stützen und falls nötig, sogar gegen diese zu handeln". In der Praxis, vor allem, aber nicht ausschließlich, der Drittweltdemokratien drückt sich die Macht-Prärogative der Exekutive unter anderem aus über das Recht der Verkündung des Ausnahmezustands oder über die Regierung mittels Exekutivdekreten, wenn das Parlament oder die Mehrheit der Bürger die Entscheidungen der Elite nicht akzeptiert, beispielsweise bei geplanten Privatisierungen der nationalen Bodenschätze, zur Brechung großer Streiks oder bei Militärinterventionen wie die des spanischen Staatspräsidenten José Maria Aznar. Aznar berief sich auf diese Regierungsprärogative, als er gegen den Willen von fast 90 % der spanischen Bevölkerung am Angriffskrieg der USA gegen Irak teilnahm.

Unschwer ist hier zu erkennen, dass es sich bei diesem Staatsmechanismus um nichts anderes handelt als die *legalisierte* Ausgrenzung der Parlamente vom demokratischen Willensbildungsprozess. Deutlich wird ebenfalls, dass im bürgerlichen Staat, vor allem in den Präsidialsystemen, der Präsident nichts anderes ist als der säkularisierte absolute Monarch, der zum öffentlichen Wohl „und falls nötig", „souverän ... gegen die Gesetze handeln kann". Von hier ist der Schritt zum Führer nicht mehr allzu weit.

Ein letztes wesentliches Element der bürgerlichen politischen Philosophie verdient Berücksichtigung: die Ethik staatlichen Handelns, so wie sie von Hegel über den Staat des aufklärerischen preußischen Absolutismus postuliert wurde. Selbst die, die nichts von Hegel verstehen, meinen, dass der Philosoph den Staat zur quasi-göttlichen Instanz erhoben hat, und in der Tat gibt es entsprechende Mystifizierungen vielfältiger Art, wie Marx unter anderem in seiner „Kritik der Hegelschen Staatsphilosophie" gezeigt hat. Aber Hegel war, hinter der Hülle seiner Mystifizierungen und Irrtümer, weder Knecht der Idolatrie (Götzendiener) noch Reaktionär. Er verstand vielmehr, dass die Polarisierung der bürgerlichen Gesellschaft in Reiche und Arme aus ihren unüberwindbaren Klassengegensätzen resultierte und dass nur ein ethischer Staat Garant des öffentlichen Wohls gegenüber den mächtigen Privatinteressen sein konnte.

Innerhalb einer Klassengesellschaft ist diese Idee selbstverständlich ein Hirngespinst, wie Marx theoretisch frühzeitig erkannte und praktisch in seiner politischen Verbannung aus Deutschland erfuhr, weil er öffentlich für die Armen gegen den Staat Partei ergriffen hatte. Weitab vom Hegelschen Postulat der Identität des „Systems des Sonderinteresses" (Familie und bürgerliche Gesellschaft) mit dem „System des allgemeinen Interesses" (Staat), ist der Staat gleichzeitig Beute und Kaliban der oligarchischen Interessen, die ihn zur systematischen Plünderung der Mehrheiten missbrauchen.

Der oligarchisch-plutokratische Charakter der liberalen Demokratien ist in der Ersten Welt ebenso evident wie in der Dritten, wo sich Regierung und Staat, wie schon erwähnt, in das Beuteobjekt der beiden politischen Hauptfraktionen verwandelt haben, in denen sich die Bourgeoisie heutzutage verwirklicht. Die Mitglieder ihrer Kabinette und ihrer politischen Führungsstrukturen sind Teil einer kleinen Elite aus Geschäftsleuten, Berufspolitikern und Militärs, die, mit beträchtlichen Privatvermögen ausgestattet, innerhalb dieser drei Machtsphären rotieren. Jedoch existiert ein fundamentaler Unterschied zwischen der plutokratischen Demokratie im ausbeutenden Pol des Weltsystems, der Ersten Welt und der des ausgebeuteten Pols, der Dritten Welt. Die erste verfügt aufgrund hoher per-capita-Einkommen (Pro-Kopf-Einkommen) über die mehrheitliche Unterstützung der Bevölkerung, wodurch das herrschende Großbürgertum als hegemonische oder leitende Klasse anerkannt ist und seine Bereicherungsgeschäfte in relativer Ruhe führen kann. In der Dritten Welt ist die Großbourgeoisie herrschende Klasse und sonst nichts.

Der einzige transzendentale Beitrag, den die Bourgeoisie in ihrer Geschichte geleistet hat, um das politische Zusammenleben der Gattung in Richtung auf eine gerechtere Gesellschaft voranzubringen, ist der Rechtsstaat mit seinen Schlüsselelementen der Verfassung, der Gewaltenteilung und der formalen Bürgerrechte. All diese Maßnahmen sind antiabsolutistischer Natur. Ihre Absicht besteht darin, die politische Normierung der Machtbeziehung zwischen dem öffentlichen Leviathan und dem Staatsbürger durchzusetzen mittels der negativen Abgrenzung der Befugnis absoluter fürstlicher Gewalt. Da die Bedrohung exzessiver Staatsmacht für die Freiheit des Bürgers immer existieren wird, solange es Klassengesellschaften gibt, kann die Ablehnung der rechtsstaatlichen Elemente der formalen Demokratie in der Übergangsphase zum neuen Sozialismus lediglich der Staatsbürokratie und den Machteliten zugute kommen, nicht aber dem Staatsbürger von Nutzen sein. Die logische Konsequenz aus dieser Situation ist offensichtlich: Gewisse formaldemokratische Rechte sind eine unerlässliche und notwendige, aber nicht ausreichende Bedingung für die demokratische Gesellschaft der Zukunft; sie dürfen nicht substituiert, sondern müssen erweitert werden in Richtung gesellschaftlicher und politischer partizipativer Rechte.

Auf die gleiche Weise, wie der politisch-ökonomische Feudalabsolutismus seine Demokratisierung durch die aufgezwungenen formaldemokratischen, bürgerlichen Rechte erlitt, wird der ökonomisch-politische Absolutismus des großen Kapitals seine Demokratisierung erfahren über die Einführung der materialen Demokratie und der für sie charakteristischen Ausdehnung der Mehrheitsentscheidungen auf alle wesentlichen sozialen Sphären.

Das bürgerliche System zu demokratisieren ist jedoch gleichbedeutend mit seiner Negierung, da seine plutokratische Essenz mit der realen Demokratie im Politischen, Ökonomischen, Kulturellen und Militärischen unvereinbar ist. Die Einführung der realen Demokratie ist somit das Ende der Zivilisation des Kapitals.

Wie alle herrschenden Klassen vor ihr, so hat auch die Bourgeoisie niemals das essentielle Prinzip der Demokratie, das die effektive und permanente Kontrolle der Macht seitens der Mehrheiten vorsieht, akzeptiert. Gegen ihre wirklichen machiavellistischen Absichten integrierte sie in den Revolutionen des 17. und 18. Jahrhunderts einige Verfahren der formalen Demokratie in ihr Historisches Projekt, gezwungen durch die Notwendigkeit, die arbeitenden, bäuerlichen und handwerklichen Massen an sich zu ziehen, um die Feudalaristokratie und den absolutistischen Staat zu besiegen und sich an ihre Stelle zu setzen. Aber im Grunde ihres Herzens hat sie immer von dem verlorenen Paradies des Feudalismus geträumt, in dem wirtschaftliche Macht sich direkt in politischer Macht ausdrückte.

Die Unantastbarkeit des Privateigentums durch das Majorat, das Prärogativ der Klassenjustiz, das patrimonial bestimmte Wahlrecht, die Aneignung öffentlicher Macht durch Ämterkauf und ökonomischer Privilegien durch Privatisierung von Staats- und Nationalvermögen, die Kontrolle der Gehirne mittels des Obskurantismus und der Inquisition des Denkens sowie die Reduzierung des Arbeiters zu einem recht- und schutzlosen Leibeigenen ökonomischer Macht sind unauslöschbare Erinnerungen an das verlorene Paradies, zu dem sie baldmöglichst zurückkehren möchte. Daher ist die tiefer liegende Dynamik, die heute ihr Verhalten bestimmt, nicht die eines aufsteigenden historischen Gesamtsubjekts wie zu Zeiten Kants und Hegels, sondern die einer absteigenden herrschenden Klasse. Rückkehr zum El Dorado ungehemmter vorbürgerlicher Ausbeutungssituation ist ihre Tagespolitik und ihr reaktionär-utopischer Traum, terminaler Rückgang (Involution) der Klasse im Fortschritt (Evolution) der Menschheit, ihr ehernes Schicksal.

1.2.3 Der Klassenstaat

Jedes menschliche Sozialwesen muss in gemeinschaftlicher Weise drei überlebenswichtige Aufgaben organisieren, die sich nicht auf individuelle Weise lösen lassen: Produktion, Krieg und öffentliche Ordnung. Die Notwendigkeit, die Natur mittels Arbeit und Werkzeug in Güter und Dienstleistungen für den menschlichen Lebensunterhalt zu verwandeln, kann nicht durch eine Person allein bewältigt werden, nicht einmal in der rudimentären Aktivität der Jagd. Gleiches gilt für den Fall gewalttätiger Konfrontation (Krieg) mit anderen Gemeinwesen oder ernsthaften Konflikten, die zwischen den Mitgliedern ein und desselben Gemeinschaftsverbandes auftreten und seine innere Ordnung und Stabilität bedrohen.

Aus diesen drei großen Überlebensfunktionen entspringen bestimmte Interaktionszusammenhänge mit der Natur, mit externen menschlichen Kollektiven und mit den Mitgliedern des gleichen Gemeinwesens, deren Organisierung und Regulierung wiederum ein System kollektiver Koordination und Entscheidung innerhalb der Kommunität (Gemeinschaft) erfordert, um ihr Überleben zu sichern. In einer Analogie mit der evolutionären Menschwerdung des Affen (Hominisation) könnte man sagen, dass der gesamtgesellschaftliche Körper auf einer bestimmten Komplexitätsstufe seiner Entwicklung eine Art Gehirn entwickelt, also eine Informations-, Steuer- und Kontrollzentrale, ohne die sein Überleben nicht mehr gewährleistet wäre. Politisch gesprochen entfaltet sich damit eine erste vertikale politische Struktur oder Autorität, eine prospektive Polis, innerhalb des horizontal strukturierten Gemeinwesens.

Die Mittel, die dieser demokratischen protostaatlichen Instanz zur Verfügung stehen, um ihre Entscheidungen und ihr kollektiv gesetztes normengerechtes Verhalten durchzusetzen, sind im Wesentlichen zwei: a) die moralische Autorität oder Legitimität, die sie genießt und die in der Anerkennung ihres „Regierungs"-Mandats durch die Regierten besteht, was zur freiwilligen Achtung ihrer Entscheidungen und Normen durch letztere führt und b) die Androhung des Gebrauchs physischer Gewalt oder die tatsächliche Anwendung dieser Gewalt. Fundamental ist in diesem Sinne, dass die öffentliche Autorität, die Entscheidungen trifft und Regelverhalten beansprucht, keine vom Kollektiv gelöste Instanz ist, also keine Ämterbürokratie oder Funktionärsbürokratie darstellt, sondern dass sie das gleiche Kollektiv in seiner Gesamtheit zu sein pflegt oder real repräsentiert. Der erste Fall ist beispielsweise gegeben, wenn ein Rechtsurteil von allen Erwachsenen eines Dorfes gleichberechtigt in öffentlicher Versammlung getroffen wird. Der zweite Fall, der bereits eine graduelle Abweichung vom Prinzip direkter Demokratie und der Identität öffentlichen und privaten Interesses darstellt, also eine Entwicklung hin auf den Repräsentationsgedanken öffentlicher Gewalt, wäre, zum Beispiel, ein Ältestenrat, der die größere Gesamtgemeinschaft vertritt oder die germanische Stammesversammlung, der Thing. In beiden Fällen kann die koordinierende politische Autorität als *Proto-Staat* verstanden werden, das heißt, als ein kollektives Entscheidungs- und Sanktionssystem, welches in der Vorklassengesellschaft ab einer bestimmten Bevölkerungszahl und demographischen Dichte zur Koordination und zum Schutz des Gemeinwesens unabdingbar wird.

Die drei großen sozialen Interaktionen, aus denen die Notwendigkeit einer kollektiven oder überindividuellen Koordination hervorgeht, erlauben unter gewissen Umständen und ab eines bestimmten Produktivitätsniveaus der Arbeit die Ausbeutung von Mensch und Natur, dergestalt, dass neben dem zum Überleben erwirtschafteten Minimum zusätzlich ein Mehrprodukt (Überschuss) erzeugt wird. Die Herrschaft über andere Menschen, sei es durch Sklaverei, Zwangsarbeit oder Tributabgabe, wird nun zum lukrativen Geschäft und die Ökonomie zur Chrematistik. Alte Bande der Solidarität, Demokratie und Gleichheit lösen sich auf, und die Spaltung der Gesellschaft in antagonistische Klassen, ausgegrenzte Kasten und diskriminierte Sektoren machen das Zusammenleben der Staatsbürger konfliktreich – ökonomische Ausgrenzung, patriarchalische Unterdrückung, ethnische Diskriminierung und ökologische Zerstörung sind die Folgen.

Sobald dies geschieht, erleidet der Proto-Staat einen qualitativen Wechsel. Seine ursprüngliche Daseinsberechtigung, die Verwaltung der gemeinschaftlichen Funktionen, wird sekundär. Sein neuer grundlegender und bestimmender Existenzgrund besteht nun in der Verteidigung der Interessen der ökonomischen Elite und im Schutz der Ausbeutungs- und Herrschaftssysteme dieser Elite. Von einem Komitee oder einer Instanz des öffentlichen Interesses, von der Vertretung des allgemeinen Willens des Volkes verwandelt er sich in einen Staat im Dienste des privaten Willens der herrschenden Klasse und demzufolge in einen *Klassenstaat*.

Dieser muss weiterhin gewisse Allgemeinbedürfnisse der Gesellschaft wie Gesundheit und öffentliche Ordnung befriedigen, doch müssen nun seine Allgemeinfunktionen zunächst den Filter seines Klassencharakters und seiner Klassenaufgaben passieren, bevor sie zur Realisierung freigegeben werden.

Wenn die Fonds nicht ausreichend sind, um Auslandsschulden und die Ausgaben für das Erziehungswesen gleichzeitig zu decken, werden zunächst die Bankiers bezahlt. Nachdem die Interessen des Finanzkapitals befriedigt sind, kommt, was übrigbleibt, dem Erziehungssektor zugute. Wenn der Staatshaushalt nicht ausreicht, gleichzeitig interne Schuld und öffentliche Gesundheit zu bedienen, werden die Ausgaben für das Gesundheitswesen gekürzt. Der argentinische Staatspräsident Carlos Saúl Menem hat diese Logik einmal drastisch exemplifiziert. Als die Regierung nicht genügend Fonds hatte, die Außenschulden und die Gehälter der Staatsbediensteten gleichzeitig zu zahlen, ordnete er an, die Angestellten des Staates drei Wochen auf ihr Gehalt warten zu lassen, da die Bezahlung an die internationalen Finanziers wichtiger sei. Die besonderen Interessen der Systemeigner oder auch der Staats- und Parteibürokratien bestimmen und verzerren, wie in diesem Fall, die Ausführung der allgemeinen Funktionen und Obligationen des Staates zum Schaden der Mehrheiten.

Mit dem Wandel der öffentlich-demokratischen Autorität, dem *Proto-Staat,* zu einem privatisierten Komitee der Sicherung von Ausbeutungs- und Repressionsinteressen der ökonomischen Eliten, hört die Funktion des physischen Zwanges auf, eine Befugnis der gesamten Gemeinschaft zu sein; sie wird von ihr und ihrer Kontrolle abgetrennt und organisiert in eigenständigen bewaffneten Formationen wie Polizei und Militär, unter dem Befehl der Staatshierarchie, die wiederum unter dem Mandat der ökonomischen Systemeigner steht.

Dies ist die Natur des Klassenstaates, der historisch den *Proto-Staat* vor ungefähr fünftausend Jahren ablöste und der erst mit der Durchsetzung der direkten, teilhabenden Demokratie und der neuen ökonomischen Äquivalenzproduktionsweise verschwinden wird. „An die Stelle der Regierung über Personen", sagt Engels in einer brillanten Formulierung im Anti-Dühring, „tritt die Verwaltung von Sachen und die Leitung von Produktionsprozessen. Der Staat wird nicht ,abgeschafft', er stirbt ab."[3] An seine Stelle tritt eine neue öffentliche Autorität, die den Allgemeininteressen Vorrang einräumt und durch den Verlust ihrer Klassenfunktion auch ihre repressive Identität verliert.

---

3 – Friedrich Engels, Herrn Eugen Dührings Umwälzung der Wissenschaft, in: Karl Marx/Friedrich Engels, Werke, Bd. 20, Berlin 1962, S. 261,2.
Die wichtigsten Ausführungen von Marx, Engels und Lenin über das Problem des Staates finden sich in Engels Arbeiten über den *Ursprung der Familie, des Privateigentums und des Staates,* Marx Ausarbeitungen über die Pariser Kommune und den 18. Brumaire des Napoléon Bonaparte und Lenins Werk *Staat und Revolution.*

Dann gewinnt das Prinzip authentischer Repräsentativität der Regierenden und der öffentlichen Körperschaften, einschließlich des Staates, welches in der bürgerlichen Plutokratie zur Demagogie verdammt vor sich hinvegetiert, seinen ursprünglichen demokratischen Sinn zurück, und Hegels postulierte konkrete Freiheit aus der Identität des Systems des Sonderinteresses mit dem System des allgemeinen Interesses tritt aus der Phantasiewelt der Spekulation in die reale Welt des Menschen ein. Der Staat wird zur „Verwirklichung der vernünftigen Freiheit".

1.2.4 Das bürgerliche Subjekt

Der triumphale Marsch des *Tauschwerts* durch die Geschichte, der mit dem qualitativen Sprung vom gebrauchswertorientierten Produktentausch zum geldvermittelten Handel vor etwa fünftausend Jahren seinen Ausgang nahm, um später über Hekatomben von Opfern des „zivilisatorischen Fortschritts" zur chrematistischen nationalen Marktwirtschaft voranzuschreiten, nähert sich seinem Ende. Seit zweihundert Jahren hat die Chrematistik in ihrer Form des industriellen und später kybernetischen Kapitalismus unaufhörlich die Produktivkräfte und die sozialen Beziehungen revolutioniert. Aber er machte dort nicht halt. Zusammen mit der Hardware für die neue Klasse schuf er die entsprechende Software, die anthropologische Entsprechung, die seine Produktionsweise erforderte: den lohnabhängigen homo oeconomicus, dessen Daseinsberechtigung und Existenzgrund sich in seiner doppelten Kapazität als Warenproduzent und Mehrwert-Realisator erschöpft.

Die kostbarste Gabe der Menschheit, das intellektuell-rationale Denkvermögen, unterliegt dem ständigen Versuch des Systems, seine kritischen Elemente und Potentiale zu atrophieren. Es handelt sich um eine Art kultureller Lobotomie, die die Mehrheit der Bürger in einem wesentlich instrumentalen, vorwissenschaftlichen und vormoralischen Stadium geistiger Entwicklung einzuschließen versucht. So kriminell und amoralisch die von den Systemeignern designierten Zwecke auch sein mögen, die instrumentelle Vernunft steht zu ihren Diensten: vom täglichen Mehrwertraub am Arbeiter bis zur wissenschaftlich gemanagten Zerstörung der Dissidenten in der Infrawelt des globalen Dorfes, es gibt nichts, was das entfesselte positivistische Zweck-Mittel-Kalkül des Kapitals nicht zermalmen könnte.

Die Ethik kommunalen und solidarischen Zusammenlebens wurde verdrängt von der sozialdarwinistischen Moral des Stärkeren, die die Agonie von über fünfzig Prozent der menschlichen Gattung mit ihrer „selbstverschuldeten" Unfähigkeit rechtfertigt, im Weltmarkt konkurrieren zu können. Das Kapital hat die gesamte Menschheit zur Gladiatorenklasse degradiert, die im romanischen Zirkus der erweiterten Kapitalakkumulation um ihr Leben kämpfen muss, wobei die Mehrheit früher oder später ihrem „Berufsrisiko" erliegt.

Es wiederholt sich das *panem et circenses* (Brot und Spiele) der römischen Imperatoren, aber nur zur Hälfte, denn im Unterschied zum römischen Stadtproletariat entbehrt das der globalen Gesellschaft des Brotes, welches das Imperium vor zweitausend Jahren noch denen zu verschaffen wusste, die als „Staatsbürger ohne Beruf und Einkünfte" (Proletarier) definiert waren.

Im modernen Kapitalismus ist der Markt nicht ein harmloses Forum des Austausches und der gegenseitigen konsensuellen Interessenbefriedigung, sondern eine bloße Fortsetzung des Krieges mit anderen Mitteln, in der der meist unlautere gnadenlose Wettbewerb lediglich die *Laudatio* (Lobrede) auf die Zerstörung des anderen darstellt, da er auf die Vernichtung der ökonomischen Existenzmittel des Mitbürgers abzielt. Als kreative Zerstörung, „creative destruction", hat der Wirtschaftswissenschaftler Joseph A. Schumpeter diese bellizistische (kriegerische) Natur des Systems bezeichnet, doch wird ihr menschenverachtender Charakter deutlicher in der Erörterung von Zweck und Mittel des Krieges, die von Clausewitz in seinem klassischen Werk folgendermaßen auf den Begriff gebracht hat: „So erscheint also die Vernichtung der feindlichen Streitkräfte immer als das höherstehende, wirksamere Mittel, dem alle anderen weichen müssen."[4] Dies ist, in militärischer Formulierung, die Zentralisierungs- und Monopolisierungstendenz kapitalistischer Akkumulation und, in der Tat, jeder warenwirtschaftlich organisierten Sozietät.

Diese geistige und praktische Fundamentierung der kapitalistischen Gesellschaft auf einem eminent destruktiven und antisolidarischen Prinzip, welches ökonomisch als Optimierungszwang der Kapitalverwertung auftritt und unablässig die Existenzmittel und Überlebensmöglichkeiten (abhängige Arbeit und kleines Privateigentum) fast aller Mitglieder der Gesellschaft bedroht, erzeugt

---

4 – Carl von Clausewitz, Vom Kriege, rororo, Hamburg, 2003, S. 30.

mit eherner Notwendigkeit die gesellschaftlichen Beziehungen und den Menschentypus, den Hobbes in seinem „Leviathan" und Machiavelli im „Il Principe" beschreibt.

Die Verabsolutierung und Mystifizierung des Marktes, seine wahrhaftige Transsubstantiation in Thomas Malthus und dessen kontemporären Glaubensbrüdern sowie eine gute Dosis frivolen Postmodernismus, frisch gegorenem Sozialdarwinismus, französisch verkorkster Psychoanalyse, mittelalterlichem Rechtskatholizismus und verbrämtem neofaschistischem „wir wollen den totalen Markt"-Credo, bilden die Basis einer neuen reaktionären Metaphysik, die nun endgültig dem cartesianischen Subjekt, dem skeptischen Subjekt Nietzsches wie dem revolutionär-dialektischen Subjekt von Marx und Engels den Garaus machen will.

Der Rousseausche „Contrat social" (Sozialvertrag) wird substituiert durch die neue metaphysische Referenz, den Weltmarkt, der ausstaffiert ist mit den alttestamentarischen Attributen des Gottes *Jahve*, seiner unbegrenzten sadistischen Brutalität, Gegenwärtigkeit und Allmächtigkeit.

Verliert jemand die Basis seiner „bürgerlichen" Existenz – seine Arbeit oder Subsistenzmittel – ist das die Schuld des Weltmarktes. Findet ein junger Mensch keine Arbeit oder keinen Platz für eine berufliche oder höhere Ausbildung, dann liegt das daran, dass er im Markt nicht „wettbewerbsfähig" ist. Wird ein Arbeiter fünfzig Jahre alt und ist weder „produktiv" noch „vermittlungsfähig", dann muss er dieses Urteil des Marktes akzeptieren. Markt und Staat vollstrecken dann genauso unbarmherzig das Verdikt der Arbeitsfreiheit gegen das Opfer wie in dunkleren Zeiten der Vernunft übermächtige Götter oder anonyme Inquisitionen, die den Verurteilten zum Spielball ihrer Willkür machten, ohne die Möglichkeit zur Gegenwehr und ohne Berufungsinstanz. Das blinde Schicksal der griechischen Tragödie oder der Zorn des allmächtigen Gottes, der individuelle Subjekte wie ganze Völker (die der Dritten Welt) in Staub verwandelt, wird heutzutage „Markt" genannt.

Das gesellschaftliche Angebot der transnationalen Großbourgeoisie für die Zukunft besteht im bedingungslosen Rückschritt des Subjekts, dem einzigen Wesen im Universum, das mit Vernunft ausgestattet ist und dessen Prosternation (Kniefall) vor dem Wertgesetz, das seine Interessen unter der doppelten ideologischen Maske von „Marktentscheidungen" und sozialdarwinistischer „Philosophie" durchsetzt. Dabei handelt es sich um die am weitesten gehende totalitäre Offensive gegen das Subjekt und die Utopie

– welche seit zweitausend Jahren die Essenz in der Dynamik des historischen Prozesses gewesen sind – seit den totalitären Regimes der Dreißiger Jahre.

Der Markt als ein selbstreguliertes und anonymes (kybernetisches) System – wie die industrielle Marktschreierei der Ideologen des Kapitals glauben machen will – ist selbstverständlich ein propagandistischer Code, der nur Sinn ergibt in der chrematistischen Theologie der bürgerlichen Ökonomen, in der, wie in jeder Theologie, die Fakten keine Rolle spielen.

Der neue Himmelsvater, angeblich unbekannt und allmächtig in seinen Entscheidungen, den sie „Weltmarkt" nennen, ist ebenso leicht zu dekodifizieren wie der alte Jahve und seine Bodentruppen und himmlischen Heerscharen. Er bewegt sich weder in palästinensischen Bauernsandalen noch mit einem biblischen Bart, sondern im Mercedes-Benz mit Armani-Anzügen. Den alttestamentarischen Dekalog, die mosaischen Zehn Gebote, hat er kostensparend auf ein Mandat herunterrationalisiert: das der Profitrate. Sein Kultgebäude oder Gotteshaus ist die Wertpapierbörse und seine irdische Residenz findet sich in den Villen der exklusiven großbürgerlichen Stadtviertel und Suburbs.

Omnipotent und omnipräsent verliert der neue strafende Jahve seine Anonymität und seine Unschuld, und in einer liturgisch nicht vorgesehenen Konsekration kehrt er zurück in Körper und Seele zu den Sterblichen, unter denen er nun leicht aufzufinden ist.

Er ist zu finden in den Sonderausgaben der Zeitschrift *Forbes*, in der die fünfhundert reichsten Menschen der Weltgesellschaft aufgeführt sind, an deren Spitze Bill Gates (Microsoft) mit einem Privatvermögen von ca. 46 Milliarden Dollar steht. Oder er ist zu suchen in den fünfhundert größten transnationalen Konzernen, die die Börse bestimmen oder in den Adressen jener fünftausend Multimillionäre und den ihnen zu Diensten stehenden professionellen Politikern und Intellektuellen, die für das Dantesche Inferno verantwortlich sind, in dem Milliarden von Menschen leben und deren Verschwörung gegen die Gattung jene Schrecken heraufbeschwor, die über die Menschheit gekommen sind.

Es ist diese globale plutokratische Elite, deren Investitionsentscheidungen auf der Suche nach dem maximalen Profit die Arbeitslosenquoten bestimmen, ebenso wie den globalen Hunger, die ökologische Zerstörung, die finanzkapitalistische Ausplünderung und die Raubkriege. Der Weltmarkt, der gnadenlos Individuen und Völker pulverisiert, hat nichts mit übermenschlicher

Unerkennbarkeit und Anonymität zu tun, noch auch mit kosmischer Allmacht oder kybernetischen Optimierungssystemen. Er ist menschliches Werk, welches von einer Weltoligarchie gebildet und gesteuert wird und sich in einem antidemokratischen und antiethischen globalen Regime sedimentiert hat.

Die Nationalökonomie des kapitalistischen Marktes reduziert den *homo sapiens* zum *homo oeconomicus* oder, wie seine Ökonomen treffend sagen, zu Humankapital. Er ist nichts mehr als eine Erscheinungsform von Kapital, die an der Seite ihrer Zwillingsbrüder koexistiert: dem fixen Kapital (Technologie) und dem finanziellen Kapital. Er ist, wie Marx einmal in einer genialen Formulierung gesagt hat, nur eine Existenzform, die der Kapitalwert annimmt „bei Abstreifung seiner Geldform und seiner Verwandlung in die Faktoren des Arbeitsprozesses"[5]. Dergestalt bestätigen das System und seine Mandarine, was die Schöpfer des wissenschaftlichen Sozialismus vor einhundertfünfzig Jahren mit diaphaner Klarheit zum Ausdruck brachten. Der Mensch ist für den Bourgeois variables Kapital und wird nie etwas anderes sein: eine vorübergehende Konkretion (Vergegenständlichung) in einer fortwährenden sozialen Ausbeutungsbeziehung.

Die endgültige Schleifung der Solidarität und des historischen Bewusstseins – jener letzten Bastionen der Armen – ist die notwendige Bedingung für die definitive Durchsetzung der rechten Utopie des totalen Marktes und der geplanten Regression der Massen in der Dritten Welt zur geistigen Entwicklungsphase des Mesolithikums, in der das Kinderstadium der Vernunft den *homo sapiens* zu einer doppelt versklavten Existenz verurteilte: jene, die den objektiven Bedingungen geschuldet war und jene, die aus seinen eigenen nicht verstandenen subjektiven Projektionen resultierte.

Incipit vita nuova – ein neues Leben beginnt – ist der Leitspruch und die Philosophie der „Architekten", die die neue Welt gemäß ihrer Vorstellung modellieren: transnationale Investoren, Manager, Spekulanten und Politiker, die in Anlehnung an die biblische Genesis dabei sind, das neue Haus der Menschheit mittels eines autokratischen Prozesses, hinter dem Rücken jeder demokratischen Kontrolle der Weltbevölkerung, zu errichten. Jedoch, was auf dem Spiel steht, ist die Zukunft der Menschheit, und diese darf nicht abhängen von utilitaristischen Geistern und kommerziellen

---

5 – Karl Marx/Friedrich Engels, Werke, Band 23, Dietz Verlag, Berlin, 1979, S. 223.

Interessen, die ihre Ausbeutungserfolge mit göttlicher Vorbestimmung und das Wertgesetz mit dem Daseinsgrund menschlicher Existenz verwechseln.

Die Zerstörung des Subjekts in der bürgerlichen Gesellschaft ist unvermeidlich. Was die Philosophen der ersten Frankfurter Schule, Theodor W. Adorno, Max Horkheimer und andere vor sieben Jahrzehnten beklagten, ist die logische Konsequenz der Dysfunktionalität des kritischen Staatsbürgers gegenüber seiner institutionellen System-Umwelt. Vor dem wachsenden Widerspruch zwischen der Entwicklung der Produktivkräfte, des sozialen Reichtums – der zum ersten Mal die völlige Selbstbestimmung und rationale, ethische und ästhetische Verwirklichung des Subjekts möglich macht – und der Zwangsjacke der plutokratisch-formalen Demokratie des Systems ist die Demontage des bewussten Subjekts unerlässlich, um seine massive Rebellion gegen die bürgerliche Gesellschaft zu verhindern.

Das prometheische Subjekt, welches an der Wiege bürgerlicher Aufklärung und Demokratie stand, wird zu Hindernis und Gefahr für das globale Kapital, weil es versteht, was es ist und was es sein könnte. Das Leben ist Komödie für den Denkenden und Tragödie für den Fühlenden, sagte Anaximander von Milet, und in dem Maße, in welchem das Kapital die Armut universalisiert, erfasst die Tragödie immer mehr Menschen. Fühlen und Denken sind jedoch auf dialektisch-materialistische Weise miteinander verbunden, und insofern es der neuen Theorie der Transformation gelingt, diese organische Verbindung auf ein höheres Niveau der Kenntnis und Sensibilität zu heben, werden die Menschen auf die vom System durchgeführte Expropriation (Enteignung) ihres Daseins mit wachsendem Widerstand antworten.

In dem Maß, wie sich der Widerspruch zwischen der materiellen Fülle des neuen Jahrtausends, den Restriktionen der formalen Demokratie und den Notwendigkeiten und Wünschen des Subjekts zuspitzt, wächst die Bereitschaft der Menschen, für einen qualitativen Wechsel zu kämpfen. Und wenn sie weder die Ökonomie noch die bürgerliche Gesellschaft demokratisieren können, dann wird eine Schlussfolgerung und eine Option offenkundig: die Notwendigkeit einer anderen Zivilisation.

Die Bourgeoisie ruht auf einer Zeitbombe. Wenn diese explodiert, werden die Staatsbürger der Weltgesellschaft die Fesseln der Kapitalverwertungslogik sprengen und sich ihre geraubte Zukunft zurücknehmen. Und der Mensch wird aufhören, nur menschlich noch in der Form und Kapital in seiner Bestimmung zu sein, um sich ganzheitlich der Entwicklung seines rationalen, ethischen und ästhetischen Potentials zu widmen.

Damit findet der lange gesellschaftliche Übergang aus dem Tierreich sein Ende und die Menschengeschichte kann beginnen.

1.3 Das Reich der Freiheit wird möglich

Drei zentrale Faktoren haben in der bisherigen Gattungsgeschichte die Etablierung einer realdemokratischen Gesellschaft verhindert:

1. Die Ausbeutungsinteressen der Eliten;
2. das Fehlen fortgeschrittener Produktionstechnologien;
3. die Unkenntnis über die Variablen, welche die Evolution der Gesellschaft bestimmen.

Die Überwindung des ersten Faktors ist eine Frage der Macht, das heißt, der Organisierung der Mehrheiten in einem antikapitalistischen Projekt; die des zweiten ist im Wesentlichen ein Problem der Vergangenheit, gelöst durch den wissenschaftlich-technischen Fortschritt; und die des dritten befindet sich auf dem Wege der Lösung aufgrund eines immer tiefgründigeren Verstehens der Gesellschaft und ihres essentiellen Elements, dem Menschen.

1.3.1 Die wissenschaftliche Erkenntnis über den Menschen

Die historischen Versuche, gerechtere Gesellschaften zu bilden, waren in gewissem Sinn Versuche gegen den gesunden Menschenverstand. Ohne die wichtigsten konstruktiven Elemente der neuen Zivilisation wissenschaftlich zu kennen, den *homo sapiens* und die *societas*, kam der Versuch dem Willen gleich, das Dach eines Gebäudes zu erstellen, bevor solide Fundamente und Wände zur Verfügung stehen. In dieser Hinsicht, der Erstellung des Überbaus vor der Konstituierung der Basis, war alle bisherige auf strukturelle Gesellschaftsveränderung zielende bewusste politische Praxis voluntaristisch: Von Spartakus über die Bauernkriege zu den Jakobinern und den Bolschewiki handelte es sich um aus Verzweiflung und Kühnheit kollektiver Protagonisten geborene Experimente des formierenden Willens über eine unbekannte Zukunft.

Es gab natürlich keinen anderen Weg. Vor dem Nichtwissen über die „menschliche Natur" mussten die guten Vorsätze, die metaphysischen und religiösen Spekulationen und, im methodologischen, die Schritte von „trial and error", solidere Grundkenntnisse und Grundlagen bewusster Planung und gesellschaftspolitischer Evolution der Protagonisten ersetzen. Trotz dieser handwerklichen Manier des Voranschreitens, begrenzt auf das aus empirischer Erfahrung mühsam sich konstituierende objektive Wissen und nur einen Schritt vom „wilden" Denken entfernt, haben die letzten Jahrtausende beträchtliche Fortschritte in vielen Aspekten der Verbesserung menschlicher Existenz gesehen. Heute hingegen kann die Aufgabe gesellschaftlicher Transformation mit größerer Wirksamkeit, Realismus und Optimismus angegangen werden als in irgendeinem anderen Moment der Vergangenheit, weil wir anfangen, die beiden bio-kulturellen Schlüsselelemente menschlichen Verhaltens besser zu verstehen: das Humangenom und das neuronale System.

Die Dekodifizierung (Entschlüsselung) des Genoms verschafft uns den Schlüssel zum besseren Verständnis der biologischen Potentiale und Grenzen menschlicher Evolution sowie seiner naturgemäß bestimmten Verhaltenskomponenten. Mit diesem Wissen lassen sich gleichzeitig die Möglichkeiten und Limitierungen des kulturellen Einflusses auf diese Potentiale klären und utopisch-progressive wie utopisch-regressive Ansprüche und Zielvorstellungen an die menschliche Praxis besser im Zaum halten. Die objektive Kenntnis der Interaktion zwischen der biologischen Natur des Menschen und seinem sozialen Umfeld wird die erkenntnistheoretischen Grundlagen für die neue Gesellschaft endlich qualitativ verbessern. Bis heute schwankt die Skala der Interpretationen dessen, was der Mensch „ist" und was er durch Erziehung oder erworbene Eigenschaften „sein könnte" oder „sollte", in einer enormen Spannbreite: zwischen der aus den europäischen Kriegen erwachsenen Schreckensvision des *homo homini lupus* („der Mensch verhält sich zum anderen Menschen wie der Wolf zum Wolf") von Thomas Hobbes; der Inkarnation instrumentalistischer politischer Rationalität im „Il Principe" Macchiavellis; den paternalistischen Illusionen des „guten Wilden" von Rousseau; den weiterhin umhergeisternden ideologischen Residuen der falschen Vererbungslehre erworbener Eigenschaften mittels Erbgutveränderung (Lamarck, Lysenkow); der darwinschen Evolutionstheorie und ihrer sozialdarwinistischen Vulgarisierung; Freuds Thesen über die Psyche des *homo sapiens*; Mendels rudimentärer Erkenntnis der Übertragung von Erbinformation; Watson und Cricks Entschlüsselung der Doppelhelix des Erbgutmoleküls; der nicht endenwollenden

„Rassen"-Diskussion; der Paläoanthropologie sowie dem aus dem christlichen Integrismus immer mehr überschwappenden bibeltreuen „Kreationismus", der in den USA bereits dazu geführt hat, dass ungefähr ein Drittel der Lehrer an den Schulen sich nicht mehr trauen, die entsprechenden wissenschaftlichen Kenntnisse im Unterricht zu lehren.

Im Juli 2000 war es sowohl öffentlich (Collins) wie privat (Venter) organisierten Wissenschaftlern der Molekularbiologie gelungen, die etwa drei Milliarden Elemente des Humangenoms zu identifizieren und diese Erbinformation in ihrer korrekten Reihenfolge zu registrieren. Dieser Fortschritt ist vergleichbar mit der Registrierung eines Buches mit all seinen Seiten (Chromosomen) und all seinen Zeilen (Gene). Es fehlt nun der zweite Schritt, der in der Identifikation der Bedeutung jedes Satzes in diesem „Buche" liegt, sprich, in der Aufschlüsselung der Funktionen eines jeden Gens in den menschlichen Zellen.

Das zweite konstituierende System menschlicher Praxis ist das neuronale System. In diesem fließen die Effekte der biologischen Erbinformation, der DNA, mit denen der historischen „DNA" zusammen, das heißt, der Gesamtheit der sozialen Einflüsse, die ein Individuum innerhalb der Gesellschaft sozialisieren und leiten. Das Gehirn und vor allem die Identität sind kybernetische Systeme virtueller Realität, welche die interne (der Person) und die aus der Umwelt kommende Information analysieren, um Optimierungs- und Überlebensstrategien für das Subjekt zu entwerfen.

Durch die wachsenden Beiträge unterschiedlicher Wissenschaften, von der Neurobiologie bis zur Informatik, hellt sich das Dunkel des Unwissens um das Funktionieren dieses wundervollen kybernetischen Systems immer mehr auf. Der Rekurs auf traditionelle philosophische Begriffe, die im Allgemeinen qualitativen Sprachsystemen angehören, wie Bewusstsein, Perzeption und Apperzeption, Willensfreiheit, Dualismus von Geist und Körper usw, kann daher langsam aber stetig reduziert werden zugunsten dialektisch-materialistischer Gegenwartskenntnisse über das psychosomatisch-kulturelle Orientierungs- und Steuersystem des Menschen. Da die traditionellen Begriffe der Philosophie und weitgehend auch der Sozialwissenschaften mit realen Machtapparaten des gegenwärtigen Herrschafts- und Ausbeutungssystems verbunden sind, zum Beispiel, den Kirchen und den bürgerlichen Staatsapparaten, versetzt uns die Flut neuer objektiver Erkenntnisse quasi in die Situation der ersten bürgerlichen Aufklärung mit ihrem ungeheuren Befreiungspotential.

Analysiert man, beispielsweise, den *homo sapiens* als kybernetisches System, das heißt, als ein System, das auf dem Funktionieren von Mechanismen der Koordination, Kooperation und Synchronisierung von Prozessen auf der vegetativen, emotionalen, vorbewussten und bewussten Ebene funktioniert, orientiert durch Zielvorstellungen pragmatischer, ethischer und strategischer Art im Schnittpunkt biotisch-intern bestimmter „sendergesteuerter" Infos sowie „empfängergesteuerter" Infos aus der Umwelt, ausgestattet mit kognitiven Fähigkeiten wie Intelligenz, Gedächtnis und feedback-Systemen, die den permanenten Vergleich von Ist- und Sollzuständen ermöglichen, dann wird ein ungeheures heuristisches (lernbefähigendes) Potential für die Konstruktion der neuen Gesellschaft freigesetzt, weil Innovation, Kreativität und Denkmethodik neue Konfigurationen annehmen.

In dem Maße, wie wir wissenschaftlich verstehen, wie diese praxisbestimmenden Systeme arbeiten, wird ihr Begreifen über nebulöse qualitative Begriffe wie Stimmung, Humor, Depression, Trauma und metaphysische, magische oder anthropologisierende Bezugssysteme, der objektiven Kenntnis ihrer Potentiale und Grenzen Raum geben und somit die Grundlagen für eine realistischere Planung der Transformationsmöglichkeiten der zukünftigen Gesellschaft verschaffen.

Das Begreifen des Menschen als kognitives System ist natürlich nicht Resultat individueller Forscherwillkür, sondern Teil eines objektiven Prozesses der Produktivkraftentwicklung, aus dem eine vorwärtsgewandte kritische Wissenschaft sich nicht ausschließen kann. Dieser Prozess begann mit der zwischenmenschlichen Kommunikation, setzte sich dann fort in wachsender sprachlicher Interaktion zwischen Mensch und Maschine und tritt heute ein in das Stadium der Kommunikation zwischen Maschinen. Die Gefahren, die für die Zukunft demokratischer Gesellschaft aus diesen neuen objektiven Kenntnissen auf der genetischen und neuronalen Ebene resultieren, sind natürlich a priori ebenso vorhanden wie ihre befreienden Tendenzen. Die gleiche DNA-Technologie, die einem unschuldig zum Tode Verurteilten das Leben retten kann, ermöglicht einem transnationalen Konzern, ein Profil möglicher Erbkrankheiten aufzustellen, das dazu führt, dass bestimmte Personen keine Arbeit finden, weil sie ein zu hohes „Gesundheitsrisiko" darstellen. Dieses „Doppelgesicht" objektiven Wissens ist

unvermeidbar, da die Kenntnis von Ursache-Wirkungszusammen-
hängen diese Zusammenhänge unter die Verfügungsgewalt des
Menschen stellen, der sie sowohl konstruktiv als auch destruktiv
benutzen kann. Will man nicht auf neue wissenschaftliche Kenntnisse der Wirklichkeit verzichten, dann bleibt kein anderer Weg,
als den destruktiven Missbrauch dieser Kenntnisse über realdemokratische Transparenz- und Kontrollinstitutionen der partizipativen Demokratie zu unterbinden.

1.3.2 Gesellschaft als Komplexes Dynamisches System

Die historisch-nebulöse Grenzzone zwischen Utopien als Wunsch-
träumen der Zukunft (Desiderata) und *durchführbaren* Neuen
Historischen Projekten (NHP) nimmt zunehmend klarere Konturen an, da es der Wissenschaft in ständig wachsendem Maße gelingt,
die Potentiale und Grenzen der Evolution von komplexen gesellschaftlichen Organisationsformen und -inhalten zu identifizieren.
Die Theorie Dynamisch Komplexer Human-Systeme (DKHS) ist
eines dieser Mittel, die im philosophischen Diskurs steckengeblie-
benen unendlichen Debatten über Anarchie und Zentralismus,
Avantgarde und Mehrheit, Hegemonie und Beherrschung usw.
dem Terrain der rational-wissenschaftlichen Diskussion näher zu
bringen.

Um den Begriff der Gesellschaft als Dynamisch Komplexem
Human-System oder Anpassungsfähigem Menschlichen System
(AMS) besser zu verstehen, können wir ihn in mehreren Schrit-
ten erläutern. Ein System ist eine Gesamtheit oder Totalität von
Einzelelementen, die vier Erfordernisse erfüllt: 1. Die Teile unter-
halten bestimmte Beziehungen untereinander; 2. Das System unterscheidet sich vom umgebenden Medium selbst dann, wenn seine
Grenzen zu diesem Medium nicht klar definiert werden können
oder diffus sind. Diese Systemeigenschaft lässt sich auch als Identität verstehen; 3. Das System als Gesamtheit realisiert bestimmte
Funktionen, welche die Teile für sich allein nicht ausführen können; 4. Die Realisierung besagter Funktionen erlaubt dem System,
Ziele zu erreichen, die für sein Überleben notwendig sind.

Da alle Elemente des Kosmos ständig in Bewegung sind, gibt es in
der Realität lediglich dynamische Systeme, also sich in Bewegung
befindliche vernetzte Einheiten. Da es aber für bestimmte Ver-
ständnismöglichkeiten der Wirklichkeit von Vorteil sein kann, von
dieser permanenten Bewegung zu abstrahieren, unterscheidet die
Wissenschaft häufig zwischen dynamischen und statischen Syste-

men. Ein System wird dann als „dynamisch" charakterisiert, wenn seine Veränderungen sich innerhalb bestimmter Zeitperioden vollziehen und als „statisch", wenn sie diese Perioden überschreiten. Der theoretische Status dieser Qualifikation der realen Phänomene ist also nicht objektiver Natur, sondern subjektive Definition oder, bestenfalls, intersubjektive soziale Übereinkunft der Gemeinschaft von Menschen, die darüber diskutieren.

Die Komplexität eines Systems lässt sich bestimmen über die höhere oder geringere Diversität (Vielfalt) von Bewegungen, die es realisieren kann, also ihre so genannten Freiheitsgrade. Folgt man Friedrich Engels' Reflexionen in der „Dialektik der Natur" kann man im Universum fünf Typen von Bewegung oder Veränderung unterscheiden. Diese lassen sich in aufsteigender Reihenfolge der Komplexität, von der einfachen zur entwickelteren, folgendermassen ordnen: die mechanische Bewegung, die physikalische, die chemische, die biologische und die soziale. Die komplexesten Bewegungen oder Veränderungen beinhalten die weniger entwickelteren oder elementareren, sind aber nicht auf diese reduzierbar. Dies ist der Grund, warum eine mechanische, physikalische, chemische oder biologische Analyse der Gesellschaft notwendigerweise unfähig ist, die Logik sozialen Verhaltens angemessen zu verstehen. Hierin liegt die erkenntnistheoretische Unmöglichkeit des Reduktionismus oder Vulgärmaterialismus in den Sozialwissenschaften begründet.

Die Organisationsformen der Humangesellschaften teilen eine Vielzahl von Charakteristiken mit den Dynamisch Komplexen Systemen (DKS) der Physik und der Biologie. Zählen wir einige der wichtigsten auf: 1. Sie sind offene Systeme, das heißt, ihre Interaktionsbeziehungen mit der umgebenden Welt sind unabdingbar für ihren Fortbestand. 2. Derartige Systeme modifizieren unvermeidlich das Umfeld, in dem sie sich entwickeln. 3. Sämtliche Systeme dieses Typus erfüllen immer eine bestimmte Funktion oder streben danach, bestimmte Zielsetzungen zu erreichen. 4. Damit das DKMS diese Ziele realisieren kann, verfügt es – wenn es sich um eine Makroorganisation wie eine Gesellschaft, einen Staat, ein transnationales Unternehmen, eine Universität usw., handelt – über eine Eigenschaft, die als *Autosimilarität* (Selbstähnlichkeit) bekannt ist und die eine strukturelle Vertikalität (Ähnlichkeit) zwischen den verschiedenen Steuerungsebenen beinhaltet (siehe Fraktale). 5. Es handelt sich um Systeme, die einen kontinuierlichen Austausch mit ihrer Umgebung mittels Energie-, Informations- und Stoffflüssen realisieren, welche durch das System transformiert oder metabolisiert werden. 6. Diese Systeme verfügen über *Feedback*- oder Rückkopplungsmechanismen – im Fall von DKMS, zum Beispiel, Wahlen, Meinungsumfragen, Geheimdienste, Kommunikationsmittel – die das Kontrollzentrum des Systems, in einem Staat, beispielsweise die Regierung, informieren, wenn sich das Systemverhalten an die vorgeschlagenen oder geplanten Ziele annähert oder sich von ihnen entfernt. Es handelt sich also um zielprogrammierte Steuerungsmechanismen, die durch Rückmeldungen des Systemzustands an die Kontrollzentrale ein beobachtbares Ist-Systemverhalten dem erwarteten Soll-Verhalten anzupassen suchen. 7. Die DKMS besitzen eine Lernfähigkeit, in die bestimmte Faktoren einfließen: a) die Qualität der Subsysteme (Sensoren), die Veränderungen feststellen sollen; b) die Qualität der Verarbeitung von Information; c) die Geschwindigkeit, mit der es fähig ist, sich gegenüber diesen Veränderungen gegen die Trägheit des Status quo zu reorganisieren; d) die absolute Größe der Elemente („Bevölkerung"), die das System bilden z. B. hängt die Überlebensfähigkeit einer Bevölkerung gegenüber einer Krankheit oder eines Krieges auf eine beträchtliche Weise von ihrer absoluten Größe ab; e) die Existenz und Qualität eines historischen oder sozialen Bewusstseins oder auch einer Identität. 8. Die DKMS werden durch untergeordnete oder Teilsysteme gebildet, die wir Subsysteme nennen. Diese bestehen ihrerseits aus anderen Subsystemen, so dass jedes größere System aus einer Hierarchie von Systemen besteht.

Um die mögliche Entwicklung einer konkreten Gesellschaftsformation zu verstehen, müssen neben den erwähnten Systemcharakteristika vor allem zwei Eigenschaften ihrer Umwelt berücksichtigt werden. Die erste bezieht sich darauf, dass das Verhalten der Umwelt teilweise vorhersehbar und teilweise unvorhersehbar ist. Die zweite ist dahingehend zu verstehen, dass die Umwelt unterschiedlich positive oder negative Reproduktionsbedingungen für die menschliche Existenz darbietet. Der Biotop, in dem sie sich reproduziert, kann, beispielsweise: a) wohltätig oder vorteilhaft sein (fruchtbare Erde, angemessenes Klima); b) lediglich das Überleben ermöglichen (semiaride Erde oder Klima); c) das Überleben extrem schwierig machen (Wüste) oder d) unvereinbar sein mit den Reproduktionsbedingungen menschlichen Seins und sozioökonomischer Formationen (Gebirge, oberhalb von fünftausend Metern Höhe).

Die genannten Charakteristiken zwingen das DKMS „Gesellschaft-Staat", sich auf eine Art zu organisieren, welche beide genannten Umweltelemente widerspiegelt. Seine Steuerungsstruktur und seine internen Funktionsträger müssen folglich mindestens zwei Faktoren enthalten: Einer, der den vorhersehbaren, planbaren und kontrollierbaren Charakter der Umwelt reflektiert und auf ihn eingeht; und ein anderer, der die Fähigkeit hat, nicht vorausgesehene adaptive Antworten auf das zufallsgesteuerte oder für unwahrscheinlich gehaltene Verhalten der Umwelt herauszuarbeiten und zu spiegeln.

Den Faktor, der den vorhersehbaren Prozessen entspricht, können wir Steuerungszone nennen. Diese ist damit beauftragt, die Beständigkeit in der Ziel- und Funktionserfüllung des Systems zu gewährleisten, worunter auch die Aufrechterhaltung der eigenen Identität fällt. Die Steuerungszone garantiert ihrem Begriff nach die Koordination aller Anstrengungen des Systems zur Reproduktionssicherung.

Den Teil des Systems, der das Unvorhergesehene oder Unwahrscheinliche reflektiert, nennen wir Kreativitäts- oder Permissivitätszone. In dieser Zone sollen in permanenter Form die möglichen virtuellen Lösungen für die zufällig und chaotisch auftretenden Veränderungen der Umgebung gefunden und erprobt werden. Die Kreativitätszone muss auf eine solche Art autonom konzipiert sein, dass die Tests oder Experimente von virtuellen Strategien sich nicht in einer von der Steuerungszone geplanten und organisierten Form realisieren, da diese in der Regel zu rigide und restriktiv sein werden. Letztere darf nur die Inputs (Hilfsmittel) und Basisinfrastruktur der Kreativitätszone liefern. In der schöpferischen Zone muss die Freiheit zur Reflexion allgemein und nicht-orthodoxer Ideen im besonderen, die konkret weitestmögliche sein und damit auch das Ausmaß demokratischer Selbstbestimmung. Ein empirisches System, das diesem Modell ähnelt, sind die Gebiete der Grundlagenforschung innerhalb des allgemeinen Wissenschaftssystems. Niemand hat Albert Einstein befohlen, noch kontrolliert, noch hätten ihm die Untersuchungen vorschreiben können, die ihn zu seiner revolutionären Relativitätstheorie geführt haben. Die systematische, aber freie Kreation, Forschungsobjektauswahl und Forschungsstrategie sind die essentiellen Bedingungen für den Produktivitätserfolg in dieser Systemzone.

Falls diese Bedingungen nicht erfüllt werden, resultieren die gesellschaftlichen Konsequenzen in der Regel in Stagnation der betreffenden Bereiche oder der gesellschaftlich-staatlichen Entwicklung überhaupt. In der Kunst wie in der Wissenschaft wird das durch viele historische Beispiele belegt. Die Zerstörung der Deutschen Schule der Physik, der zu ihrer Zeit fortgeschrittensten der Welt, durch Hitlers Terrorpolitik gegen die Quantenphysik als „jüdischer Wissenschaft" und gegen die Wissenschaftler jüdischer Abstammung allgemein hat der deutschen Physik einen Rückschlag versetzt, von dem sie sich nie mehr erholt hat. Die Diskriminierung der Psychoanalyse, der Kybernetik, der Genetik und des Strukturalismus als „bürgerliche Wissenschaften" in der Sowjetunión unter dem Regime Stalins, hatte verheerende Folgen für die Entwicklung spezifischer Wissenschaften in der Sowjetunion. Unter dem Einfluss des von Stalin protegierten Scharlatans Lysenkow wurden viele der begabtesten Genetiker zwischen 1934 und 1940 in Gefängnisse und Arbeitslager gesteckt oder hingerichtet. 1948 wurde Genetik offiziell zur „bürgerlichen Pseudowissenschaft" erklärt, und alle Genetiker verloren ihre Arbeit. Der bis heute andauernde Rückschritt der russischen Genetik und Biotechnologie ist die langfristige Folge dieser inquisitorischen Kontroll- und Repressionspolitik der wissenschaftlichen Kreativzone, ebenso wie die Stagnation des Marxismus als Gesellschaftswissenschaft im real existierenden Sozialismus. Ähnliche, gegen Einsteins Relativitätstheorien und die Quanten-Physik gerichtete Pressionen zum Beginn der vierziger Jahre führten nur deshalb nicht zum Erfolg, weil die an der Konstruktion von Atomwaffen arbeitenden sowjetischen Physiker erklärten, dass die Bombe ohne diese Kenntnisse nicht gebaut werden könnte.

Suchte man in der Politik den Zusammenbruch der UdSSR mit einer einzigen Variable zu erklären, so wäre das Fehlen gesellschaftlicher Demokratie und Entscheidungsbefugnis der Staatsbürger diese Kategorie. Stalin war innerhalb der Partei – gegenüber dem nach Lenin populärsten Politiker der Bolschewiki, Leo Trotzki – an die Macht gekommen, weil er, wie er selbst erklärte, von den im politischen Kampf „entscheidenden mittleren Kadern" unterstützt wurde, denen „Trotzki ... keine Aufmerksamkeit geschenkt" hatte.[6] Diese Kader waren von ihm selbst als Generalsekretär der

---

6 – Slavoj Zizek, op.cit., S. 43. Volker Braun hat Stalins Machtergreifung treffend als „Coup der Mittelmäßigkeit" bezeichnet. Zizek ist Teil einer historischen Strömung, die eine Reinterpretation Stalins zur Debatte stellt. Nach diesen Autoren wäre Stalin als Jakobiner der sowjetischen Revolution anzusehen, der den Terror für das Vorantreiben der revolutionären Sache benutzt und später

Partei ernannt worden und bildeten mit den Staatsfunktionären, der Nomenklatur und der Geheimpolizei die politische Machtbasis des Systems, welches auch nach dem Tode des Diktators und der „Entstalinisierung" des XX. Parteitags der KPdSU keinen Weg zur realen teilhabenden Demokratie fand und damit mittelfristig zur Stagnation, langfristig zum Scheitern verurteilt war.

Die Wechselbeziehung zwischen beiden Zonen und ihre Interaktion mit der Umwelt sowie die relative Stärke jeder Zone innerhalb des Gesamtsystems, hängt mindestens von vier Faktoren ab. 1. Von der Natur des Systems selbst (von seinen Zielen und Funktionen). Eine militärische Einheit, verglichen mit einem wissenschaftlichen Forschungsinstitut, zeigt eine ausgeprägte Dominanz der Steuerungszone gegenüber der Kreativitätszone. 2. Von der konkreten Entwicklungsphase, in der sich das System befindet. Aufgrund der unaufhörlichen Bewegung, der alle Phänomene des Kosmos unterworfen sind, durchläuft jedes System in seinem Existenzzyklus verschiedene Evolutionsetappen; diese schließen Krisen, Restrukturierungen, partielle Kollapse etc. mit ein, die auf die relativen Machtverhältnisse und Dynamiken zwischen der Steuerungs- und Kreativitätszone einwirken. Zum Beispiel hat das bürgerliche Wahlrecht verschiedene historische Etappen durchlaufen, die in der englischen Revolution, der antikolonialen US-Revolution und der Französischen Revolution als Wahlrecht des Besitzbürgertums ihren Ausgang nahmen, im Laufe der letzten dreihundert Jahre den Bürgern nach und nach größere Wahlrechte einräumten, bis es nach 1945 in der Mehrzahl der westlichen Länder zum allgemeinen, gleichen und geheimen Wahlrecht gelangte, das auch die Frauen und die Besitzlosen einschloss. 3. Von der Beziehung, die zwischen dem Vorhersehbaren und dem Unvorhersehbaren in der Systemumwelt zum fraglichen Zeitpunkt herrscht. Man kann davon ausgehen, dass jedes der DKMS seine Struktur abhängig von dem Zustand, in dem sich seine Umgebung befindet, organisiert: von Krieg oder Frieden, sozialer Revolution, Hochkonjunktur oder Rezession und so weiter. Je schneller und unerwarteter die Umgebung sich verändert, um so flexibler und kreativer

---

Fortsetzung von Seite 76
vergeblich versucht, etwa in der Diskussion der Verfassung von 1938, den revolutionären Prozess gegen die Parteibürokratie zu demokratisieren. Die zu dieser Diskussion bisher vorgelegten sowjetischen Dokumente scheinen mir bisher nicht überzeugend. Die These läuft ebenfalls der Leninschen Einschätzung Stalins und der von ihm geplanten politischen Neutralisierung Stalins entgegen.

muss die soziopolitische Organisation sein. 4. Von den vier bereits erwähnten Reproduktionscharakteristiken der Umgebung.

Neben vielen Gemeinsamkeiten existiert jedoch auch ein fundamentaler Unterschied zwischen den Dynamisch Komplexen Systemen menschlicher Organisation und allen anderen existierenden DKS. Das grundlegende Element ersterer, der Mensch, vermittelt der Gesellschaft ein Veränderungs- und Evolutionspotential, das sich in keinem anderen der bekannten Systeme finden lässt. Bedingt durch die rationale Fähigkeit und Autonomie des *homo sapiens* kann dieser Interessen, Ziele und eigene Werte haben, die nicht mit denen der Organisation übereinstimmen, der er angehört; ein Phänomen, das undenkbar wäre in einer Gesellschaft von Tieren wie einem Ameisenstaat oder einem Bienenvolk, in welchem die individuellen Mitglieder genetisch programmiert die Logik des Kollektivs deterministisch ausführen. Nur der menschliche Arbeiter kann gegen die betrieblichen Normen des Kapitalisten arbeiten oder sie sabotieren; die Drohne nicht.

Der Zusammenhalt und die Überlebensfähigkeit einer sozialen menschlichen Organisation hängt demnach auf mittelfristige Sicht von der Kollaboration und Akzeptanz eines substantiellen Teils der Staatsbürger ab. Diese ist wiederum im Wesentlichen eine Funktion der Lebensqualität, die das System seinen Mitgliedern zu verschaffen vermag, das heisst, von der Erfüllung der Produktions- und Verteilungsaufgabe der herrschenden Klasse sowie der realen Demokratie, die es zulässt. In der gegenwärtigen Weltgesellschaft ist die Nichterfüllung beider Aufgaben das fundamentale Problem der Regierbarkeit der globalen Bourgeoisie.

1.4 Das „Genom" – gattungsgeschichtlicher Entwicklung

Die agnostische Auffassung Max Webers, dass Geschichte im Wesentlichen ein chaotischer oder agnostischer (nicht erkennbarer) Prozess sei, über den menschliche Erkenntnis ihr Kategoriennetz auswerfe, um etwas Sinnhaftes daraus zu machen, ist beim Stand heutiger Wissenschaftstheorie natürlich nur dann aufrechtzuerhalten, wenn jemand partout vergangene Unzulänglichkeiten oder Torheiten zu heutigen Tugenden erklären will.

Das Gleiche gilt für Oswald Spenglers „morphologische Weltgeschichte", die in biologistischem Reduktionismus, „abendländisch"-zentrierter Borniertheit, narzistischer Überschätzung und wissenschaftlich unhaltbaren Analogieschlüssen steckenbleibt, als er „den Versuch wagt, Geschichte vorauszubestimmen" und ihre Logik zu verstehen, also „eine sozusagen metaphysische Struktur der historischen Menschheit" jenseits von allem „Zufälligen und Unberechenbaren der Einzelereignisse" zu entdecken.

Ortega y Gasset hat gezeigt, wie Leopold von Rankes Gott und der Elite nahestehende Pedanterie, die „bloß zeigen (will), wie es eigentlich gewesen" ist, an der Erfassung gattungsgeschichtlicher Logik vorbeigeht. Im Gegensatz dazu ist Hegel schon erfolgreicher, wenn seine Geschichtsphilosophie versucht, die planetarische Mechanik oder, um ihm nicht unrecht zu tun, die planetarische Kybernetik weltumspannender Gattungsevolution zu erfassen, wobei er letztlich als Drahtzieher den Weltgeist identifiziert, der, seiner metaphysischen Hülle entlehnt, schließlich von Marx und Engels als schnöde weltliche Arbeit auf seinen Begriff gebracht wird.

Seitdem ist die Zukunft wie auch die Vergangenheit des als Mensch bekannnten „pychosomatischen Bewohners der Biosphäre" (Arnold Toynbee) nicht mehr in agnostische Inkognita und philosophisches Spekulieren getaucht, sondern wird als gattungsgeschichtliches „Dynamisch Komplexes Human System" (DKHS) wissenschaftlicher Analyse voll zugänglich.

Dieses System zeigt, wie jedes andere empirische System ebenfalls, primäre und sekundäre Systemfaktoren sowie verschiedene zentrale Evolutionslinien, unter ihnen: die Entwicklung vom Einfachen zum Komplexen; vom Isolierten zum Integrierten; von subjektiver Befangenheit zu objektivem Wissen; vom Land zur Stadt; vom Instrument zur Maschine; von lokaler Autorität zum Nationalstaat, zum Regionalstaat und zum Weltstaat; von der Interaktion Mensch-Mensch zur Interaktion Maschine-Maschine; von der Raum-Zeit beschränkten Kommunikation zur instantanen (unverzüglich einsetzend) Weltkommunikation in Realzeit; von der Reproduktion über den Agrarsektor zum Industriesektor und dann zum Tertiären Bereich; von der Substitution tierischmenschlicher Energie und Arbeitskraft durch Technologie; von der Abhängigkeit zur relativen Kontrolle über die Natur und im gesellschaftlich-politischen, von der eingeschränkten Freiheit hin zur Selbstbestimmung.

Unter allen tendenzbestimmenden Variablen gibt es zwei, die von überwältigender Bedeutung sind: die Natur und die wissenschaftlich-technologischen Revolutionen. Die Bedeutung ersterer braucht nicht diskutiert zu werden, und der Einfluss der zweiten ist auch sehr einfach zu zeigen. Die wirklich transzendentalen Veränderungen in der Lebensweise des Menschen in den letzten fünfzehntausend Jahren sind durch die technologischen Revolutionen hervorgerufen worden: die Erste Agrarische Revolution, die zur Sesshaftigkeit führte; die Zweite Agrarrevolution, die in Europa durchgeführt wurde und die großen Städte ermöglichte; die Erste Industrielle Revolution, die auf der Dampfmaschine und Eisenbahn beruhte; die Zweite Industrielle Revolution, basierend auf Verbrennungsmotor und Telekommunikation und die gegenwärtige Dritte Industrielle Revolution, die auf der Kybernetik beruht. Es sind diese produktiven Veränderungen im Basisbereich der Gesellschaftssysteme, welche zu tiefgehenden Veränderungen in den Produktionsweisen führten, die dann wiederum die vielfältigen Überbaustrukturen modifizierten.

Beginnend mit der archaischen Existenz der paläolithischen Jäger und Sammler über die ersten sesshaften Kulturen mit primitiven Werkzeugen bis zur agro-industriellen Revolution und der zeitgenössischen automatisierten Produktion hat dieser Prozess die notwendige Arbeit in einer solchen Massivität reduziert, dass in einigen Ländern die wöchentliche Arbeitszeit bereits bei nur 37 Stunden liegt, bei Aufrechterhaltung eines angemessenen Lebensstandards. Großkapitalistische Wirtschaftsbosse sprechen davon, dass in diesem Jahrhundert nur noch 20 % der wirtschaftlich aktiven Bevölkerung gebraucht werden, um die zum Konsum notwendigen Waren und Dienstleistungen herzustellen.

Diese Tendenz wird sich durch die ständig zunehmende Geschwindigkeit wissenschaftlich-technischer Entwicklung weiter verschärfen, so dass man mit einer rationalen Arbeitsorganisation in einer demokratisch geplanten Äquivalenzökonomie heute ohne Zweifel die notwendige Arbeitszeit auf etwa 25 Stunden [wöchentlich] verringern könnte, also eine enorme potentielle Freistellung des Bürgers für die Teilnahme an öffentlichen Aufgaben, die Weiterbildung oder andere sinnvolle Freizeitbeschäftigungen bereits objektiv erreicht ist.

Die politische Entwicklung zeigt eine ähnliche Dynamik hin zu möglichen höheren Freiheitsgraden für das Subjekt, wie sie in der Produktivtechnologie zu bemerken ist, wobei das Objekt größeren Autonomiegewinns natürlich variiert. Im ersten Fall ist das graduelle Fortschreiten zu größerer Freiheit ein sich-entfernen von den

Mangel- und Hungerzwängen natürlicher Reproduktion. Im zweiten Fall ist der Gewinn größerer Freiheiten auf das Zurückdrängen klassenherrschaftlicher Bevormundung und Unterdrückung gerichtet, wie die Evolution politischer Organisationsformen zeigt. Aus der Koexistenz vielfältiger Formen politischen Zusammenlebens unterschiedlichster menschlicher Gemeinschaften bildeten sich vor ungefähr fünftausend Jahren in verschiedenen Regionen der Erde die ersten von despotischen Herrschern und Staaten gelenkten Klassengesellschaften.

Vor etwa 2500 Jahren entstand die erste selektive basisdemokratische oder direktdemokratische Gesellschaftsformation in Europa, in Griechenland (Athen). In Mitteleuropa folgten die feudalen Polykratien, die im 15. Jahrhundert fast überall durch absolutistische Monarchien abgelöst wurden. Diese transformierten sich in relative oder konstitutionelle Monarchien, die ihrerseits mit der Machtübernahme der Bourgeoisie zu Beginn des 18. Jahrhunderts in formale Demokratien und Republiken übergingen. Das Zusammentreffen dieser regionalen politischen und industriellen Entwicklung mit der kolonialen und imperialistischen Europäisierung der Welt konvertierte die formaldemokratische Republik zum vorherrschenden Staatstypus auf dem Planeten. Gegenwärtig befindet sich dieses elitäre Herrschaftsmodell im Übergang zur universalen direkten Demokratie, in der die Mehrheiten mittels Plebiszit ihr eigenes Schicksal bestimmen und der Staat, anstelle der Regierung über Personen zweckbestimmt, der „Verwaltung von Sachen und der Leitung von Produktionsprozessen" (Engels) dient.

Die Entwicklung der Wissenschaft zeigt einen ähnlichen Verlauf. Von ihren äußerst bescheidenen Anfängen in Astronomie und Geometrie vor einigen tausend Jahren gelang ihr vor kaum drei Jahrhunderten mit Galileo und Newton der qualitative Sprung von der nur beschreibenden Erfahrungswissenschaft (Astronomie) und der nur abstrakten Formalwissenschaft (Mathematik, Logik) zur grandiosen Synthese im modernen Wissenschaftsparadigma. Seitdem hat sich ihre Erklärungskapazität derart vervielfacht, dass sie fähig ist, die überhaupt lösbaren großen Probleme der Menschheit technisch zu lösen und das staatsbürgerliche Subjekt von den Gespenstern des Aberglaubens, des magischen Denkens und den Trugschlüssen des gesunden Volksempfindens zu befreien.

Mit Einsteins Revolution und dem Einzug der Quantenphysik realisierte die Wissenschaft einen neuen Schritt zur potentiellen Befreiung des menschlichen Wesens. Die Gewissheit der griechischen Geometrie, die sich in gewisser Weise im Determinismus der klassischen Physik verlängerte, „evolutionierte" in Richtung auf Wahrscheinlichkeits- und statistische Signifikanzbeziehungen, und die bivalente Logik von Aristoteles sieht sich auf einen Sonderfall der polivalenten oder dialektischen Logik reduziert.

Diese Entwicklungen tendieren dazu, die binäre Vision der Welt (gut-schlecht) gegen eine plurale Kosmovision „einzutauschen", die sich bestärkt sieht durch die neuen Erkenntnisse der Molekularbiologie, welche demonstrieren, dass es keine signifikanten genetischen Differenzen zwischen den einzelnen Mitgliedern und Mitgliedsgruppen der menschlichen Spezies gibt. Das heißt, dass die Ungleichheiten zwischen den privilegierten 20 % der globalen Gesellschaft und den verbleibenden 80 % nicht resultieren aus ungleichen genetischen Substraten und daraus hervorgehenden unterschiedlichen menschlichen Produktionspotentialen, etwa zwischen Europäern, Afrikanern, Asiaten und Lateinamerikanern, sondern aus den der „Dritten Welt" aufgezwungenen ausbeutenden Strukturen.

Die Menschenrechte sind ein anderes Beispiel für die Entwicklungstendenz der Gattung. Tausende von Jahren hindurch spielten sie keine Rolle in den Klassengesellschaften, ja, waren praktisch inexistent. Als sie in die historische Szenerie eintraten, erschienen sie als formale individuelle Rechte, die lediglich auf die Beschränkung staatlicher Macht abzielten. Danach erkämpfte die Gattung ihre Ausdehnung auf die kollektiven Rechte, etwa dem Recht, in Frieden zu leben, und heute umfassen sie eine dritte Dimension: die sozialen Rechte. Das heißt, sie haben sich aus einem negativen, die herrschende Staatsmacht beschränkenden Rechtselement zu einem positiven und partizipativen Systemelement entwickelt, welches sich auf die ursprünglichen Teilhaberechte der direkten Demokratien in den Vorklassengesellschaften zubewegt.

Wir könnten diese Analyse fortsetzen über die objektiven Tendenzen des globalen Systems in der Evolution seiner rechtsetzenden und rechtsprechenden Institutionen, wie etwa des Europäischen Gerichtshofes für Menschenrechte; des durch den Rom-Vertrag geschaffenen und gegen die USA durchgesetzten Internationalen Strafgerichtshofes; die zunehmenden internationalen Ad-hoc-Gerichtshöfe für Verbrechen gegen die Menschheit und die Erweiterung des Völkermordkonzepts (Genozid) auf staatsterroristische politische Prozesse, wie die Militärdiktaturen in Chile und Argentinien.

Das Gleiche könnte man auf vielen anderen Feldern gesellschaftlicher und staatlicher Evolution zeigen, wie etwa der Ethik, bei der die Evolution von der formalen Wertethik und Kants kategorischem Imperativ zur materialen oder Lebensethik fortschreitet, in der das subjektive Recht auf lebenswürdige Reproduktionsbedingungen die Grundpflicht allen staatlichen Handelns darstellt; oder auch im Sozialismus, der sich im Lauf der Jahrhunderte vom utopischen Sozialismus über den frühen Sozialismus, den wissenschaftlichen Sozialismus, den „realexistierenden" Sozialismus zum gegenwärtigen Sozialismus der partizipativen Demokratie schrittweise entwickelt hat.

Die Resultate dieser partiellen Untersuchungen würden am Ende jedoch immer dem ähneln, was Immanuel Kant vor 250 Jahren in seiner „Idee zu einer Geschichte in weltbürgerlicher Absicht" feststellte; was Hegel vor 200 Jahren in seiner Philosophie der Gattungsgeschichte systematisierte; und was Marx und Engels vor 150 Jahren wissenschaftlich begründeten: Das „Genom" der Geschichte ist programmiert für das Reich der Freiheit.

Folgt daraus, dass die Gattung gesetzmäßig die Klassengesellschaft hinter sich lassen wird und der Eintritt in das Reich der Freiheit automatisch gewährleistet ist? Natürlich nicht. Das Aussterben oder die Vernichtung von biologischen Spezies ist ein normaler Vorgang in der natürlichen Evolution, und der *homo sapiens* hat es als einzige Gattung geschafft, die Destruktionskapazitäten für seine eigene Vernichtung zu generieren. Findet die atomare Katastrophe durch die kriminelle Weltbourgeoisie jedoch nicht statt, dann ist die Wahrscheinlichkeit hoch, dass die Übergangsphase des gegenwärtigen High-Tech-Kapitalismus zum Sozialismus des 21. Jahrhunderts von den Eliten nicht verhindert werden kann.

2.
Das historische Projekt von Marx:
Direkte Demokratie (Sozialismus),
19. Jahrhundert

2.1 Die Historischen Projekte:
Treibende Kraft der Geschichte

Der wichtigste theoretische Begriff dieser Arbeit ist das Konzept *Historisches Projekt* (HP). Es handelt sich dabei um eine Kategorie, die weder von den bürgerlichen Sozialwissenschaften verwandt wird, noch bei Marx oder Engels zur Anwendung kommt. Gleichwohl ist sie außerordentlich nützlich zur Beschreibung des Ausbeutungs-, Herrschafts- und Entfremdungsmodells, welches die Praxis einer herrschenden Klasse charakterisiert oder auch die Programmatik einer rebellierenden oder revolutionären Klasse. Der Begriff umfasst die vier grundlegenden gesellschaftlichen Dimensionen oder Beziehungen, in denen der Mensch sich reproduziert: die ökonomische, die politische, die kulturelle und die militärische. Innerhalb der Begrifflichkeit des historischen Sozialismus handelt es sich um die Produktivkräfte und die Produktionsverhältnisse, dialektisch zusammengefasst als Produktionsweise sowie die politischen und nicht-politischen Überbaustrukturen und das menschliche Handeln.

Eine herrschende Klasse ohne *HP* ist undenkbar und in diesem Sinne können wir von den *Historischen Projekten* der römischen Sklavenhalter, der Feudalherren, der Kapitalisten und der Sozialisten reden. Das Konzept ist ähnlich dem der „sozioökonomischen Gesellschaftsformation" von Marx, aber es drückt mit größerem Nachdruck die Tatsache aus, dass Geschichte in konkreten, durch die herrschenden sozialen Subjekte vorangetriebenen strategischen Macht- und Interessenkonfigurationen gemacht wird, angesichts derer, die ihnen unterworfenen beherrschten sozialen Akteure ihre eigene Welt-Anschauung und Programmatik konzipieren, welche unterschiedliche Grade von Rationalität, Entfremdung, Kreativität, Machtwillen, Organisation usw. aufweisen.

Der entscheidende Daseinsgrund jedes *Historischen Projektes* ist, in letzter Instanz, der Kampf um die Aneignung des ökonomischen Mehrproduktes. Es teilt hiermit die raison d' être des Staates. Dieser Kampf um den ökonomischen Surplus wird normalerweise nicht nur zwischen zwei Hauptklassen durchgeführt, sondern zwischen *Historischen Blöcken* (HB) verschiedener sozialer Kräfte, die sich um die Protagonisten beider Seiten gruppieren.

Generell schließt ein Geschichtliches oder *Historisches Projekt* 4 zentrale Elemente ein, die sich in seinen Grundsatzdokumenten oder konstitutiven Manifesten zu erkennen geben: 1. Programm oder die Inhalte der geplanten oder aufrechtzuerhaltenden Gesellschaftsordnung. 2. Subjekte der Veränderung bzw. der Fortführung des Status quo. 3. Die Zeiten der Transformation oder Konservation. 4. Die Formen oder Methoden des Kampfes.

Die globale Gesellschaft hat diesen vier Elementen einen zusätzlichen transversalen Aspekt hinzugefügt, also einen Aspekt, der alle vorgenannten durchdringt, dahingehend, dass jeder dreifach zu begreifen ist, nämlich in seiner nationalen, regionalen und globalen Dimension. Der Klassencharakter oder der Grad an demokratischem Humanismus dieser Projekte kann gemessen werden, indem man die Projekte zu den strukturellen Mechanismen in Beziehung setzt, die der realen gesellschaftlichen Demokratie der Gattung entgegenstehen: Ausbeutung, Herrschaft und Entfremdung. Diese drei demokratieverhindernden oder -zerstörenden Mechanismen finden sich in allen großen Wechselbeziehungen des Menschen wieder: 1. Der Interaktion mit dem Anderen als ökonomischem Objekt, woraus das Klassenproblem entsteht; 2. Der Beziehung mit der Natur, welche das ökolog. Problem hervorruft; 3. Verhältnis zwischen den Geschlechtern, aus dem die Probleme des Sexismus und des Patriarchats resultieren sowie 4. Der Relation mit anderen ethnischen Gruppen, die zum Ursprungsfeld des Rassismus wird. Um die Standortbestimmung unseres *Neuen HP* gegenüber diesen drei strukturellen antidemokratischen Hindernissen zu erleichtern, können wir eine Tabelle benutzen, in der jeweils jeder Möglichkeit die Werte *ja / nein* zugewiesen werden.

Die Ergebnisse sind offensichtlich. Von 9 Kombinationen befinden sich nur vier im realen Bereich. Von diesen bedarf die des Kapitalismus keiner Diskussion, weil er mit einer real partizipativen Demokratie unvereinbar ist. Er funktioniert in vielen Typen repressiver Gesellschaften, ist aber antagonistisch zur gesellschaftlichen Demokratie der Mehrheiten.

Die drei strukturellen Hindernisse für die Etablierung der demokratischen Weltgesellschaft			
Ausbeutung	Herrschaft	Entfremdung	
ja	ja	ja	Kapitalismus
weniger	ja	ja	Sozialismus n. Stalin
nein	nein	ja	irreal
ja	ja	nein	irreal
ja	nein	nein	irreal
ja	nein	ja	irreal
nein, qualitativ weniger	ja, qualitativ weniger	nein, qualitativ weniger	irreal, Sozialismus des 21. Jahrhunderts
nein	nein	nein	reale Demokratie

Der realexistierende Sozialismus hingegen reduzierte in beträcht-licher Weise die ökonomische Ausbeutung und die sozialen Ungleichheiten, nicht jedoch die vertikalen soziopolitischen Herr-schaftsbeziehungen noch auch die Entfremdung, wodurch seine demokratische Attraktivität enorm verringert wurde.

Für die Parteiführungen dieser Systeme wurde die Realisierung des alten Traums sozialer Sicherheit der Arbeiterbewegung des 19. Jahrhunderts zur ideologischen Zwangsjacke, welche das für das 21. Jahrhundert entscheidende Programm ideeller wie materieller Befreiung auf seine materielle Hälfte reduzierte. Soziale Sicher-heit im Austausch gegen reale Demokratie, auf diesen Reduktionis-mus – der in der Essenz dem Keynesianismus gleich war, ohne jedoch entsprechende Konsumniveaus und formale Freiheiten liefern zu können – sank das postleninistische Experiment undia-lektisch herab und kollabierte. „In der SU/DDR wurde der groß angelegte Versuch unternommen, Marx zu widerlegen. Der Ver-such ist gescheitert",[1] schrieb später Heiner Müller. Volker Braun hat das Dilemma und die Tragödie der radikal-demokratischen Arbeiterbewegung, deren Revolution und *Historisches Projekt* auf halbem Wege stecken blieb und so den Schritt vom realen zum wirklichen Sozialismus nicht tun konnte, auf den Begriff gebracht: „Volkseigentum plus Demokratie, das ist noch nicht probiert, noch nirgends in der Welt".

Die Tragödie der historischen Arbeiterbewegung in Europa zeigt in gattungsgeschichtlicher Perspektive die Lösung auf für die nachbürgerliche Gesellschaft, sowohl in ihren tendenziellen Inhal-ten (Materialität) und Formen für die Übergangsphase des Sozialis-mus des 21. Jahrhunderts, als auch in ihrer definitiven Materialität

---

1 – Manfred Wekwerth, Erinnern ist Leben, Faber & Faber, Leipzig, 2000, S. 356.

und Form der Endphase: gesellschaftliches Eigentum und direkte Demokratie.

Die reale gesellschaftliche Demokratie, repräsentiert die Inhalte, die das *Neue HP* in seinen strategischen Zielen definieren und ihm seine eigene Identität geben: eine Gesellschaft ohne Kapitalismus und Markt, ohne den Staat als Repressionsinstrument und ohne Entfremdung. Dass dies die strategischen Ziele der gesellschaftlichen Demokratie und der nachbürgerlichen Zivilisation sind, bedeutet, dass ihre vollständige Realisierung erst mit der definitiven Überwindung der Klassengesellschaft erlangt wird. Die konstitutiven Dokumente der *HP* haben die allgemeine politische und ideologische Funktion, den verschiedenen Klassen und sozialen Akteuren eine neue Weltkonzeption zur Kenntnis zu geben; sie zu informieren über das „noch nie Gemachte", das „Wirklich Gewollte", die Zukunft. Ein *Neues Historisches Projekt* ist demzufolge ein Medium der Bewusstseinsbildung, welches, aus dem Blickwinkel der gesellschaftlich Ausgegrenzten, eine Klarheit des Denkens gegenüber den herrschenden Mythen erzeugt und damit die Bildung des Subjekts des Wandels erlaubt. Es handelt sich im Grunde um nichts anderes als die teils bewusste, teils unbewusste subjektive Aneignung der objektiven Bedingungen durch die gesellschaftlichen Klassen. Vom Standpunkt der Herrschenden aus findet diese Aneignung natürlich mit der genau entgegengesetzten Intention der Unterdrückten statt: das *HP* ist Mittel die Subjektwerdung der Ausgegrenzten zu verhindern: organisierte ideelle und materielle Gewalt im Dienst illegitimer Aneignung des Mehrprodukts. Unter dem Gesichtspunkt positiver Veränderung der bestehenden Gesellschaft, der uns hier interessiert, gingen daher jedem Epochenwechsel in der modernen Geschichte unabdingbar Programme oder programmatische Manifeste voraus, die die unterschiedlichen sozialen Kräfte hinter ihren gemeinsamen Zielen vereinten: Die Thesen Luthers 1517 sowie die Erklärung der Menschenrechte in den Vereinigten Staaten (1776) und in Frankreich (1789) waren derartige programmatische Dokumente der Bourgeoisie; das *Kommunistische Manifest* stellte das Stiftungsdokument der historischen sozialistischen Bewegung dar. Und die wesentlichen Dokumente des *Neuen Antikapitalistischen Projektes*, die überall erarbeitet werden, werden die gleiche Funktion erfüllen wie ihre historischen Vorläufer, zusammen mit der neuen Symbolik, Ethik und Ästhetik, die den gegenwärtigen Kampf für die Zeiten- und Zivilisationswende begleiten.

2.2 Theoretische Grundlagen des Projekts von Marx

Das Problem aller wissenschaftlichen Gesellschaftstheorie besteht im Verstehen und, wenn möglich, Messen der Dynamik von Wechselwirkungen zwischen den Gesetzmäßigkeiten (Logik) des Systems und der Handlungslogik der gesellschaftlichen Subjekte. Die relative Stärke beider Elemente und die Regularien ihrer formalen und informalen Interaktionen, Kommunikationen (Protokolle) bestimmen die konkrete Evolution einer Gesellschaft, d. h., sowohl ihre objektiven Entwicklungsmöglichkeiten als auch die Möglichkeiten einer bewussten Einflussnahme (Praxis) auf jene. Diese Wechselbeziehungen (Dialektik) zwischen unterschiedlichen und ungleich starken formierenden gesellschaftlichen Kräften, wie Ökonomie, Staat, Ideologie, Rechtssystem, Familie, Schule usw., unterliegen dem gleichzeitigen Einfluss der nationalen, regionalen, globalen Zusammenhänge und müssen daher auch als solche verstanden werden. Die erste wissenschaftliche Gesellschaftstheorie, der es wirklich gelang, diese erkenntnistheoretischen und methodischen Prämissen in der konkreten Forschungsarbeit angemessen in Rechnung zu stellen, ist die von Marx / Engels. Das soll die zu diesem Ergebnis führenden Arbeiten der Vorläufer nicht entwerten. Die Physiokraten hatten waren zu einem archaischen systemtheoretischen Modell, dem „Tableau économique" Quesnays vorgedrungen. Ohne Zweifel, ein gewaltiger Fortschritt.

 Adam Smith war es dann, der eine systematische Theorie über die Dynamik der kapitalistischen Gesellschaft ausarbeitete, welche auf der nationalen Marktökonomie, dem privaten Produktionsmitteleigentum und der formalen Demokratie beruhte. Ohne es zu wissen, benutzte Smith dazu eine kybernetische Modellvorstellung, in der der Markt als kybernetisches Makrosystem durch die Steuermechanismen einer gleichsam unsichtbaren Hand, der famosen *invisible hand,* optimal reguliert wird, getrieben durch die nie versiegende Dynamik des individuellen Eigennutzes der teilhabenden Wirtschaftssubjekte und der unbarmherzigen Bestrafung der Fehlentscheidungen durch den Markt.

Das wesentliche Defizit dieser zweiten theoretischen Annäherung an die Evolutionslogik der industriekapitalistischen Gesellschaft besteht darin, dass die Wechselwirkung zwischen den Gesetzmäßigkeiten des Systems (die unsichtbare ordnende Hand) und den

„Gesetzmäßigkeiten" menschlichen Handelns nicht adäquat erfasst wird.

Die Dialektik dieser Beziehung wird „eingeebnet" auf die Systemlogik des Marktes, die dann bei Calvin sogar metaphysisch überhöht und sakralisiert wird zur Prädestination (göttlichen Vorherbestimmung). In der Tat erfasst diese Vorstellung einen Aspekt der schlechten Wirklichkeit des Systems: das individuelle ökonomische Subjekt ist vor dem Kapital nicht mehr – noch darf es mehr sein – als eine von der Logik des Marktes abhängige Funktion der Wertproduktion und -realisierung. Smith hat zwar nie die völlig morallosen und antiethischen Konsequenzen der Neoliberalen aus dieser Bestimmung gezogen, beispielsweise in Hinsicht auf das öffentliche Bildungswesen, doch gibt die einseitig-wertfunktionale Interpretation des Subjekts von Smith und Calvin ihren Modellen eindeutigen Ideologiecharakter, da menschliche Praxis als bewusste Fähigkeit zur Errichtung einer sozial gerechten Ordnung negiert wird. Smiths Modell der kapitalistischen Industriegesellschaft ist daher nicht Ausdruck wissenschaftlich erfasster widersprüchlicher kapitalistischer Realität, sondern Ideologie im Marxschen Sinne, das heißt, einseitige, falsch zentrierte reduktionistische Rekonstruktion von selbiger.

Marx und Engels sind die ersten, die im 19. Jahrhundert einen methodologischen Ansatz gefunden haben, der das erkenntnistheoretische Problem menschlicher dynamisch komplexer Systeme löst. Dies ist einer der vielen Aspekte, der die Theorie von Marx-Engels jeder anderen überlegen macht, die danach in den Sozialwissenschaften entwickelt wurde und die im allgemeinen weiterhin die Dialektik des Untersuchungsobjektes „Gesellschaft" verfehlen. Entweder wird dem Einfluss des Systems (Systemlogik), wie bei Smith, zu viel Bedeutung zugemessen und es wird überdeterminiert, was dann im Mechanizismus, Objektivismus oder Strukturalismus endet; oder die Kapazität rationaler Eingriffs- und Bestimmungsfähigkeit des Subjekts auf das gesellschaftliche Wesen wird überdeterminiert, wodurch die Theorie unvermeidlich im Voluntarismus, Subjektivismus oder Psychologismus „stecken bleibt". Das sind die epistemologischen Gründe, die dafür sprechen, die Marx-Engelsche Gesellschaftstheorie als einen der zentralen theoretischen Ausgangspunkte für das *Neue Historische Projekt* zu benutzen.

Die Philosophie der Praxis von Marx und Engels beginnt mit der Analyse des Sozialverhaltens in der bürgerlichen Gesellschaft.

Beide streben nach Erklärung für das Elend der Massen im frühen Kapitalismus und ihrer Kampfformen gegen das Bürgertum, und sie machen es mit der Intention, diesem System den Garaus zu machen. Engels formuliert diese Motivation in der der *Working Class of Great Britain* gewidmeten Analyse *Die Lage der arbeitenden Klasse in England* (1844–1845), in der er schreibt, dass die „Erkenntnis der proletarischen Zustände ... eine unerlässliche Notwendigkeit ist ... einerseits, um den sozialistischen Theorien, andererseits, um den Urteilen über ihre Berechtigung einen festen Boden zu geben, um allen Schwärmereien und Phantastereien pro et contra ein Ende zu machen". Kommunismus ist die „Lehre von den Bedingungen der Befreiung des Proletariats" (MEGA 4,363), und demzufolge hat kritische Wissenschaft die Verpflichtung, diese Bedingungen in ihrer Kausalität zu verstehen.

Für Deutschland handelt es sich dabei um eine besondere theoretisch-politische Notwendigkeit, schreibt Engels, da der deutsche Sozialismus und Kommunismus „mehr als jeder andere von theoretischen Voraussetzungen ausgegangen war", will sagen, über die „Feuerbachsche Auflösung der Hegelschen Spekulation zum Kommunismus gekommen" war.

Marx seinerseits schritt in den *Ökonomisch-Philosophischen Manuskripten* (Paris, 1844) dem entgegen, was er später, im Gegensatz zur bloß „*bürgerlichen* Gesellschaft", „die *menschliche* Gesellschaft" oder die „vergesellschaftete Menschheit" (zehnte These über Feuerbach) nennt. Die Hegelsche Philosophie verschafft ihm dazu das theoretische Schlüsselkonzept „Entfremdung" oder „Entäußerung". Es bezieht sich auf die Differenz zwischen dem, was das soziale Subjekt gemäß der bürgerlich-politischen Philosophie sein sollte – ein bewusstes, ethisches und ästhetisches Wesen – und dem, was es in der frühkapitalistischen Realität ist, sowie den erklärenden Ursachen dieses Unterschieds.

Die dramatische Differenz zwischen dem Sollzustand und dem Istzustand der Staatsbürger im Kapitalismus des 19. Jahrhunderts ist einer doppelten Kausalität geschuldet. Der strukturelle Ursprung der Entfremdung liegt in den Waren- und Herrschaftsbeziehungen, die die bürgerliche Gesellschaft dominieren und ihre „Fetischcharaktere" erzeugen. Doch existiert ebenfalls eine bewusst produzierte Entfremdung über die Manipulation mittels magisch-religiösen Denkens, durch geplante Unkultur, das Fehlen demokratischer und kultureller Teilhabe der Mehrheiten, kurz, durch die permanente Produktion falschen Bewusstseins der ideologischen Apparate des Systems, wie Zeitungen, Kirchen, Schulen und Familien, unter anderen.

Sowohl die individuellen als auch die kollektiven gesellschaftlichen Subjekte (Klassen, Gewerkschaften, Parteien, etc.) zeigen verschiedene Grade von Entfremdung oder Deformierung und Manipulation gegenüber dem, was in Kohärenz mit ihrer objektiven Situation ihre Identität, ihr Bewusstsein oder ihr *Historisches Projekt* sein müssten. Nur bewusste gesellschaftliche Praxis als Mittel der Befreiung kann die ideologischen Zwangsjacken der Entfremdung zerreißen und subjektives Bewusstsein in, wie Engels sagt, einer asymptotischen Beziehung an die objektiven Entwicklungsbedingungen heranführen. Nur dann ist es möglich, dass jede Person sich nach ihren Potentialen verwirklicht.

Diese emanzipatorische Praxis erfordert auf der einen Seite die Bildung eines angemessenen geschichtlichen und kontemporären Bewusstseins, welches durch ein strategisches Historisches Programm geleitet wird, und auf der anderen Seite die Konstituierung eines organisierten kollektiven Subjekts der Veränderung, da angesichts der ungeheuren Machtkonzentration der Eliten und ihres Staates weder Einzelpersonen (Terrorismus), noch putschistische Gruppen (Blanqui) noch auch spontaneistisch-insurrektionale Massen die Ursachen kollektiver Entfremdung beseitigen können, die aus einer bestimmten Produktionsweise und ihrem spezifischen Staatsapparat resultieren.

Beide Voraussetzungen erfüllten sich tendenziell im Februar 1848 mit dem Erscheinen des *Manifests der Kommunistischen Partei*, welches das neue *Historische Projekt* der industriellen Mehrheiten mit seiner transformierenden Massenbasis, dem Proletariat, bekannt gab. Das Proletariat als einzig fähige Klasse zur Durchführung der Emanzipation anzusehen, resultierte nicht, wie offensichtlich ist, aus dogmatischem oder romantischem Denken von Marx und Engels, sondern stellt die korrekte Schlussfolgerung dar aus einer wissenschaftlichen Analyse über den Systemcharakter der bürgerlichen Gesellschaft und ihrer politischen Überwindbarkeit im 19. Jahrhundert durch eine Massenbewegung.

Wenn wir dieses Subjekt der Veränderung so interpretieren, wie es Marx/Engels taten, ohne in semantische Phobien zu verfallen, dann bleibt seine Bestimmung weiterhin gültig. Nur eine radikal in Ketten gelegte Klasse, eine Klasse, die die „Auflösung aller Klassen ist, eine Sphäre der Gesellschaft mit universalem Charakter", konnte diese Emanzipation erreichen. Die Universalität des proletarischen Leids – welches in sich das Leid aller übrigen unterdrückten sozialen Akteure mit enthält – erzeugt die Allgemeingültigkeit seines historischen Projekts der Emanzipation; seine Repräsentanz gesellschaftlicher Mehrheit das Durchsetzungsvermögen der Alternative. Die detaillierte Analyse der Logik des Systems, das die Bürger strukturell entfremdet und zerstört, wird im Londoner Exil in der großen Arbeit, *Das Kapital*, entwickelt, eine Dekade nach dem *Manifest der Kommunistischen Partei*. In dieser großartigen wissenschaftlichen Untersuchung entdecken die Autoren, dass die entscheidende Dynamik der bürgerlichen Gesellschaft angemessen über den Begriff des Wertes erfasst werden kann. Die Kategorie Wert, d.h., ein Quantum von Arbeitszeit, hat für das erklärende Begreifen gesetzmäßiger Evolution der bürgerlichen Gesellschaft die gleiche fundamentale Bedeutung wie der Begriff Genom für die Entwicklung biologischer Lebensformen oder das Konzept Gravitation für die Mechanik des Sonnensystems. Es handelt sich um die strategische Variable, die die Handlungs- und Evolutionsmöglichkeiten des Systems bestimmt.

Zunächst differenziert in Gebrauchs- und Tauschwert, dann in Wert und Mehrwert, entdecken Marx / Engels das Geheimnis der bürgerlichen Ausbeutung. Der Kapitalist kauft und zahlt die Arbeitskraft für eine festgelegte Arbeitsschicht, sagen wir für acht Stunden am Tag; der Wert, den er zur „Amortisierung" des Arbeitslohns für diesen Zeitraum benötigt, also für seine Bezahlung, wird jedoch in einem Bruchteil dieser Arbeitszeit geschaffen, der so genannten notwendigen Arbeit, nehmen wir einmal an, in sechs Stunden. Die zwei verbleibenden Stunden schaffen einen zusätzlichen Wert, den Mehrwert – also das, was über den Arbeitslohn hinausgeht –, der beim Kapitalisten verbleibt.

Mit dieser Entdeckung legen die beiden kritischen Wissenschaftler nicht nur das Mysterium der kapitalistischen Ausbeutung offen – von den Ökonomen ihrer Zeit mit dem Argument negiert, dass der Arbeitslohn in zwanglosem, gegenseitigem Einvernehmen zwischen Unternehmer und Arbeiter vereinbart wird – sondern den Ausbeutungsmechanismus jeder Klassengesellschaft, in der die Eigentümer der Produktionsmittel und die direkten Produzenten nicht identisch sind: die über die notwendige Arbeit hinausgehende Mehr-Arbeit. Einmal verstanden können notwendige und Mehr-Arbeit in unterschiedlichen Begrifflichkeiten oder Skalen gemessen und ausgedrückt werden, beispielsweise in zeitlichen Termini (Stunden und Minuten) als Mehr-Wert; in materiellen Termini des Produktionsergebnisses als Mehr-Produkt oder in monetären Termini, mit gewissen Vorbehalten, als Profit-Gewinn.

Die Evolutionsdynamik der menschlichen Gesellschaft seit dem Neolithikum ist bestimmt durch die soziale Auseinandersetzung um die Aneignung bzw. Verteilung der Mehrarbeit oder ihrer Materialisierungsformen, dem Mehrprodukt oder Mehrwert. Dieser Widerspruch ist sozusagen das Energiezentrum der Klassengesellschaft, das gesellschaftliche Analogon zur Verwandlung von Wasserstoff in Helium auf der Sonne.

Während die direkten Produzenten (Arbeiter), deren einziges Produktionsmittel ihre Arbeitskraft ist, versuchen, ihre Teilhabe am gesellschaftlichen Mehrprodukt zu erweitern, d.h., die Lebensqualität mit besseren Vergütungen, höheren Löhnen und anderen Formen der Partizipation zu erhöhen – wenn nötig über Streiks und andere Methoden des Verteilungskampfes – versuchen die Eigentümer wirtschaftlicher Macht (Sklavenhalter, Feudalherren, Kapitalisten) den von den direkten Arbeitern am ökonomischen Überschuss beanspruchten Anteil zu reduzieren, wenn nötig mittels Aussperrung, Gefängnis und militärischer Repression.

Diese transzendentale Entdeckung von Marx und Engels, die sie in den Rang der großen universalen Wissenschaftler wie Newton und Darwin erhob, wurde in den 50er Jahren des 19. Jahrhunderts gemacht. Woraus sich erklärt, warum das *Manifest* mit dem berühmten Satz beginnt: „Die Geschichte (geschriebene – F. Engels) aller bisherigen Gesellschaft ist die Geschichte von Klassenkämpfen". Es handelt sich dabei um eine korrekte Beschreibung der sozialen Dynamik der Menschheit während der letzten fünftausend Jahre. Die Akteure dieses epischen Kampfes sind von Marx/Engels als Freier und Sklave, Patrizier und Plebejer, Kapitalist und Proletarier identifiziert und enthüllt worden, nicht jedoch, in gleichem Maße, das Objekt oder die Beute ihrer Kämpfe: die Mehrarbeit, das Mehrprodukt, der Mehrwert. Diese, über die Benennung der Klassen hinausgehende Erklärung von Ursache-Wirkung ihrer Bewegungen trugen sie bei, nachdem sie in späteren Studien von Grund auf die Logik der menschlichen Gattungsgeschichte der letzten fünf Jahrtausende verstanden hatten.

Für den Kapitalisten offenbart sich die determinierende Kraft des Mehrwertes über das Wertgesetz und die Profitrate. Wertgesetz und durchschnittliche Profitrate sind die Parameter, die die Handlungen der Kapitalisten und in letzter Instanz aller Klassen definieren. Diese Parameter sind objektive gesellschaftliche Kräfte, die quasi wie Naturkräfte für jedes individuelle Wirtschaftssubjekt bestimmend sind, es sei denn, es handelte in einem monopolistisch dominierten Umfeld. Wer sich ihnen nicht unterordnet, wird durch sie zerstört. Ihre Befolgung ist ähnlich wie im Fall der Naturgesetze Voraussetzung für das Überleben des Individuums. Aber im Unterschied zu den Gesetzmäßigkeiten der Natur kann die Logik des Sozialsystems innerhalb gewisser historischer Grenzen durch ein ausreichend starkes Kollektiv modifiziert oder negiert werden, um sie gegen die eines anderen Systems auszutauschen, wie es 1917 in der UdSSR geschah.

Der für soziale Praxis entscheidende Unterschied zwischen den humangesellschaftlichen und anderen biologischen und physikalischen Systemen liegt darin, dass erstere einer menschlichen Intervention eher zugänglich sind. D. h., die Kontrolle der Systemlogik über ihre Mitglieder wird nicht in absoluter Weise realisiert, wie z. B. die massenbestimmte Gravitation im Sonnensystem oder das hormonal determinierte Verhalten individueller Mitglieder einer Ameisengesellschaft in einem Ameisenhaufen, sondern in einer mittelbaren oder vermittelten Form, über die kulturelle Software oder die Identität der sozialen Subjekte. Die Logik des Systems, also sein gesetzmäßiges Verhalten, wird durch die Subjekte interpretiert, und die Qualität dieser Interpretation entscheidet zusammen mit anderen konkreten Bedingungen, ob sie [die Subjekte] die systemische Logik a) vollständig ausführen, b) nur zum Teil oder c) gar gegen sie handeln. Ihre Praxis ist demzufolge das Resultat aus beiden Faktoren: systemische Logik und Logik der eigenen Persönlichkeit.

Die Logik des Systems verändern zu wollen setzt demnach voraus, dass das Subjekt eine kulturelle *Software* (Bewusstsein) hat oder erwerben muss, die ihm erlaubt, a) diese Logik in ihren wesentlichen Aspekten klar zu verstehen; b) ein angemessenes Bewusstsein seiner eigenen Identität zu haben; c) die Potentiale der Veränderung, die objektiv machbar sind, zu begreifen. Marx/Engels, bedingungslos unterstützt von Marx's Frau Jenny von Westphalen, ohne deren Hilfe das gigantische Werk beider nicht möglich gewesen wäre, widmeten ihr gesamtes Leben der wissenschaftlichen Erforschung der Bildungsmöglichkeiten dieses Klassenbewusstseins sowie der praktischen Verwirklichung dieses Wissens in der Schaffung politischer Organisationen von Akteuren der Veränderung: vom „Bund der Kommunisten", für den das *Manifest* geschrieben worden war, bis zur Konstituierung der „Weltgesellschaft der revo-

lutionären Kommunisten" (MEGA 7, 553) und der Auseinandersetzung mit der „deutschen kommunistischen Partei", in der „eine
starke Gruppe" es Marx „übel" nahm, „dass ich mich ihren Utopien und Deklamationen widersetzte". (MEGA 4, 557) Sie erklärten und bekämpften die Auswirkungen der entfremdenden und
zerstörerischen Sozialisation von Fabrikarbeit auf der einen Seite,
und die Wirkung gezielter Bewusstseinsmanipulation durch die
ideologischen Institutionen des Systems, wie Kirche, Schule und
Kommunikationsmedien, auf der anderen. Die Überwindung beider Typen von Entfremdung in den Subjekten war ein notwendiges Mittel gesellschaftlicher Veränderung zugunsten der Massen.
Durch sie sollte die Akkumulation von Kräften erfolgen, welche
den ersehnten radikalen Wechsel schaffen konnte. Formuliert in
der Sprache der „Weltgesellschaft der revolutionären Kommunisten" von 1850, ging es darum, den „Sturz aller privilegierten
Klassen (und) ihre Unterwerfung unter die Diktatur der Proletarier" herbeizuführen, in der die „Revolution in Permanenz erhalten wird bis zur Verwirklichung des Kommunismus, der die letzte
Organisationsform der menschlichen Familie sein wird". (MEGA
7, 553).

Da das Proletariat die Mehrheit der Gesellschaft darstellte, war die
von Marx und Engels proklamierte „Diktatur" logisch identisch
mit der Herrschaft der Mehrheit, also „Demokratie", was in völli-
ger Übereinstimmung mit der humanistischen Essenz ihres *Neuen
Historischen Projektes* stand. Demokratie nicht in ihrer kastrierten
bürgerlichen Gestalt, sondern als gesellschaftlicher Zustand historisch weitestmöglicher Selbstbestimmung des Subjekts: der ver-
wirklichten vernünftigen Freiheit.

2.3 Historische Unmöglichkeit des Projekts

Marx und Engels hatten, als wissenschaftliche Revolutionäre oder
revolutionäre Wissenschaftler, Zeit ihres Lebens nicht nur die
Logik allgemeinen gesellschaftlichen Handelns wissenschaftlich
entschlüsselt und in ihren entfremdeten Manifestationen politisch
bekämpft, sondern auch die Systemlogik privatkapitalistischer
Marktwirtschaft in der Kritik der Politischen Ökonomie mit außer-
ordentlichem Erfolg analysiert. Diese ungeheure Forschungsleis-
tung, verbunden mit revolutionärer politischer Tätigkeit, Exil und

außerordentlichen persönlichen Entsagungen, beanspruchte ihre gesamte Energie. Für die Ausarbeitung eines konkreten Vorschlags zum Wirtschaftssystem des zukünftigen Sozialismus, dem neuen Staatsgebilde sowie der Organisation der sie tragenden Massen, blieb daher keine Zeit mehr. Für die revolutionäre Übergangsphase zum Kommunismus gibt es daher wichtige Hinweise in ihren Arbeiten über die Pariser Kommune, über den Aufbau des Sozialismus in einem Land und die Überspringung gesellschaftlicher Entwicklungsphasen (am Beispiel des russischen Mir) etc., doch werden konkrete strategische Planungen auf der Basis nationaler Entwicklungsbedingungen erst unter Lenin und den Bolschewiki realisiert, etwa im Kriegskommunismus, der Neuen Ökonomischen Politik oder dem Kommunismus als „Sowjetmacht plus Elektrifizierung des ganzen Landes", so von Lenin definiert im Jahre 1920. Für diese Situation gab es außer dem zeitpragmatischen Grund noch weitere objektive Ursachen wie die imperialistische Bedrohung und die Tatsache, dass weder die wissenschaftliche Erkenntnis noch der Fortschritt der Produktivkräfte auf dem Entwicklungsstand angekommen waren, den die Formulierung eines Programms sozialistischer Ökonomie oder wirklicher Mehrheitendemokratie erfordert hätte.

In allen Planungsdokumenten der DDR-Ökonomie und der UdSSR-Ökonomie steht als oberstes Prinzip der Planung nicht ein ökonomisches, sondern ein politisches: die Notwendigkeit, die Abhängigkeit vom kapitalistischen Weltmarkt und Weltsystem zu verhindern. Im April 1941 definierte Stalin die drei Hauptziele der Planung in der Sowjetunion folgendermaßen: „Das erste Ziel besteht darin, so zu planen, dass die Unabhängigkeit der sozialistischen Ökonomie gegenüber kapitalistischer Blockierung gesichert ist. Dies ist eine Notwendigkeit von größter Bedeutung. Es ist eine Form der Kämpfe gegen den Weltkapitalismus. Wir müssen sicherstellen, dass wir Metall und Maschinen in unseren Händen haben, so dass wir nicht zu einem Appendix des kapitalistischen Systems werden. Das ist die Grundlage der Planung. Das ist das Zentrale. GOELRO und die folgenden Pläne wurden auf dieser Basis entwickelt."

Das zweite Ziel der Planung besteht darin, die „absolute Hegemonie des sozialistischen Wirtschaftssystems zu stärken und alle Lücken und Quellen zu schließen, aus denen der Kapitalismus sich entwickelt". Erst die dritte Planungspriorität ist rein ökonomisch. „Das dritte Planungsziel liegt darin, Disproportionen (Ungleich-

gewichte) zu verhindern. Doch da die Wirtschaft groß ist, können immer Brüche auftauchen. Daher müssen wir über große Reserven verfügen. Nicht nur von Fonds, sondern auch von Arbeitskraft."[2]
Für diese Situation gab es außer dem zeitpragmatischen Grund noch zwei weitere objektive Ursachen: weder die wissenschaftliche Erkenntnis noch der Fortschritt der Produktivkräfte waren auf dem Entwicklungsstand angekommen, den die Formulierung eines Programms sozialistischer Ökonomie oder wirklicher Mehrheitendemokratie erfordert hätte.

Die Werttheorie, die die Essenz der Politischen Ökonomie von Marx und Engels darstellt, hatte Ricardo folgend den objektiven Wert des Produktes korrekt über die gesellschaftlich notwendige durchschnittliche Menge abstrakter Arbeit bestimmt, die in die Produktion einer Ware investiert wird. Aber es gab weder Computer noch Datenübertragungsnetze noch die fortgeschrittene Mathematik, welche für die Wertkalkulation eines Produktes in der Praxis notwendig sind. Die für die Gestaltung einer – im Verhältnis zur kapitalistischen Chrematistik qualitativ unterschiedlichen – sozialistisch-demokratischen Ökonomie vitalen Theoreme der Wertbildung, Wertgrößen, Wertformen und Austauschverhältnisse, konnten daher nicht zur operativen Basis einer realen Ökonomie werden.

Aus diesem Grunde basierten die Volkswirtschaften der sozialistischen Staaten auf Kosten-Preis-Berechnungen in monetären Einheiten, die im allgemeinen an den Weltmarktpreisen orientiert waren oder an soziopolitischen Direktiven der Regierung, und nicht an den Mengeneinheiten abstrakter Arbeit. Demzufolge konnte sich der Austausch von Produkten, Dienstleistungen und Arbeitskraft auch nicht in gleichen Wertgrößen vollziehen, als Äquivalententausch, sondern, wie Arno Peters herausgearbeitet hat, nur in gleichen Preisgrößen, will sagen, als äquipretiärer Tausch.

Die objektive Unmöglichkeit, die Ökonomie der neuen Gesellschaft auf einer der nationalen Chrematistik qualitativ anderen Basis zu konstruieren – in welcher als gesellschaftliche Verrechnungseinheit nützlicher Arbeit computerisierte Arbeitszeiten anstelle monetärer Kosten-Preis-Kalkulationen verwendet und

---

2 – J.V. Stalin, Five Conversations with Soviet Economists, 1941–1952; Record of Comrade J.V. Stalin's Discussion with Economists; Revolutionary Democracy, India, 1998, traducido por Tahir Asghar, en: http://www.revolutionarydemocracy.org/rdv4n2/convers.htm

unternehmerische Autokratie durch mehrheitsdemokratische Planung ersetzt würden – machte den Quantensprung des Systems aus dem realen Sozialismus in den wirklichen Sozialismus unmöglich. Die Tür zum Rückschritt in die kapitalistische Barbarei blieb damit offen und alle Stalinsche Klassenvernichtung (Kulaken) und aller ideologischer Kampf gegen die subversive Kleinbourgeoisie konnten daran wenig ändern.

Die bürgerliche Revolution war nur deshalb irreversibel geworden, weil eine durchgreifende Landreform und der Übergang zur industriellen Produktionsweise unüberwindliche Bollwerke gegen die Rückkehr der feudalen Aristokratie zur Staatsmacht errichtet hatten. Diese Zustandsänderung an der langfristig alles entscheidenden sozioökonomischen Basis fand im Sozialismus aus den erwähnten Gründen nicht statt. Ein veränderter politisch-kultureller Überbau koexistierte mit einer industriellen Produktionsweise, deren wesentliches Koordinations- und Planungssystem der Markt und die in ihm erzeugten Preise waren. Über diesem primären Verteilungsniveau (Allokation) der verfügbaren Ressourcen, der dem Staat sozusagen als objektives Datum entgegentrat, fungierte dann der staatliche Planungsmechanismus.

Um die politischen Revolutionen des Sozialismus irreversibel zu machen, wäre ein ähnlicher qualitativer Sprung im gesellschaftlichen Reproduktionsbereich nötig gewesen wie der der Bourgeoisie gegen den Feudalismus. Und dies konnte in gattungsgeschichtlicher Perspektive nicht nur bedeuten, wirtschaftlich rückständige Länder zu industrialisieren, also eine klassische Entwicklungsaufgabe des Bürgertums zu übernehmen, sondern, in einem zweiten, entscheidenden Schritt für den Übergang zum Sozialismus, den für die Bourgeoisie lebenswichtigen privatwirtschaftlichen Planungsmechanismus des Marktes zu ersetzen durch die demokratisch koordinierte kybernetische Regulation der unmittelbaren Produzenten. Der Markt und sein Preiskalkül als fünftausendjähriger obsoleter Modus der Ressourcenverteilung, ersetzt durch Mehrheitendemokratie und wertökonomisch operierendes, elektronisch gesteuertes gesellschaftliches Produktiveigentum, das wäre das geschichtliche Ende der bürgerlichen Klasse gewesen.

Scharfsinnige reaktionäre Intellektuelle des Bürgertums, wie das Mitglied der Österreichischen Schule der Nationalökonomie, Ludwig von Mises und später sein Schüler Friedrich Hayek, verstanden die existentielle Bedrohung der bürgerlichen Klasse durch die eventuelle Negation des Marktes in der entstehenden sozialistischen Welt sofort und begannen eine ideologische Großoffensive, die sich um das 1920 (!) von von Mises entwickelte Argument zentrierte, dass die Aufhebung des Privateigentums und die Abschaffung des Preismechanismus der Marktökonomie die rationale Planung jedes wirtschaftlichen Systems unmöglich machen müsse. *Die Wirtschaftsrechnung im sozialistischen Gemeinwesen* hieß das erste dieser Kampfschriften von Mises' für den Klassenkrieg der Ideen, dem in schneller Folge sein zweites Hauptwerk folgte, *Die Gemeinwirtschaft* (1922), in dem er argumentierte, dass der Sozialismus wirtschaftlich zusammenbrechen muss, weil er keine Möglichkeit der Wirtschaftsrechnung besitzt. 1923 schrieb er *Neue Beiträge zum Problem der sozialistischen Wirtschaftsrechnung* und folgte bis zu seinem Tode, zusammen mit seinem Lieblingsschüler Friedrich Hayek, der Entwicklungslinie einer reaktionären neoklassischen Wirtschaftsideologie, die heute als „Neoliberalismus" bezeichnet wird. Natürlich wussten viele Wissenschaftler und Politiker in den sozialistischen Ländern um das Problem ökonomischer Modellierung über Preis oder Wert und versuchten es, seit Gründung der Sowjetunion, auch praktisch zu lösen. Die aus der Marxschen Analyse resultierende Wertproblematik wurde in den Diskussionen des ersten Fünfjahresplans der Sowjetunion, der 1928 die Neue Ökonomische Politik (NEP) ablöste, in Rechnung gestellt. Der polnische Ökonom Oskar Lange, Leiter des polnischen Planungs- und Wirtschaftsrates von 1957–1962, hatte ein spezielles Interesses an der kybernetischen Ökonomie und der Input-Output Analyse als Elemente der Effizientisierung der realsozialistischen Ökonomien; in der DDR selbst brach weder die Wertdiskussion je ab noch fehlten auch betriebliche Versuche der Arbeiterteilhabe an den Betriebsentscheidungen.

Doch scheiterten alle Versuche – neben gesellschaftlich-politischen Faktoren, wie mangelnder politisch-wissenschaftlicher Freiheit, die beispielsweise den (späteren) Erfinder der für alle betriebs- und volkswirtschaftlichen Programmierungen zentralen Input-Output-Analyse, Wassily Leontieff, 1925 ins Exil trieb – an der objektiven Unterentwicklung der Produktivkräfte, vor allem der unzureichenden informatischen Logistik. Beispielsweise gab es in den achtziger Jahren in der Sowjetunion, wie Cockshott/Cottrell anführen, etwa zwölf Millionen Produkte, während die Informationslogistik, also vor allem die verfügbaren Daten- und Speicherkapazitäten, die Telekommunikationskapazität und die Kalkulationskapazität der

Computer über Input-Output-Tabellen und Zeitinputs (Werte) für nicht viel mehr als einige hundert Produkte reichte.

Dies ist, in der Tat, die tiefliegendste, auf der Ebene der Produktivkräfte angesiedelte gesellschaftliche Ursache des inneren Zusammenbruchs der Sowjetunion und der übrigen sozialistischen Länder. Steht in der Wechselwirkung zwischen politischer und ökonomischer Entwicklung, also ungleicher Kräfte, erstere den ökonomischen Entwicklungstendenzen entgegen – wie hier, der Evolutionslogik der Warenproduktion – so setzt sich in letzter Instanz die „stärkste, ursprünglichste, entscheidendste" (Engels) durch: eben die ökonomische.

Die entscheidende Blockade auf dem Entwicklungsweg der historischen sozialistischen Gesellschaft, die Unterentwicklung der kybernetischen Produktivkräfte, ist heute überwunden, wodurch der objektiven Möglichkeit der teilhabenden Demokratie und der ihr spezifischen Äquivalenzökonomie nichts mehr im Wege steht. Tragischerweise implodierte die Sowjetunion gerade in dem historischen Augenblick, in dem die objektiven Barrieren des Übergangs zum wirklichen Sozialismus von Wissenschaft und Technik überwunden werden. Tragisch deshalb, weil bei Lenin die subjektiven Voraussetzungen antibürgerlichen Triumphes vorlagen, nicht so die objektiven, während unter Gorbatschow die objektiven Bedingungen reif wurden, aber die subjektiven fehlten. Ein drastischer Mahnruf der Dialektik an all jene, die systemverändernde Arbeit betreiben.

W. Paul Cockshott und Allin Cottrell sowie Arno Peters haben den historischen Entwicklungsfaden des postkapitalistischen Übergangs dort wieder aufgenommen, wo er gerissen war: an der Umsetzung der Werttheorie in operative Volkswirtschaft. Peters hat über das Problem des politökonomischen Status der historischen sozialistischen Wirtschaftssysteme einige Reflexionen durchgeführt, die die oben synthetisierte Thematik sehr gut erläutern.

„War die Ökonomie in den kommunistischen Ländern äquivalent? … Durch Vergesellschaftung der Produktionsmittel wurde sie als Planwirtschaft in die Lage versetzt, die Bedarfsdeckung als ihren eigentlichen Inhalt zu verwirklichen. Das Recht auf Arbeit wurde als verfassungsmäßiges Grundrecht gesichert. Genügsamkeit trat an die Stelle der Unersättlichkeit der Marktwirtschaft. Dem Profit wurde durch Abschaffung des Privateigentums an den Produktionsmitteln der Boden entzogen. Das Leben jedes Einzelnen erhielt Existenzsicherheit und Zukunftsperspektive. Die Einkommensunterschiede wurden von einem Verhältnis von eins zu mehr als einer Million auf ein Verhältnis von weniger als eins zu zehn vermindert. Das alles waren bedeutende historische Fortschritte. Aber war die kommunistische Planwirtschaft deshalb schon äquivalent?

Die Preise der Güter entsprachen dort nicht ihren Werten, waren also nicht durch die in ihnen enthaltene Arbeitszeit bestimmt. Die Löhne entsprachen nicht den von den Arbeitern den Gütern hinzugefügten Werten. Die Wirtschaft in den kommunistischen Ländern war also nicht-äquivalent. So war auch die Ausbeutung von Menschen durch ihre Mitmenschen nur nach Marxschen Kategorien beseitigt, nicht aber in Wirklichkeit. Für Marx war Ausbeutung die ‚unentgeltliche Aneignung des Produktes fremder Arbeit (Mehrarbeit) auf der Grundlage des Privateigentums an den Produktionsmitteln‘.

Aber: Wäre Ausbeutung an den Besitz von Produktionsmitteln gebunden, so würden Manager, Chefärzte und Bankdirektoren (als Nicht-Besitzer von Produktionsmitteln allein aus dem Verkauf ihrer Arbeitskraft lebend) zu den Ausgebeuteten zählen; Bauern und Handwerker hingegen wären als Besitzer von Produktionsmitteln nicht Ausgebeutete, und wenn sie einen Knecht oder Gesellen gegen Lohn beschäftigten, wären sie Ausbeuter. In den kommunistischen Ländern hatte sich die Ausbeutung von Menschen durch ihre Mitmenschen auf die Unterschiede in der Lohnhöhe reduziert. Damit stellt sich die Frage nach dem Verhältnis des Lohnes zu dem vom Arbeiter geleisteten Wert, also zur Arbeitszeit.

John Gray baute acht Jahre nach Ricardos Tod die von Robert Owen begründete Arbeitsgeldlehre als Verwirklichung des Rechtes auf den vollen Arbeitsertrag zu einem geschlossenen System aus: Eine Zentralbank gibt nach Vergewisserung über die aufgewandten Arbeitszeiten Zertifikate aus, die auf eine Arbeitsstunde, einen Arbeitstag oder eine Arbeitswoche lauten und die als Anweisung auf die Bezahlung eines Produktes mit gleichem Arbeitszeitaufwand gelten. Diese konsequente Gleichsetzung des Güterwertes mit der in jedem Gut enthaltenen Arbeitszeit leitet aus der Arbeitswertlehre das absolute Maß ab, wie Ricardo es suchte. Und sie steht auch im Einklang mit Smith, der in seinem Hauptwerk sagte: ‚Von gleichen Quantitäten Arbeit kann man sagen, dass sie zu allen Zeiten und an allen Orten für den Arbeitenden von gleichem Wert sind‘.

Aber 28 Jahre nach Gray wies Marx die Absolutsetzung der Arbeitszeit als Wertmaß zurück, weil sie das Produkt der Arbeit nicht zur Ware im Sinne der Marktwirtschaft werden lässt. Marx stellte zunächst der individuell geleisteten Arbeitszeit die gesellschaftlich notwendige Arbeitszeit entgegen, also die Zeit ‚um irgendeinen Gebrauchswert mit den vorhandenen gesellschaftlichen Produktionsbedingungen und dem gesellschaftlichen Durchschnittsgrad von Geschick und Intensität der Arbeit darzustellen'. Schon hierin liegt eine Relativierung der tatsächlich aufgewendeten Arbeitszeit, die nun nicht mehr direktes objektives Wertmaß ist. Menschliche Arbeit ist für Marx ‚Verausgabung einfacher Arbeitskraft, die im Durchschnitt jeder gewöhnliche Mensch in seinem leiblichen Organismus besitzt. Kompliziertere Arbeit gilt nur als potenzierte oder vielmehr multiplizierte einfache Arbeit, so dass ein kleineres Quantum komplizierter Arbeit gleich einem großen Quantum einfacher Arbeit entspricht. Dass diese Reduktion ständig vorgeht, zeigt die Erfahrung … Die verschiedenen Proportionen, worin verschiedene Arbeitsarten auf einfache Arbeit als ihre Maßeinheit reduziert sind, werden durch einen gesellschaftlichen Prozess hinter dem Rücken der Produzenten festgesetzt und scheinen ihnen daher durch das Herkommen gegeben'.

Damit kehrt Marx zu Ricardo zurück, der dazu sagte: ‚Wenn ich … von der Arbeit als der Grundlage allen Wertes spreche und von der relativen Arbeitsmenge als dem Bestimmungsgrund des verhältnismäßigen Werts der Waren, so darf man nicht unterstellen, ich bemerkte nicht die verschiedenen Qualitäten von Arbeit und die Schwierigkeit, die Arbeit einer Stunde oder eines Tages in einer Beschäftigung mit der Arbeit von der gleichen Dauer in einer anderen zu vergleichen. Die Wertschätzung, in der verschiedene Qualitäten von Arbeit stehen, stellt sich alsbald auf dem Markte mit einer für alle praktischen Zwecke genügenden Genauigkeit her. Viel hängt dabei von der verhältnismäßigen Geschicklichkeit des Arbeitenden und der Intensität der geleisteten Arbeit ab. Ist die Skala einmal gebildet, so unterliegt sie nur geringer Veränderung.'

Diese *Skala* aber ist (wie das Marxsche, durch einen gesellschaftlichen Prozess festgesetzte Herkommen) nichts anderes als der am Markt eingependelte ‚natürliche Lohn'. So haben Smith, Ricardo und Marx nicht den Marktpreis der Güter nach ihren in Arbeitszeit ausgedrückten Werten bestimmt (oder ihn auch nur daran gemessen), sondern den Wert der Güter bezeichnet durch Rückführung der Arbeitszeit auf die am Markt sich bildenden Löhne, und sie haben den bei dieser Verfahrensweise offen bleibenden Rest als

Rente und Profit ausgewiesen. Damit war das höchste Maß theoretischer Konsequenz aus der Arbeitswertlehre erreicht, das mit dem praktischen Fortbestand der nicht-äquivalenten Marktwirtschaft vereinbar war und das nun in abgemilderter Form auch in der kommunistischen Planwirtschaft fortgeschrieben wurde."[3]

2.4 Theoretische Stagnation des Projekts

Bei einer Analyse der Evolution des wissenschaftlichen Sozialismus von Marx und Engels im Verhältnis zu anderen großen Erklärungsmodellen (Paradigmen) der Wissenschaft fällt auf, dass ersterer keine Entwicklung genommen hat, wie sie etwa bei den Paradigmen der Physik, der Astronomie, der Geologie oder der Biologie zu finden ist.

Der theoretische klassische Sozialismus von Marx und Engels, die theoretische klassische Biologie von Darwin und die theoretische klassische Physik (Newton) haben gemeinsame Ursprünge in der Wissenschaftstheorie (Epistemologie) des 18. und 19. Jahrhunderts. Danach hingegen verläuft ihre Entwicklung sehr unterschiedlich. Während die Modelle von Newton und Darwin zu den Fundamenten einer konstant erneuerten theoretischen Physik und Biologie wurden – die im Zwanzigsten Jahrhundert unter anderem mit der Entwicklung der Relativitätstheorie, der Quantenmechanik und der Molekularbiologie qualitativ vertieft und potenziert wurden – geschah nicht das gleiche mit dem Werk von Marx und Engels.

Diese unterschiedliche Evolutionsdynamik lässt sich anhand der Entwicklung der Physik illustrieren.[4] Die von Newton entdeckten Gesetzmäßigkeiten erklären im Wesentlichen bestimmte mechanische Bewegungen von natürlichen Systemen. Wenn man versucht, komplexere Bewegungen oder Realitäten zu analysieren, wie z.B. Thermodynamik oder Elektrodynamik, dann werden neue

3 – Arno Peters, Das Äquivalenz-Prinzip als Grundlage der Global-Ökonomie, Akademische Verlagsanstalt, Vaduz, 1996 S. 84

4 – Der Versuch der Physik, eine „Weltformel" zu finden, also eine Theorie, die eine Erklärung für die Unvereinbarkeit einiger Naturgesetze gibt und eine einheitliche Darstellung der vier Fundamentalkräfte der Physik (Schwerkraft, Elektromagnetismus, starke Kraft und schwache Kraft) erlaubt, ähnelt in gewisser Weise der Aufgabe der neuen Gesellschaftstheorie. Hier geht es darum, die vier wesentlichen und zum Teil widersprüchlichen Subsysteme gesellschaftlicher Wirklichkeit (Ökonomie, Politik, Kultur und Militär) innerhalb einer Theorie gesellschaftlicher Strukturtransformation kohärent miteinander in Beziehung zu setzen.

Modelle der Interpretation benötigt. Einige dieser Paradigmen oder Theorien wurden von Albert Einstein in der Relativitätstheorie, von Werner Heisenberg und Max Planck in der Quantenphysik und von Murray Gell-Mann in der Theorie der Quarks entwickelt. Sucht man nach einer erkenntnistheoretischen Erklärung für diesen außergewöhnlichen Fortschritt der Physik, der der objektiven Erkenntnis und der menschlichen Selbstbestimmung neue Dimensionen der Realität geöffnet hat, dann gibt es eine hypothetisch plausible Antwort: Er ist wahrscheinlich zurückzuführen auf das Verhältnis wechselseitiger Beeinflussung (Dialektik) zwischen Experimentalphysik, theoretischer Physik, reiner Mathematik und Logik. Es scheint die permanente Wechselwirkung zwischen der empirischen (experimentellen) Erkenntnis, dem synthetischen (theoretischen) Wissen und den abstrakten Systemen der reinen Mathematik und der Logik gewesen zu sein, welche die atemberaubende Entwicklung der Physik von Newton bis heute zugelassen hat.

Bedauerlicherweise vollzog sich nicht die gleiche Entwicklung im Paradigma des wissenschaftlichen Sozialismus von Marx und Engels. Wladimir I. Lenin, Rosa Luxemburg, Mao Tse Tung, Antonio Gramsci und andere große Persönlichkeiten widmeten ihr Leben der Verwirklichung der klassischen Theorie des Sozialismus in der Praxis, indem sie die Revolution gegen das Kapital durchzuführen suchten oder sie verteidigten. Aus diesem Kampf resultierten wichtige Erfahrungen, die den klassischen theoretischen Sozialismus bereicherten: einerseits, weil sie mit bestimmten Realitäten konfrontiert waren, die zu Zeiten von Marx noch nicht oder nur rudimentär existierten (z.B. der Monopolkapitalismus, die Arbeiteraristokratie, die neuen Militärtechnologien), und andererseits, weil eben diese praktische Umsetzung des Modells Realitäten schuf, welche neue Fragestellungen für die Theorie eröffneten. Diese, von den Notwendigkeiten der Praxis inspirierten und erzwungenen Beiträge zur Theorie des revolutionären Sozialismus, entfesselten jedoch keine neuen theoretischen Kräfte, die in ihren Auswirkungen mit den großen theoretischen Innovationen der Physik vergleichbar gewesen wären. Es fehlte jene komplexe Interdependenz, welche die großen kreativen Modelle in den Naturwissenschaften möglich machten.

Es herrschte daher in den sozialistischen Ländern eine Art von experimentellem oder angewandtem Sozialismus. Stalin selbst erläuterte dieses Thema im April 1950 in einer Diskussion mit sowjetischen Ökonomen. „Die erste, alte Generation von Bolschewiki war theoretisch sehr gefestigt. Wir lernten *Das Kapital* auswendig, fertigten Zusammenfassungen an, organisierten Diskussionen und debattierten das Verständnis der anderen. Das war unsere Stärke, und sie war von sehr großer Hilfe. Die zweite Generation war weniger präpariert. Die waren mit praktischen Angelegenheiten und dem Aufbau beschäftigt. Sie studierten Marxismus aus Heften. Und die dritte Generation bildet sich über Zeitungs- und satirische Artikel. Sie haben keinerlei tiefer gehendes Verständnis. Man muss ihnen ‚Nahrung‘ geben, die leicht zu verdauen ist. Die Mehrheit ist nicht über das Studium von Marx und Lenin erzogen worden, sondern mittels Zitaten."[5]

Zu dieser alle Kräfte absorbierenden Aufbauarbeit und Verteidigung gegen den Imperialismus gesellte sich allerdings ein zweiter Stagnationsfaktor, der im technisch und wissenschaftlich fortgeschrittensten Pol des Systems, der Sowjetunion, die kreative Entfaltung des *Historischen Projektes* des Sozialismus behinderte: die stalinistische antidemokratische Regression.

Die borniertte konterrevolutionäre stalinistische Unterdrückung divergierender wissenschaftlicher Forschungsansätze, wie etwa die Debatte über den Klassencharakter der chinesischen Revolution, die Hinrichtung des vielleicht größten Ökonomen seiner Zeit, Kondratieff, die Verteufelung der Kybernetik als bürgerlich-ideologische Perversion, die Missachtung der Genforschung, sowie die Moskauer Schauprozesse und die Kulakenvernichtung, etablierten ein Klima dogmatisch-sterilen Denkens im Avantgardeland des real existierenden Sozialismus, welches sich lähmend über alle anderen Satelliten des Systems ausbreitete. Die kreativ notwendige komplexe Interdependenz kam daher nicht zustande und der experimentelle Sozialismus erstarrte in einer zirkulären Bewegung, atrophiert durch das Fehlen des theoretischen Sozialismus der großen neuen Synthese – den Entwürfen des Sozialismus des 21. Jahrhunderts – und des Inputs der korrespondierenden reinen „Mathematik" und Logik, der fortgeschrittenen Wissenschaften unserer Epoche.

Im resignierenden Begriff des in der DDR gebräuchlichen „real existierenden Sozialismus", im staatsbürgerlich geäußerten Wunsch der Ersetzung des „realen Sozialismus" durch den „wirklichen Sozi-

---

5 – J.V. Stalin, Five Conversations with Soviet Economists, 1941–1952; Record of Comrade J.V. Stalin's Discussion with Economists; http://www.revolutionarydemocracy.org/rdv4n2/convers.htm

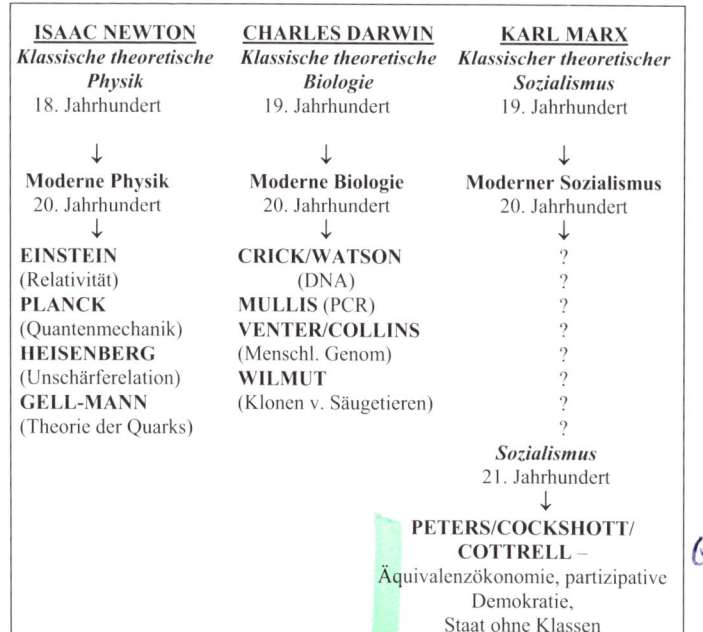

ISAAC NEWTON	CHARLES DARWIN	KARL MARX
Klassische theoretische Physik	*Klassische theoretische Biologie*	*Klassischer theoretischer Sozialismus*
18. Jahrhundert	19. Jahrhundert	19. Jahrhundert
↓	↓	↓
Moderne Physik	**Moderne Biologie**	**Moderner Sozialismus**
20. Jahrhundert	20. Jahrhundert	20. Jahrhundert
↓	↓	↓
EINSTEIN (Relativität)	**CRICK/WATSON** (DNA)	?
PLANCK (Quantenmechanik)	**MULLIS** (PCR)	?
HEISENBERG (Unschärferelation)	**VENTER/COLLINS** (Menschl. Genom)	?
GELL-MANN (Theorie der Quarks)	**WILMUT** (Klonen v. Säugetieren)	?
		?

Sozialismus
21. Jahrhundert
↓
PETERS/COCKSHOTT/ COTTRELL – Q
Äquivalenzökonomie, partizipative Demokratie,
Staat ohne Klassen

alismus" oder auch in Fidel Castros Apostrophierung des kubanischen Sozialismus als „handwerklich (geschaffenem) Modell" („modelo artesanal"), spiegelt sich dieser Sachverhalt verlorener Dialektik und kühn erdachter theoretischer Zukunft wider.

Als Konsequenz dieser Odyssee des wissenschaftlichen Gründungs-Sozialismus lag uns bis heute keine entwickelte sozialistische Theorie für das 21. Jahrhundert vor, welche die Kämpfe des Übergangs zum Postkapitalismus erfolgreich orientieren könnte.

Soll diese These bedeuten, dass das, was Marx, Engels, Lenin und andere Sozialisten entwickelt haben, für die Aktualität nicht mehr zu gebrauchen ist? Dass ihre Beiträge obsolet sind und ihrem Werk nichts mehr hinzugefügt werden kann?

Nein, selbstverständlich nicht. Das wäre, als ob man behaupten würde, dass Newton veraltet sei, weil Einstein existiert. Für bestimmte Aufgaben der Realität sind die klassischen Lehren weiterhin gültig. Will man, beispielsweise, eine Rakete in den Weltraum schicken, braucht man die Physik Newtons. Für die Konstruktion bestimmter Computer hingegen, ist die Quantenphysik unersetzlich. Die Entwicklung neuer grundlegender Erklärungsmodelle der Wissenschaft dient daher nicht der Negation der bestehenden, sondern ihrer Erweiterung und Spezifizierung; sie zerstört nicht vorhandenes objektives Wissen, sondern bereichert es und verbessert damit die Handlungsmöglichkeiten revolutionärer Veränderung.

Die Lehren der großen revolutionären Persönlichkeiten haben also weiterhin Gültigkeit für bestimmte Phänomene der Wirklichkeit; doch fehlen für andere die Einsteins, Plancks und Gell-Manns des theoretischen Sozialismus. Und wissenschaftlicher Sozialismus ist nun einmal die quintessentielle kybernetische Wissenschaftstheorie. Wenn seine Essenz darin besteht, Milliarden von Menschen ein Höchstmaß historisch möglicher Selbstbestimmung innerhalb einer Vielfalt übergreifender bestimmender Makrostrukturen und zugrunde liegender Mikrostrukturen zu geben, wie sollte das Erreichen dieses Ziels möglich sein ohne die fortgeschrittensten Kenntnisse der korrespondierenden Wissenschaften? Wie wollte man, ohne die Komplexitäts-Theorie, zum Beispiel, die grundlegende Frage beantworten, ob die im Jahre 2006 vorhandene Informationslogistik der Bundesrepublik Deutschland ausreichend ist um, eine arbeitswert-orientierte nichtkapitalistische Wirtschaft zum zentralen Mobilisierungsfaktor eines antikapitalistischen politischen Programms zu machen? Wie würde man die Protokolle über die jährlichen elektronischen Plebiszite des Staatshaushaltes schreiben, ohne auf dem neuesten Stand der Informatik zu sein? Und wie würde man die Auswirkungen der technologischen Entwicklung auf die Arbeitslosigkeit oder den Vorschlag der Entwicklung von Kooperativen als dominanter Produktiveigentumsform in der Übergangsphase zur klassenlosen Gesellschaft adäquat beurteilen können, wenn nicht im Rahmen einer neuen Theorie des Sozialismus des 21. Jahrhunderts?

Das Verhältnis zwischen Kepler, Kopernikus, Galilei und Newton ist nicht antagonistisch, sondern dialektisch-evolutiv. Und gleiches gilt für Newton und Einstein sowie Kant, Hegel und Marx. Kein Nachfolgender ist ohne den Vorgänger zu denken. Alle sind Bauträger der Zukunft. Manche ohne es zu wissen. Glieder einer großen Kette von Wechselwirkungen, die manchmal für Dekaden zu stagnieren scheinen, bis sie weitertreiben hin zu dem noch nie Gemachten und dem noch nicht Gewordenen. An diese gesellschaftliche Dialektik knüpft die Geschichte heute wieder an mit dem *Neuen Historischen Projekt* der postbürgerlichen Weltgesellschaft.

3.
Das Neue Historische Projekt:
Partizipative Demokratie
(Sozialismus) des 21. Jahrhunderts

3.1 Die demokratisch geplante Äquivalenzökonomie

Kapitalismuskritik in 6 Punkten

Die kapitalistische Marktwirtschaft ist nicht imstande, die sozio-ökonomischen, ökologischen und demokratischen Bedürfnisse einer Weltgesellschaft von annähernd sieben Milliarden Menschen angemessen zu befriedigen. Dies resultiert aus verschiedenen, für die Mehrheit der Bevölkerung negativen Systemeigenschaften.

Die erste und negativste Systemeigenschaft ist seine Ziel- und Handlungsrationalität, welche ausschließlich auf Bereicherung (Chrematistik) ausgerichtet ist und nicht auf die Bedürfnisse der Mehrheiten. Die Perversion der ursprünglichen politischen Ökonomie in Chrematistik ist die Folge. Zweitens handelt es sich um ein instabiles System, da es über keinen gesamtgesellschaftlichen oder makrosozialen Koordinationsmechanismus seiner strategischen Variablen Investition und Konsum verfügt. Diese Anarchie der kapitalistischen Produktion (Marx), die aus dem Widerspruch zwischen dem sozialen Charakter der Produktion und ihrer privaten Aneignung resultiert sowie aus der Verdrängungskonkurrenz zwischen den kapitalistischen Unternehmen, macht die ständig wiederkehrenden (rekurrenten) Krisen des Systems, mit ihrer unbarmherzigen Vernichtung der nicht verwertbaren „Überschüsse" von Kapital, Konsum- und Investitionsgütern sowie menschlicher Arbeitskraft, unvermeidlich.

Drittens handelt es sich um ein asymmetrisches System, das heißt, die Chrematistik erzeugt unvermeidbar die Konzentration und Zentralisation von Kapital und sozialem Reichtum in den Händen weniger. Es ist empirisch offensichtlich, dass die Korrektive der bürgerlichen politischen Demokratie nicht die notwendige Stärke aufweisen, um diese Asymmetrie zu verhindern. Daraus folgt viertens, dass sowohl das von Adam Smith als kybernetisches Modell wahrgenommene ökonomische System als auch die bürgerliche

Gesellschaft insgesamt ein relativ rudimentäres, unvollkommenes und ineffizientes feed-back-System darstellen. Die Reaktion der Wirtschaftssubjekte („des Marktes") auf Veränderungen der entscheidenden Systemparameter wie Preise und Kosten, ist langsam, kostspielig (krisenhafte Zerstörung von Werten) und nicht durch eine gemeinsame Zielvorstellung koordiniert, während die parlamentarische Rückkopplung zur Verhinderung der Einkommenskonzentration über Steuer- und Erbgesetze, unter anderem, absolut nicht funktioniert.

Fünftens ist die Entwicklungslogik der globalen Ökonomie, im folgenden Sinn, merkantil-*nationalistisch*. Ihre dynamischen Elemente sind die transnationalen Konzerne, die sich im allgemeinen im Eigentum der Wirtschaftseliten ihres Ursprungslandes befinden und die den politisch-militärischen Schutz ihrer Nationalstaaten erfordern, um ihre globalen Funktionen auszuführen. Die Kombination beider Elemente, privatwirtschaftliche Chrematistik und nationalstaatliche Macht, ist seit den Tagen der Capitulaciones de Santa Fe zwischen Cristóbal Colón und der spanischen Krone und den Gräueltaten der East India Company, die prinzipielle Ursache der kolonialen und imperialistischen Raubkriege, mit der die atlantische Bourgeoisie (Europa und die USA) die Welt seit einem halben Jahrtausend überzogen hat.

Sechstens sind die transnationalen Konzerne ausschließenden oder tyrannisch-elitären Charakters, nicht nur gegenüber ihren eigenen Beschäftigten und anderen Firmen, sondern vor allem gegenüber den Bürgern der globalen Gesellschaft, die keinen Einfluss auf ihre Entscheidungen haben. Zunehmend gilt dies auch für ihr Verhältnis zu den Regionalstaaten und dem Weltstaat. In organisationssoziologischer Hinsicht handelt es sich um militärisch organisierte Strukturen,o,,,,,,,, an deren Spitze statt eines Generals ein Generaldirektor steht.

Der antidemokratische Charakter der wirtschaftlichen Großorganisationen und des bürgerlichen Nationalstaates erklärt, warum die Ergebnisse der globalen Ökonomie nicht in Übereinstimmung mit den Notwendigkeiten der Weltbevölkerung stehen. In diesem Kontext sind zwei zusätzliche Faktoren von außerordentlicher Bedeutung zu reflektieren: 1. Die ökologische Unmöglichkeit, eine Ausweitung des aktuellen Erstwelt-Konsummodells auf Gattungsebene durchzuführen, da sie in etwa den Ressourcenreichtum von sechs „blauen Planeten" erfordern würde, sowie, 2. der gegenwärtig stattfindende Übergang von mechanisch-elektrisch-menschlichen Produktivkräften in eine neue Generation kybernetischer Produktionstechnologie, der so genannten dritten industriellen Revolution, Automation oder digitalen Produktion.

Als Hanns Eisler, musikalischer Mitarbeiter von Bertolt Brecht und Komponist der Nationalhymne der DDR, mit dem Dramaturgen Hans Bunge Gespräche über Kybernetik führte, sprach er die Transzendenz der neuen Entwicklung in folgenden Worten aus: „Damit beginnt nicht nur, wie man sagt, die dritte industrielle Revolution, sondern etwas mehr. Es beginnt ein Kapitel der Geschichte der Menschheit, das nicht vorauszusehen ist. Wir haben nur die Vorgefühle, den Vormorgen."[1] Arno Peters, der in enger Freundschaft zum wesentlichen Begründer der Computerwissenschaften, Konrad Zuse, stand, erinnert sich daran, dass seine Dialoge mit Zuse ihn ebenfalls in der Überzeugung stärkten, dass eine „neue Epoche der Weltgeschichte" angebrochen sei, nämlich die des Sozialismus des 21. Jahrhunderts, den er „Computer-Sozialismus" nannte.[2]

Die Interpretationen von Eisler und Peters waren korrekt. Die kapitalistische Revolution der Produktivkräfte schuf sich ihre eigenen funktionalen Produktionsverhältnisse über Freihandel und Privatisierungen und ihren eigenen neoliberalen Staat, beflügelt durch von Mises' Theorien und ihrer politischen Inkarnation in Ronald Reagan und Maggy Thatcher. Woraus zweierlei zu schließen ist. Erstens wird nicht nur die revolutionäre Theorie zur materiellen Gewalt, wenn sie die Massen ergreift, wie Marx in einer seiner brillanten Formulierungen gesagt hat, sondern der gleiche Effekt tritt auf, wenn die reaktionäre Theorie die Eliten ergreift. Und zweitens, dass die neue Weltepoche und die Erringung des Sozialismus eine Phase verschärfter Klassenkämpfe passieren muss, die sich ökonomisch bereits in der Intensivierung wachsender absoluter Mehrwertproduktion und Arbeitslosigkeit sowie politisch in der Faschisierung der Staatsapparate ausdrückt. Diese Manifestationen der bürgerlichen Strukturkrise, die in der bürgerlichen Propaganda allgemein als selbstverschuldete Globalisierungsfolgen für nicht-innovative Staaten dargestellt werden, sind das Resultat dessen, was Marx die „reale Subsumtion" der Welt unter das Kapital nennt. Die transzendentale politisch-öko-

---

1 – Wolfgang Fritz Haug, High-Tech-Kapitalismus, Argument Sonderband 294, 2003, Hamburg, S. 11.

2 – Arno Peters, Computer-Sozialismus. Gespräche mit Konrad Zuse, Verlag Neues Leben, Berlin 2000.

nomische Bedeutung dieser realen Subsumtion, im Gegensatz zur formalen Subsumtion unter den Weltmarkt im 16. Jahrhundert, liegt in ihrem Einfluss auf die Investitionsquoten. Die nationalen Investitionsquoten, also der Teil des gesellschaftlichen Reichtums, der nicht konsumiert oder gespart wird, und ihre stoffliche Struktur ist entscheidend für drei Faktoren, von denen hauptsächlich der soziale Frieden und die politische Stabilität eines modernen National- oder Regionalstaates abhängen: 1. Höhe des Mehrprodukts, 2. Lohnniveau der Mehrheiten, 3. Arbeitslosenquote.

Wer die Investitionsentscheidungen determiniert, bestimmt also, im Rahmen des objektiv Möglichen, das Niveau der Klassen- und Verteilungskämpfe in einer Gesellschaft. Die Kontrolle dieser strategischen Variable liegt in der Hand des Kapitals, welches seit 200 Jahren an allen Fronten – von der Militärdiktatur, über die Ersetzung lebendiger Arbeit durch Technologie bis zur Arbeitsgesetzgebung – darum kämpft, die absolute Verfügungsgewalt über ihre Verwendung zu bekommen. Die reale Subsumtion (Unterordnung) des Planeten unter das Kapital durch die neuen Produktionstechnologien und Handelsliberalisierungen bringt das Kapital diesem Traum einen gewaltigen Schritt näher, indem es nun endlich von den nationalen Zwängen formaler Demokratie und organisierter Arbeiterbewegung befreit wird. Dies jedoch nur um den Preis der Freisetzung zweier potentiell systemgefährdender Tendenzen.

Die ständig anwachsende raum-zeitliche Mobilität des Produktiv- und Handelskapitals, zusammen mit der fast vollständigen internationalen Freisetzung des Geldkapitals, macht es unvermeidlich, dass das variable Kapital weltweit zu einem Durchschnittspreis gehandelt wird; also das Lohnniveau zwischen Erstweltarbeitern und Drittweltarbeitern sich zu ungunsten ersterer nach unten hin anpasst. Diejenigen Produktionszweige, die diese Reduktion auf Drittweltstandards nicht mitmachen wollen oder können, beispielsweise durch Standortveränderung oder „outsourcing", werden durch das Wertgesetz, also über ihre Konkurrenzunfähigkeit, liquidiert; ihre Beschäftigten landen bei Hartz IV. Dieser Prozess ist nicht auf Fabrikarbeit begrenzt, sondern dehnt sich immer mehr auf Mittelschichtentätigkeiten aus, wie etwa medizinische Diagnosen, EDV und Bankgeschäfte. Dieser Diffusionsprozess der Arbeitsentgelte in der Weltökonomie, der einseitig von der höheren Konzentration zur niederen verläuft, kann mittelfristig von keinem europäischen Wohlfahrtsstaat verhindert werden, nicht einmal vom weltgrößten Exporteur, der Bundesrepublik Deutschland, und gegen ihn ist auch noch kein keynesianisches Kraut gewachsen. Ebenso wenig wie gegen die konträre Systemtendenz, die Konzentration von Macht und Reichtum in der Ersten Welt, deren Dynamik genauso einseitig von der niederen Konzentration zur höheren geht.

Verschärft wird diese Verelendungstendenz durch die ständig steigende Produktivität der neuen Technologien, die immer weniger lebendige Arbeit benötigt. Im Gegensatz zur Vergangenheit ist diesmal jedoch kein rettender „IV. Sektor" der Arbeitsabsorption in Sicht. Das Problem kann daher nicht systemintern oder ökonomisch durch „Umschichtung" der Beschäftigten auf andere Wirtschaftsbereiche gelöst werden, sondern nur politisch. Dies resultiert aus dem Charakter der kybernetischen Produktionstechnologie, die eine so genannte Querschnittstechnologie oder transversale Technologie darstellt, welche vom Primären über den Sekundären bis zum Tertiären Bereich alle Tätigkeiten rationalisiert und somit Arbeitskräfte freisetzt. Die historische Spaltung der Produktion in arbeitsintensive und kapitalintensive Bereiche wird ebenfalls von dieser Tendenz betroffen. Die Verlagerung arbeitsintensiver Tätigkeiten in Billiglohnländer findet dort ihre objektive Schranke in der Zukunft, wo die Technologie billiger sein wird als der billigste Arbeiter.

Die bürgerliche neoklassische Ökonomie geht davon aus, dass produktivitätsbedingte Arbeitslosigkeit die Löhne soweit fallen lässt, dass an einem bestimmten Punkt die Einstellung neuer Arbeitskräfte wieder billiger wird als die Installation neuer Technologien und sich das Produktivitäts-Arbeitsproblem damit löst. Diese Tendenz ist aber wohl durch die Dritte Industrielle Revolution endgültig durchbrochen. Die US-Firma Alliance Capital Management hat in einer weltweiten empirischen Industriestudie einen dramatischen Zusammenhang zwischen Produktivitätszuwachs und Vernichtung von Fabrikarbeitsplätzen weltweit, einschließlich Chinas, aufgezeigt. Demnach sank die Beschäftigungsrate in jedem Jahr und jeder Region der Erde zwischen 1995 und 2002 um 16 %, obgleich die Produktionsproduktivität um 4,3 % und die industrielle Gesamtproduktion um 30 % anwuchs.

Einige Prognosen ergeben, dass von den gegenwärtig 163 Millionen Arbeitsplätzen in der Industrie im Jahre 2040 nur noch einige Millionen benötigt werden und dass die industrielle Welt um das Jahr 2050 herum mit nur noch fünf Prozent der erwachsenen Bevölkerung gemanagt und betrieben werden kann. Diese Ziffer mag übertrieben erscheinen, sie wird jedoch realistischer, wenn man bedenkt, dass die gesamte US-Landwirtschaft heute nur noch von etwa 2 % der ökonomisch aktiven Bevölkerung des Landes betrieben wird.[3]

Die Reduzierung der notwendigen Arbeitszeit durch die technisch bedingt steigende Produktivität, die sich in den Eigentumsverhältnissen der kapitalistischen Marktwirtschaft in der Geißel der Arbeitslosigkeit niederschlägt, wird in der Äquivalenzwirtschaft zu einem positiven Faktor. Ökonomische Demokratie erfordert außer elementaren wirtschaftlichen Kenntnissen und Schulung viel Zeit der Staatsbürger für die Teilnahme an der Planung und Überwachung der entscheidenden Parameter auf den verschiedenen Ebenen des Systems, vom Betrieb über die Gemeinde, die Nation und die Region bis hin zur Weltökonomie. Lenin hatte im März 1918 das Verhältnis von „körperlicher Arbeit" und Teilnahme an der Verwaltung des Staates folgendermaßen quantifiziert: „sechs Stunden körperliche Arbeit täglich, für jeden erwachsenen Bürger und vier Stunden Arbeit zur Verwaltung des Staates ..." Bei dem heutigen Stand der Produktivkräfte steht außer Zweifel, dass die notwendige körperliche und intellektuelle Arbeit nur einen Bruchteil der Arbeitsfähigkeit und Arbeitszeit der erwerbsfähigen Bevölkerung der Zukunft in Anspruch nehmen wird und weit unter den sechs Stunden Lenins liegen wird. Nur unter der Bedingung der Freisetzung von notwendiger Arbeit ist die postkapitalistische Wirtschaftsordnung überhaupt denkbar.

Trotz der erwähnten Strukturdefizite und Widersprüche des marktwirtschaftlichen Systems verfügen die globalen Eliten über keine rationale ökonomische Alternative für die Mehrheiten; denn sie können nicht von der Chrematistik lassen, um zur politischen Ökonomie zurückzukehren, ohne sich selbst als Klasse überflüssig zu machen. Ihr Lebenselement und Daseinsgrund, die der Bevölkerung täglich aufgezwungene Kapitalverwertung, ist unvereinbar mit einer realdemokratischen, sozial gerechten und wirtschaftlich wie ökologisch entwicklungsfähigen globalen Gesellschaft.

Dieser auf eine instabile, antidemokratische und naturhaft-brutale Art und Weise vom „Markt", d.h. von den national-transnationalen Wirtschaftseliten koordinierte halb-anarchische Wirtschaftstyp muss daher durch eine demokratisch geplante Volks-Wirtschaft

---

3 – Daten, Jeremy Rifkind, in, Un Mundo sin Trabajo, Ed. Driada, 2004, México, S. 18, und Hamburger Abendblatt, 12./13.3. 2005.

ersetzt werden, die nicht nur die Bedürfnisse der Mehrheiten primär berücksichtigt, sondern auch, wie Cockshott und Cottrell gezeigt haben, eine bessere Verteilung der Ressourcen erlaubt, da ihre Informationsflüsse weitaus effizienter sind als die über Angebot und Nachfrage erfolgenden feedbacks in der gegenwärtigen Chrematistik. Veränderungen in den Preis-Kosten- bzw. Werterelationen können bereits mit der aktuellen Informationslogistik auf nationalem Niveau stündlich erfasst und an die Betriebseinheiten weitergegeben werden, so dass die Flexibilität und Reaktionsmöglichkeiten auf wirtschaftliche Parameter-Veränderungen unvergleichlich viel schneller (effizienter) durchgeführt werden können, als es der kontemporäre „Markt" kann.

Andere Einwände wie die Unmöglichkeit, die ungeheuren Datenmengen einer modernen Ökonomie zu erfassen und zu prozessieren, sind ebenfalls obsolet, wie die Kalküle der komplexen Theorie, die Ersetzung der Gaußschen Eliminierungsmethode durch sukzessive Annäherungsverfahren sowie die unaufhörliche Potenzierung der Computerhardware-Kapazitäten gezeigt haben. Cockshott und Cottrell zitieren in diesem Zusammenhang den Theoretiker des „sozialistischen Marktes", Alec Nove, und zeigen, dass bereits 1993 (!) Supercomputer in der Lage waren, eine demokratisch definierte Planungsaufgabe für eine große Volkswirtschaft mit etwa zwölf Millionen Produkttypen innerhalb von zehn Minuten zu lösen.[4]

Kaum zehn Jahre nach dem Erscheinen des Buches beider Autoren zeichnet sich jedoch eine Entwicklung in der Weltgesellschaft ab, die für viele Aufgaben der Äquivalenzökonomie Supercomputer überflüssig macht. Es handelt sich um die Dienstbarmachung einer Art säkularisierten Weltgeistes, die in der Informatik als „internet-based Distributed Computing projects" bekannt ist und die aus der freiwilligen und kostenlosen Zusammenarbeit von Computerbesitzern über das Internet besteht. Diese Art kollektiver, an Lenins Subbotnik-Bewegung[5] und Ches revolutionärer „freiwilliger Arbeit" erinnernde digital vermittelte internationale Solidarität ist dadurch möglich, dass es in der Weltgesellschaft etwa 500

---

4 – W. Paul Cockshott, Allin Cottrell, Towards a New Socialism, Spokesman, Nottingham, England, 1993, S. 57 und 99. In digitaler Form ist das Buch u.a. in www.puk.de/download zu lesen.

5 – Von Lenin 1919/20 ins Leben gerufene Bewegung freiwilliger Zurverfügungstellung von Arbeitskraft und Ressourcen für den Aufbau der sowjetischen Gesellschaft.

Millionen PCs gibt, deren Arbeitskapazitäten völlig unausgelastet sind, da sie nur ab und zu zum Textschreiben oder Internetsurfen benutzt werden, so dass ihre Prozessoren für vielfältige parallele Tätigkeiten verwendet werden können. Die Nutzbarmachung dieses gigantischen Produktionspotentials erfordert dann lediglich, ein Computerprogramm zu schreiben, welches die zu lösende Aufgabe in Tausende oder Hunderttausende kleiner Rechenschritte zerlegt, die auf die unbeschäftigte weltweite private Computerkapazität verteilt werden können.

Das bekannteste Beispiel dieser Art ist das SETI-Projekt der Universität von Kalifornien (Berkeley), welches in der Interpretation von radioteleskopischen Signalen die internationale Computergemeinde zur Mitarbeit eingeladen hatte. Seit Beginn dieses Projektes im Jahre 1999 haben weltweit mehr als fünf Millionen Menschen ihre Beiträge geleistet und insgesamt über zwei Millionen aggregierter Computer-Arbeitszeitjahre(!) beigetragen, freiwillig, kostenlos für das Projekt und unter Einsatz ihrer persönlichen Mittel (Computer, Teleskope usw.). Es handelt sich um das leistungsfähigste Computernetz aller Zeiten. Diese kollektive Gattungsintelligenz könnte von einem neuen historisch möglichen und ethisch überzeugenden politischen Projekt der Mehrheiten ohne Zweifel leicht aktiviert werden, denn es gibt Millionen von sozialen Aktivisten, Mathematikern, Computerfachleuten, Ökonomen usw., welche durch die Mitarbeit an einem derartigen Projekt einen neuen transzendentalen Lebenssinn erfahren würden, den der Kapitalismus ihnen nicht bietet.

Ein anderes Beispiel dieser Nutzbarmachung des Welt-Geistes, die, wie schon gesagt, in der Zerlegung einer Hauptsimulation mittels mathematischer Verfahren in kleinere Einzelberechnungen besteht, ist die Simulation der Faltung des Modell-Proteins BBA5 an der Universität Stanford. Ein Heimcomputer hätte für diese Aufgabe Tausende von Jahren gebraucht, und ein Supercomputer würde etwa 100 Millionen Dollar kosten. Mit der kostenlosen Hilfe von 200.000 Internetbetreibern löste das zehnköpfige Arbeitsteam die Aufgabe in zwei Jahren für rund eine Million Dollar.

Die gleiche Anwendung der brachliegenden Gattungsintelligenz lässt sich für die regionalen Übergangsprojekte zum Sozialismus vorstellen, wie die bolivarianische Integration Lateinamerikas, die Venezuelas Staatspräsident Hugo Chávez vorantreibt. Ein über das Internet organisierter internationaler Wettbewerb zur Lösung der komplizierten Integrationsfragen, beispielsweise, ob eine südamerikanische Zentralbank oder Referenzwährung derzeit möglich und opportun sind, würde ganz sicher innerhalb kürzester Zeit das notwendige Wissen zusammentragen.

Eine gerade entwickelte elektronische Technologie, bekannt als Radio Frequency Identification Technology (RFID), könnte für die demokratisch geplante Äquivalenzökonomie von enormer Bedeutung werden, weil sie die Informationsbasis über die Verhältnisse von Angebot, Nachfrage und Lagerbeständen, also die so genannte Elastizität zwischen diesen Größen, qualitativ verbessern würde. Eines der wesentlichen Probleme der sowjetischen Planwirtschaft lag in der extremen Langsamkeit mit der die Zentralverwaltungswirtschaft auf Parameterveränderungen außerhalb der geplanten Schwankungsbereiche reagieren konnte, wodurch einerseits Zulieferungs- und Versorgungsengpässe auftraten und andererseits Lagerhalden von Überschüssen entstanden. Der improvisierte Ausgleich dieser fehlgeschlagenen Optimierungen realisierte sich dann über den Schwarzmarkt, die Korruption oder die Abschreibung.

RFID funktioniert mittels Scanner und kleiner Antennen an den Produkten, welche diese identifiziert und ihre Bewegungen innerhalb ökonomischer Kreisläufe verfolgen lässt, beispielsweise von der Auslieferung aus der Fabrik über Großhändler bis zum Verkauf im Supermarkt. Seit Januar 2005 wird dieses System bei einigen US-Großfirmen eingeführt, ebenso wie bei deren chinesischen Zulieferern. In einer demokratisch geplanten Wirtschaft wären damit praktisch in Realzeit unmittelbar die Nachfragetendenzen und die zu ihrer Befriedigung notwendigen Produktionsfunktionen und Lagerbestände erfassbar, sodass die aus der realsozialistischen Zentralverwaltungswirtschaft bekannten Engpässe und Fehlplanungen weitgehend ausfallen würden.

Das Postulat, dass die neue Äquivalenzökonomie geplant sein wird, sollte niemanden erstaunen. Es gab in der Geschichte bisher keine nicht-geplante Ökonomie, und es wird auch nie eine geben. Der Mensch hat nicht die Option zwischen Planung oder Nicht-Planung seines materiellen Reproduktionssystems, sondern nur zwischen verschiedenen Planungstypen und unterschiedlich demokratischen menschlichen Planungskollektiven. Dabei gilt, dass Ausmaß und Typus der Planung, einschließlich der zentralen wirtschaftlichen Verrechnungseinheit, die das operative Prinzip des Systems darstellt, eine Funktion der Komplexität der Wirtschaftsbeziehungen ist, insbesondere des Grades der Arbeitsteilung und der internen wie externen Verflechtungen der ökonomischen Einheiten. Zucker und Kakao als wirtschaftliche Verrechnungseinheiten sind eben nur möglich in der Naturalwirtschaft; physische monetäre und später digitale Einheiten sind notwendig für den kontemporären Entwicklungsgrad.

Das gleiche gilt für Regulationsverfahren betriebs- und volkswirtschaftlicher Planung. Im Gegensatz zu Adam Smith's Frühkapitalismus, der auf kleinen Unternehmen beruhte, können heutige gigantische Investitionsprojekte wie Raffinerien, Stahlwerke oder große Infrastrukturprojekte nicht mehr über „trial-and-error-Methoden" entwickelt werden, weil die Technologie es nicht zulässt – man kann nicht eine halbe oder eine viertel Breitbandstraße zur Probe bauen – oder weil die Kapitalverluste bei Fehlschlägen einfach zu hoch wären.[6] Ebenso werden im Großbetrieb die Investitionsentscheidungen nicht mehr persönlich und isoliert getroffen wie im Kleinbetrieb des Familienvaters und Firmeninhabers, sondern müssen kollektive Entscheidungssysteme in Rechnung stellen wie Investmentbanken, Großaktionäre und insbesondere, die Börse. Es ist das Kollektiv der Großinvestoren an der Börse, welche das Wertgesetz, also die Entscheidung darüber, ob die Unternehmensleitung richtig oder falsch investiert hat, post festum brutal zur Geltung bringt, während die „Credit rating"-Institutionen sogar antizipatorisch Einfluss nehmen.

Darüber sind sich auch große Teile der kapitalistischen Elite klar. Auf einem strategischen Geheimtreffen über „Planung ohne Planwirtschaft" im Juni 1963, motiviert durch den Ausbau der Europäischen Wirtschaftsgemeinschaft, an dem die deutsche Wirtschafts- und Staatselite teilnahm, erläuterte der Geschäftsführer der Friedrich-List-Gesellschaft, Professor Edgar Salin, dieses Faktum mit folgenden Worten: „Jeder Plan ist eine Vorwegnahme, ist ein Entwurf für eine Handlung oder eine Ordnung eines Einzelnen, einer Gemeinschaft, einer Stadt, oder eines Staates. Der einzelne Mensch hat ... einen Lebensplan oder einen Reiseplan, die Bahn hat einen Fahrplan, das Theater einen Spielplan; die Städtegründer arbeiten nach einem Stadtplan, die Verkehrsordner nach einem Verkehrsplan, die Militärs nach einem Schlachtplan usw. usf.

---

6 – Karl Schiller, Berliner SPD-Wirtschaftssenator, 1963: „Die Probleme der Rohstoffwirtschaft und der Infrastruktur, besonders also der Verkehrs-, Energie- und Landwirtschaft können mit einer >aktiven Wettbewerbspolitik< allein nicht gelöst werden." Alfred Plitzko, Herausgeber, Planung ohne Planwirtschaft, Kyklos-Verlag Basel, 1964, S. VI.

Es ist also gar nichts Besonderes, wenn es auch einen Wirtschaftsplan geben sollte, sondern es wäre umgekehrt sehr auffällig und der Erklärung bedürftig, wenn es das nicht gäbe. Denn jeder Plan nimmt in Gedanken vorweg, was Wirklichkeit der Zukunft wird oder werden soll."[7]

Im realexistierenden Sozialismus war die Planung Aufgabe einiger tausend Staatsfunktionäre, Parteifunktionäre und wissenschaftlicher Mitarbeiter; im globalen Kapitalismus liegt sie in der Verfügungsgewalt einiger tausend nationaler und transnationaler Kapitalisten und Berufspolitiker. In beiden Fällen gibt es keinen realen demokratischen Einfluss der Bevölkerung auf die ökonomischen Entscheidungen, die ihre materiellen Lebensgrundlagen betreffen, weder von den direkt Arbeitenden noch von den Bürgern im Allgemeinen. Die Investitionspläne der Unternehmen ebenso wie die Staatshaushalte befinden sich außerhalb der Volkssouveränität. Dies ist ein elitärer Anachronismus, der in diametralem Gegensatz zum Mehrheitsbedürfnis nach Arbeit, sozialer Gerechtigkeit und wirklicher Demokratie steht; Anachronismus deshalb, weil die elektronischen Informations- und Kommunikationsnetze bereits heute die Unterwerfung auch der ökomischen Sphäre unter die Entscheidungsmechanismen der direkten Demokratie zulassen. Erst wenn nicht mehr die Bewegung der Warenpreise oder die Instruktionen einer Funktionärsschicht die Verwaltung des gesellschaftlichen Reichtums bestimmt, sondern die „direkte bewusste Kontrolle" (Marx) der unmittelbaren Produzenten, wird die unvermeidliche wirtschaftliche Planung wirklich demokratisch sein.

Arno Peters ist einer derjenigen, der am meisten zu unserem Wissen über die Rückkehr zur äquivalenten, auf der Gebrauchswertlogik basierenden Ökonomie des 21. Jahrhundert beigetragen hat. Einige seiner zentralen Gedanken über diesen Übergang sind folgende: „Die kapitalistischen wie die kommunistischen Länder können [...] die ihnen aufgegebene Rückkehr zur äquivalenten Ökonomie auf höherer Ebene historisch nur verwirklichen durch Verbindung der Arbeitswertlehre mit dem Äquivalenz-Prinzip. Dann entspricht der Lohn der auf-gewendeten Arbeitszeit, unabhängig vom Lebensalter, vom Geschlecht, vom Familienstand, von der Hautfarbe, von der Staatsangehörigkeit, vom Wesen der Arbeit, von der körperlichen Anstrengung, von der Vorbildung, von der

---

7 – ebenda S. 2.

Beanspruchung, von der Fertigkeit, von der Berufserfahrung, von der persönlichen Hingabe an die Arbeit, unabhängig auch von der Schwere der Arbeit und deren gesundheitlichen Gefahren – kurz: Der Lohn entspricht der Arbeitszeit direkt und absolut. Die Preise entsprechen den Werten, und sie enthalten nichts anderes, als den vollen Gegenwert der in den Gütern verkörperten Arbeit. Damit schließt sich der Kreislauf der Wirtschaft in Werten statt in Preisen. Die Ausbeutung von Menschen durch ihre Mitmenschen (= Aneignung fremder Arbeitsergebnisse, die den Wert der eigenen Arbeit übersteigen) ist vorüber, jeder Mensch erhält den vollen, von ihm den Gütern eingefügten oder in Leistungen erbrachten Wert.

Dieser einfache, klar überschaubare Vorgang ist in seiner, die Grundlagen der Wirtschaft verändernden Verwirklichung an einige Voraussetzungen gebunden: In die Arbeitswertlehre müssen alle menschlichen Tätigkeiten einbezogen werden, die über die Selbstversorgung des Einzelnen hinausgehen. Dabei geht es zunächst um die Tätigkeiten, die heute unter der Bezeichnung ‚Dienstleistungen' zusammengefasst werden: so die Arbeiten der Ärzte, Richter, Krankenpfleger, Schreibkräfte, Briefträger, Rechtsanwälte, Lehrer, Werksleiter, Kraftfahrer, Direktoren, Straßenkehrer, Köche, Minister, Friseure, Journalisten, Drucker – kurz: alle Tätigkeiten, deren Ergebnisse nicht unmittelbar in Güter eingehen. Haben wir den Zeitaufwand und damit den Wert jedes erzeugten Gutes produktbezogen ermittelt, können wir ihn mit jeder Dienstleistung über die Errechnung des Zeitaufwandes auf einen gemeinsamen Nenner bringen. Diese Kommensurabilität (Messbarkeit mit gleichem Maß) der Dienstleistungen mit den Arbeiten der Produktion (die nur durch Rückführung beider auf das objektive, absolute Wertmaß gelingen kann, das wir der Arbeitswertlehre entnehmen), bringt die ganze Wirtschaft unter ein einheitliches Prinzip und ihr Kreislauf kann sich auf äquivalenter Grundlage schließen – ein Kreislauf, der immer beim einzelnen Menschen beginnt und zu ihm zurückführt und der im Zeitalter der Global-Ökonomie, die auf der Gleichrangigkeit, Gleichwertigkeit und Gleichberechtigung aller Menschen beruht, in der ganzen Welt jeden einzelnen Menschen unabhängig von der Art seiner Tätigkeit einbezieht.

Auch die heute noch auf persönliche Bereicherung gerichteten Tätigkeiten sind einzuschließen, soweit die Ökonomie noch ihrer bedarf. Der Handel reduziert sich dabei auf die Tätigkeiten der Güterverteilung, des Gütertransports und der Güterlagerung, die als eigene, in der arbeitsteiligen Welt notwendige Arbeiten zu Bestandteilen des Wertes werden. Sie sind abzugelten wie jede andere Arbeit, also nach der Arbeitszeit. Ähnliches gilt für Inhaber von Unternehmungen, die nicht dem Handel, sondern der Produktion zugehören. Nach Fortfall ihres Profits muss ihre Unternehmertätigkeit, die wie jede andere Arbeit anteilig in den Wert der Güter eingeht, äquivalent abgegolten werden, solange die Wirtschaft hierarchisch aufgebaut und also militärisch organisiert bleibt und ihrer Tätigkeit bedarf, was heute noch in fast allen Ländern der Fall ist.

Schwieriger ist die Frage der vergegenständlichten oder akkumulierten Arbeit zu regeln. Bei Vergesellschaftung der Produktionsmittel würde dieser, in jedes neue Gut einfließende Wertteil, der im Staat verkörperten Gemeinschaft zufließen, der auch die Erneuerung und Modernisierung der Produktionsmittel obliegt. Beim Festhalten am Privatbesitz an den Produktionsmitteln könnte der aus vergegenständlichter Arbeit in die Güter einfließende Wertanteil Bestandteil des Unternehmereinkommens bleiben. Verbunden mit einer Verpflichtung zu seiner vollen Reinvestition, könnten hier Strukturelemente aus der nicht-äquivalenten Ökonomie beim Übergang in die äquivalente Ökonomie bewahrt werden. Der Boden und die Bodenschätze würden Gemeineigentum, wie sie es während des größten Teils der Epoche der äquivalenten Lokal-Ökonomie gewesen sind. Aber nicht wie damals für jedermann unbeschränkt verfügbar, wie Luft und Wasser, sondern als vom Staate verfügtes kostbares Gut, dessen Erhaltung und Nutzung für die Menschheit insgesamt Vorrang haben muss vor privaten Ansprüchen.

Um das Recht auf Wohnung und Nahrung für alle Menschen sichern zu können, muss die im Staat organisierte Gemeinschaft Bodennutzung und Gebäudenutzung nach allgemeinen Bedürfnissen ordnen … Die Gleichsetzung von Arbeiten in der Gütererzeugung mit Dienstleistungen legt den Gebrauch der selben Bezeichnung für diese beiden Tätigkeiten nahe, wofür sich das Wort ‚Leistung' anbietet. So reduziert sich der ganze Wirtschaftsvorgang auf individuelle Leistungen zum Zwecke bestmöglicher allgemeiner Bedürfnisbefriedigung. Das Äquivalenz-Prinzip ist durch die Entsprechung von Leistung und Gegenleistung auf allen Ebenen verwirklicht.

Der Übergang in die äquivalente Ökonomie wird erleichtert, gefördert durch die schnelle Computerisierung von Wirtschaft, Verwaltung und privater Lebensentfaltung. Denn das Ineinandergreifen von Produktion, Verteilung, Konsum und Dienstleistungen kann vom Computer gesichert werden: Die weltweite Ermittlung des Bedarfs (einschließlich der Rangordnung dieser Bedürfnisse), die Lenkung der Produktion (einschließlich der Errichtung neuer Produktionsstätten) und die Verteilung von Gütern und Dienstleistungen wäre vom Computer bereits heute zu bewältigen. ‚Computer-Sozialismus' nannte der Erfinder des Computers, Professor Konrad Zuse, diese Wirtschaftsordnung, wenn sie das Äquivalenz-Prinzip mit der Arbeitswertlehre verbindet.

Die Akkumulation des Reichtums und die Akkumulation der Armut sind auch in ihrer Polarisierung Prozesse, die einander bedingen und deshalb nur insgesamt überwunden werden können. Wenn weltweit alle Waren auf Grund der in ihnen enthaltenen Arbeitszeit ausgetauscht werden (womit dann für eine Lokomotive vielleicht nur noch 7.300 Sack Kaffee zu zahlen wären, nämlich so viele, wie die Arbeiter in Brasilien in der gleichen Zeit ernten, die zum Bau ihrer Lokomotive gebraucht werden [kumulierte Arbeitszeit inklusive Schulung und Ausbildung von Facharbeitern, Ingenieuren, Rohstoffgewinnung und -verarbeitung]), würde diese neue Preisrelation Naturprodukt/Industrieprodukt die notwendige wirtschaftliche Gleichberechtigung der Völker untereinander herbeiführen. Die Übersättigung in den Industriestaaten würde ebenso aufhören wie der Hunger in den Entwicklungsländern.

Diese Anhebung des Lebensstandards der armen Völker der Welt zu Lasten der reichen Völker Europas, Nordamerikas und Japans, ihre gleichberechtigte Teilhabe an den Früchten der modernen Technik, wie sie mit der weltweiten Verwirklichung des Äquivalenz-Prinzips verbunden wäre, folgt notwendig aus der Anerkennung des im Zeitalter der Global-Ökonomie selbstverständlichen Prinzips der Gleichrangigkeit aller Völker. Weil die jahrhundertlange koloniale Ausbeutung von neun Zehnteln der Erde durch unseren Kontinent aber die wirtschaftliche Grundlage der europäisch-nordamerikanischen Industrialisierung gewesen ist, legt sich der Gedanke nahe, beim äquivalenten Güteraustausch im Zeitalter der Global-Ökonomie den Wertteil der vergegenständlichten Arbeit für eine Übergangszeit nicht anzusetzen, sondern ihn wie Boden, Bodenschätze und Naturgüter als Gemeingut der Menschheit ohne Wertansatz einzubringen. Darin würde eine historische Wiedergutmachung für die Ausbeutung der außereuropäischen Völker durch ihre europäischen ‚Herren'-Völker liegen. Denn nicht zufällig ist die moderne Industrie von jenem Großbritannien ausgegangen, das seinen Reichtum durch den Verkauf von Millionen afrikanischer Sklaven nach Nordamerika begründete und später ein Viertel der Erde als sein Kolonialgebiet ausbeutete. So sind historisch die europäischen Industriestaaten nur Treuhänder der von allen Völkern der Erde unter unendlichen Opfern erkauften Industrialisierung, und sie betrügen durch den nicht-äquivalenten Austausch die außereuropäischen Völker täglich um den ihnen geschichtlich zustehenden Anteil an dem hieraus jetzt erwachsenden Reichtum.

Und dies müssten wir bedenken: Die nicht-industrialisierten Länder der Erde sind nicht unterentwickelt – sie haben sich nur anders entwickelt als die Industriestaaten. Dadurch sind sie heute technisch weniger leistungsfähig. […] Die heute in allen Ländern der Welt mit allen Mitteln angestrebte Industrialisierung, die den Industrienationen auf lange Sicht mit dem Weltmarkt die Existenzgrundlage nimmt und die nach ökologischen Gesichtspunkten unvertretbar ist, würde in vielen Ländern überflüssig, wenn deren Existenz auch ohne ihre im Weltmaßstab verzichtbare Industrialisierung gesichert wäre. Eine natürliche Arbeitsteilung zwischen nicht mehr miteinander konkurrierenden Staaten wäre so erreichbar. Dadurch könnten auch die in unserem Jahrhundert mit zunehmender Heftigkeit sich Bahn brechenden Revolutionen gegenstandslos werden. Denn jede Revolution zielt auf die soziale Besserstellung der Armen, also grundsätzlich auf das Äquivalenz-Prinzip. Erreicht sie nur die Ersetzung einer nicht-äquivalenten Ökonomie durch eine andere, ist sie gescheitert. In diesem Sinne sind bis in unsere Epoche hinein alle Revolutionen gescheitert.

Seit 1917 gab es nun eine Folge von Revolutionen, die sich grundsätzlich von allen bisherigen Revolutionen unterschieden: Sie waren erfolgreich, denn sie erreichten eine Annäherung an die Äquivalenz. Die kommunistischen Länder hätten aber nicht bei der Abschaffung des Privateigentums an den Produktionsmitteln stehen bleiben dürfen. Sie mussten den Warenaustausch zum echten Warenwert (= die Summe aller darin enthaltenen Arbeitszeit) verwirklichen, und sie mussten die Entlohnung allein nach der Summe der individuell aufgewendeten Arbeitszeit vornehmen; ihre Wirtschaft musste also äquivalent werden. Aber das konnte kein Land erreichen, wenn nicht der Rest der Welt folgte, denn das Äquivalenz-Prinzip ist auf Dauer nur global zu verwirklichen.

Im Zeitalter der Global-Ökonomie ermöglicht das Äquivalenz-Prinzip dem Menschen, auch sein Verhältnis zur Natur nicht mehr auf Herrschaft und Ausbeutung zu gründen. [...] Unsere nicht-äquivalente Ökonomie verbraucht in ihrer maßlosen, allein auf Gewinn gerichteten Marktwirtschaft heute bereits doppelt so viele Ressourcen, wie die Natur erneuern kann. Dieser Raubbau an den kommenden Generationen kann in absehbarer Zeit zum Aussterben der Art Mensch führen [...].

So wird auch die Entwicklung und Anwendung des objektiven, absoluten Wertmaßes voraussichtlich nicht sogleich das Zeitalter der äquivalenten Ökonomie herbeiführen. Aber es kann eine Annäherung der Preise und Löhne an die Werte fördern und damit eine allmähliche Veränderung der Wirtschaft im Sinne der Äquivalenz bewirken. Bedenkt man, dass der weltweite Übergang von der äquivalenten Ökonomie zur nicht-äquivalenten Ökonomie ein über Jahrtausende sich erstreckender Prozess gewesen ist, so wird man auch der kleinsten Veränderung in Richtung auf die äquivalente Ökonomie historische Bedeutung beimessen müssen."[8]

In einer Reihe von Interviews erklärte Peters zusätzliche Aspekte des neuen Wirtschaftssystems:

F: Sie schreiben in Ihrem Buch, *Das Äquivalenzprinzip als Grundlage der Globalökonomie*, dass die weltweite Ermittlung des Bedarfs, die Lenkung der Produktion und die Verteilung von Gütern/Dienstleistungen vom Computer zu bewältigen wären. Wie würde diese Planung konkret aussehen? Eine weltweite Organisation im Stil der UNO oder der FAO?

A: Die Ermittlung des Bedarfs ist abhängig vom Entwicklungsstand der Computer-Technik und deren allgemeiner Verfügbarkeit. Sie wird deshalb regional unterschiedlich sein, wobei die schnellstmögliche Erfassung des individuellen Bedarfs das Ziel ist. Jede einzelne Region hat eine eigene Erfassungsstelle und prüft zunächst die Möglichkeit zur Befriedigung des Bedarfs aus eigener Produktion/Dienstleistung. Ist das nicht möglich, wird überregionale Produktion/Dienstleistung in Anspruch genommen. Für Bedarfsermittlung, Produktion/Dienstleistung, Verteilung wird es kleinste regionale Plan-Institutionen geben (vergleichbar Kommunen), darüber größere Regionen (vergleichbar Bezirken), noch

---

8 – Arno Peters, Das Äquivalenz-Prinzip als Grundlage der Global-Ökonomie, Akademische Verlagsanstalt, Vaduz, 1996, S. 91.

größere Regionen (vergleichbar Staaten) und größte Regionen (Staatenbünden oder kontinentalen Zusammenschlüssen vergleichbar). Über diesem Schachtelsystem steht die zentrale Plan-Institution, die alle Regionen der Erde einschließt.

F: Das gegenwärtige Brutto-Welt-Produkt hat einen Wert von etwa 30 Billionen US-Dollar; geteilt durch die Weltbevölkerung von circa sechs Milliarden Menschen läge das statistische Pro-Kopf-Einkommen bei etwa 500 Dollar. Würde Ihr Entlohnungsvorschlag zu einer ähnlichen Verteilung führen?

A: Nein. Das Brutto-Sozialprodukt ist die Summe der Preise aller erzeugten Güter und erbrachten Dienstleistungen. Die äquivalente Ökonomie geht nicht von den Preisen der Güter und Dienstleistungen aus, sondern von ihren Werten. Der Gesamtwert aller Produkte und Dienstleistungen fällt in der äquivalenten Ökonomie auch nicht allen Erdbewohnern zu gleichen Teilen zu. Vielmehr erhält jeder einen so großen Anteil am Gesamtwert, wie er selbst eingebracht hat.

F: Wenn die materiellen Einkommensstimuli wegfallen, würde das nicht unabdingbar zu einem Produktivitätsrückgang führen?

A: Nein. Auch die äquivalente Ökonomie gibt von der Einkommensseite her echten Tätigkeits-Anreiz, denn jeder erhöht sein Anrecht auf Güter und Dienstleistungen durch seine eigene Tätigkeit (Produktion/Dienstleistung). Und da er es nur auf diese Weise erhöhen kann, ist der materielle Arbeitsanreiz größer als in der nicht-äquivalenten Ökonomie (Marktwirtschaft), in der das Anrecht auf Güter und Dienstleistungen nicht an eine eigene Tätigkeit (Gütererzeugung oder Dienstleistung) gebunden ist.

F: Die maximale Quantität von Gütern und Dienstleistungen, die durch 40 Stunden Arbeit gewährleistet ist, kann nicht überschritten werden?

A: Das individuelle Anrecht auf Güter und Dienstleistungen entspricht der erbrachten Arbeitszeit und kann deshalb zwischen einer Minute und 24 Stunden an einem Tag, schwanken. Die Sicherung des Existenzminimums ist eine davon abhängige Frage, die im Rahmen der jeweils weltweit verfügbaren Güter- und Dienstleistungsmenge zu beantworten ist.

F: Welche sozialen Schichten und Institutionen in der BRD würden das Äquivalenzprinzip, das wohl notwendig eine Verschlechterung ihrer Einkommenssituation mit sich bringen würde, akzeptieren? Industriearbeiter, Angestellte, Mittelschichten, Unternehmer, Kirchen, Gewerkschaften, Parteien?

A: In den reichen Ländern würde die plötzliche Einführung des Äquivalenzprinzips voraussichtlich zu einer vorübergehenden Verschlechterung des heutigen materiellen Lebensstandards führen. Aber eine wachsende Anzahl von Menschen ist auch in unseren Ländern davon überzeugt, dass wir über unsere Verhältnisse leben. Mit der Verbreitung dieses Bewusstseins ist bei vielen Menschen die Bereitschaft verbunden, einer allmählichen Annäherung des Lebensstandards weltweit zuzustimmen. Erhöht wird diese Bereitschaft durch die wachsende Gewissheit, dass die einzige Alternative zu dieser freiwilligen Annäherung in der gewaltsamen Einführung des Äquivalenzprinzips durch die jetzt Not leidenden drei Viertel der Menschheit besteht. Die allmähliche Überleitung zum Äquivalenzprinzip birgt durch die mit ihr verbundene weltweit schnelle Steigerung der Produktivität und Leistungskraft in sich die Möglichkeit einer Kompensation oder Überkompensation dieser Verschlechterung des allgemeinen Lebensstandards in den reichen Ländern.

F: Ist für die Verwirklichung Ihres Vorschlags der „neue Mensch" notwendig, etwa im Sinne Che Guevaras?

A: Das Äquivalenzprinzip setzt keinen neuen Menschentyp voraus. Das Aufhören von Selbstsucht, Habsucht und Ausbeutung, wie es mit dem Äquivalenzprinzip verbunden ist, führt aber zu so tiefgreifenden Veränderungen des Denkens und Verhaltens, dass man nach seiner allgemeinen Einführung von einem neuen Menschen wird sprechen können.

F: Wären mit Ihrem Vorschlag die Warenbeziehungen aufgehoben? Oder wäre das Produkt nach wie vor Ware?

A: ‚Waren' sind Güter, die zum Verkauf bestimmt sind, also mit der Entstehung des Handels in die Welt kamen und mit dessen Ende (gleich Ende der Marktwirtschaft) verschwinden. Dann (in der äquivalenten Ökonomie) werden Güter nur noch zur Bedarfsdeckung produziert, und sie werden entweder vom Produzenten konsumiert oder wertgleich getauscht (gleich Grundlage der Verteilung in der äquivalenten Ökonomie).

F: Warum wird Bildung den nicht-werteschaffenden Tätigkeiten zugeordnet?

A: Bildung ist zunächst die harmonische Entwicklung aller Kräfte des Geistes und des Gemüts im Sinne einer Annäherung an das Ideal der Menschlichkeit. Zu der ihr zuzuordnenden Ausbildung besonderer geistiger und körperlicher Anlagen gehören die Tätigkeiten des Lernens und des Lehrens. Das Lernen ist in der arbeitsteiligen Welt Voraussetzung Werte schaffender Tätigkeit, kann also nicht selbst schon den Werte schaffenden Tätigkeiten zugeordnet werden. Das Lehren ist auf allen Ebenen selbst Werte schaffende Arbeit, die zu den neben der Produktion stehenden Dienstleistungen gehört.

F: Was ist Werte schaffende Tätigkeit?
A: Werte schaffend ist jede Tätigkeit, die eigene oder fremde Lebensbedürfnisse erfüllt, sie schließt also neben der Gütererzeugung die heute als Dienstleistungen bezeichneten Tätigkeiten ein.

F: Es hat den Anschein, dass für die Verwirklichung des Äquivalenzprinzips die Eigentumsform der Produktionsmittel keine große Bedeutung hat. Ist das richtig?
A: Das trifft zu. In dem Maße, wie die äquivalente Ökonomie die Marktwirtschaft überwindet, verliert mit dem Fortfall des Profits das Privateigentum an Produktionsmitteln seine Grundlage, es hebt sich selbst auf.

F: Wenn der Wert des Produktes in Arbeitszeitquantitäten ausgedrückt werden kann, was hat es für einen Vorteil, ihn monetär auszudrücken?
A: Wie der Wert der Güter und Leistungen in der äquivalenten Ökonomie ausgedrückt wird, ist grundsätzlich gleichgültig, kann also von den jeweiligen praktischen Gegebenheiten bestimmt werden. Entscheidend ist, dass sich im Wert aller Güter und Leistungen allein die Summe erbrachter Arbeit ausdrückt.

F: Würde der Lohn mit einer Art Kreditkarte bezahlt werden, auf der jeweils die Werte, die der Arbeiter kauft, abgebucht werden?
A: Ob Löhne und Preise in Form von geprägtem Metall, bedrucktem Papier oder digitalisierter Buchungsvorgänge abgegolten werden, ist in der äquivalenten Ökonomie grundsätzlich gleichgültig, wird also vom jeweiligen Stand der Technik bestimmt sein.
F: Welche Rolle spielt der Markt?
A: In der äquivalenten Ökonomie gibt es keinen Markt mehr:

a) weil der Preis sich nicht aus Angebot und Nachfrage ergibt, sondern dem Wert der erzeugten Güter wie des Lohnes entspricht;

b) weil Lagerung, Transport und Verteilung der erzeugten Güter zur Dienstleistung wird, deren Wert – wie der Wert aller anderen Leistungen – der aufgewandten Arbeitszeit entspricht und damit in den Wert der verteilten Güter eingeht.

F: Ist Ihr Vorschlag die Fortsetzung des Marx/Engels-Projektes?

A: Gedanken von Marx und Engels sind in die äquivalente Ökonomie mit eingegangen wie Gedanken anderer Philosophen, Historiker, Ökonomen und Soziologen der letzten fünf Jahrtausende.[9]

Eine sozialistische Ökonomie muss drei zum Teil im Widerspruch zueinander stehenden Imperativen genügen: Sie muss sozial gerecht, demokratisch und effizient sein. Historisch wurden zwei in der Praxis häufig kombinierte Methoden versucht, um wirtschaftliche Gerechtigkeit zu erlangen: die Umverteilung des gesellschaftlich geschaffenen Reichtums über den Staat und die Verstaatlichung der Produktionsmittel. Ersterer ist der teils reale, teils demagogische Weg der Sozialdemokratie, des keynesianischen Wohlfahrtsstaates und der Sozialenzykliken des Vatikans; letzterer ist der Versuch des historischen Sozialismus, in der Nachfolge Lenins, gewesen.

Die demokratisch geplante Äquivalenzökonomie repräsentiert eine dritte, qualitativ neue Strategie, in der soziale und ökonomische Gerechtigkeit nicht mehr primär über die Intervention des Staates geschaffen wird, sondern durch die Institutionalität des Wirtschaftssystems selbst. Es handelt sich um eine dem Wirtschaftssystem immanente gesellschaftliche Lösung des Problems, nicht um eine extern staatliche.

Vorbedingung für die Realisierung dieser neuen Strategie, die auf der ausschließlichen Wertbestimmung und dem Austausch real verausgabter Arbeitsleistungen beruht, ist die Kenntnis des objektiven Wertes von Produkten und Dienstleistungen. Daher können Systeme des Naturaltausches, also des nicht monetär vermittelten Tausches, wie sie in existenzbedrohenden Wirtschaftssituationen häufig sind[10], zwei Grundprobleme der chrematistischen Marktökonomie nicht lösen, die eng miteinander zusammenhängen:

---

9 – Arno Peters, persönliches Interview, 2000.

a) die Unkenntnis des genauen Wertvolumens der Produkte oder Dienstleistungen, die getauscht werden, verhindert a priori, dass der Tausch gerecht sein kann, und

b) die Festlegung der „Werte" (in der Chrematistik der Preise) erfolgt durch das Machtdifferential zwischen den beteiligten Wirtschaftssubjekten: der Mächtigere bestimmt die Preis-Austausch-Relation.

Eine ähnliche Problematik gilt ebenfalls für das kooperative Produktionseigentum, welches den Zwängen der Kapitalverwertung nicht entfliehen kann und daher nur zwei Möglichkeiten hat zu überleben: mit der gleichen Effizienz zu produzieren wie das Privatkapital oder staatlichen Schutz zu erlangen. Weder Naturaltausch noch Kooperativismus können das grundsätzliche Problem der Chrematistik lösen, wenn auch die Aktivität in einer Kooperative einen Erfahrungs- und Lernprozess beinhalten kann, der für eine nachkapitalistische Ökonomie möglicherweise von Vorteil ist.

Die bürgerlichen Ökonomen behaupten, dass es keinen derartigen objektiven Wert (Preis) gibt, da die Preise dem Verhältnis von Angebot und Nachfrage entsprechen sowie den persönlichen Präferenzen (Paretos Indifferenzkurven) von Käufern und Verkäufern. Da der Tausch freiwillig erfolgt, findet er nur deshalb statt, weil beide Subjekte sich vom erworbenen Gut einen höheren Nutzen versprechen als vom gegebenen. Der Tausch über Preise ist daher demokratisch und gerecht, Ausbeutung findet nicht statt.

Wäre diese These der Inexistenz objektiver Werte richtig, dann könnte es natürlich auch keinen Austausch objektiv gleicher Werte geben, wodurch das Ideal der Äquivalentenökonomie zur Schimäre würde. Damit bliebe in der Warenökonomie als einzig immanenter, d.h. nichtstaatlicher Mechanismus wirtschaftlicher Ressourcenzuordnung und möglicher sozialer Gerechtigkeit nur der frei vereinbarte Preis der Waren, einschließlich des Preises der Ware Arbeitskraft, womit wir wieder bei Ludwig von Mises' Ausgangspunkt der zwanziger Jahre wären.

Dieses, in vielfacher Hinsicht mystifizierende Argument scheint, wie bereits erwähnt, durch die Arbeiten von Cockshott/Cottrell in Großbritannien und Carsten Stahmer in der Bundesrepublik empirisch widerlegt zu sein. Die britischen Autoren haben nicht nur exemplarisch die Wertkalkulation für indirekte Arbeit (Vor-

---

10 – In der vom Neoliberalismus Menems heraufbeschworenen Wirtschaftskrise der neunziger Jahre in Argentinien erreichte der jährliche Naturalhandel bis zu 500 Millionen Dollar.

leistungen) und individuelle Produkte durchgeführt, sondern ebenfalls die Durchschnitts-Wertbestimmung für eine Stunde Arbeitszeit in Großbritannien im Jahre 1987. Als Ausgangspunkt des Kalküls galt das Bruttosozialprodukt zu Marktpreisen, welches 420 Mrd. Pfund Sterling betraf. Davon sind 48 Mrd. Pfund Sterling als Ersatzinvestitionen abzuziehen, woraus ein Nettosozialprodukt (NSP) von 372 Mrd. Pfund resultiert. Bei einer Beschäftigtenzahl von 25,7 Millionen Menschen ergibt sich ein NSP per Capita von 14.474 Pfund. Setzt man eine wöchentliche Arbeitszeit von vierzig Stunden und 48 Arbeitswochen pro Jahr an, so beträgt die durchschnittliche jährliche Arbeitszeit pro Beschäftigtem 1.920 Stunden und die durchschnittliche stündliche Wertschöpfung 7,54. Wären Preis und Wert gleich, wie es in der Äquivalenzökonomie der Fall ist, hätte der Beschäftigte sich mit einer Stunde Arbeit einen Anteil am wertmäßig ausgedrückten NSP, von 7,54 Einheiten „Wertgeld" (Pfund Sterling) erarbeitet, die er gegen entsprechende Güter und Dienstleistungsmengen eintauschen könnte.[11]

Auch in der Bundesrepublik ist die Diskussion über die Möglichkeit wirtschaftlicher Regulation mittels einer objektiven nicht marktpreisinduzierten Verrechnungseinheit – also die Diskussion über Markt und Plan, Preis und Wert, zentrale Rahmen- oder Detailplanung usw. – nicht stehen geblieben. Insbesondere durch die demokratisierende Bewegung der sechziger Jahre wurden neue Impulse gegeben, die die politische Ökonomie der Klassiker erneut zum gesellschaftlichen Diskussionsgegenstand machte. Aus dieser Dynamik entwickelten sich in den siebziger und achtziger Jahren die ersten empirischen Berechnungen von Arbeitswerten für die Bundesrepublik im Rahmen eines Input-Output-Modells; Arbeiten über den Zusammenhang von Volkswirtschaftlichen Gesamtrechnungen und Wertlehre wurden realisiert und Mitarbeitern des Instituts für Arbeitsmarkt- und Berufsforschung der Bundesanstalt für Arbeit gelang es, das Arbeitsvolumen, also die Gesamtzahl der geleisteten Arbeitsstunden der Erwerbstätigen, für die gesamte Volkswirtschaft wie für einzelne Produktionsbereiche zu ermitteln. Damit war der Weg frei, Leontieffs Input-Output-Tabellen mit der Arbeitsvolumenrechnung zu verknüpfen. Angeregt durch Arno Peters Vorschläge über die Aufwertung des Faktors Arbeit und der weniger arbeitsproduktiven Produktion in den Ländern der Dritten Welt, mittels des Äquivalenzprinzips,

---

11 – Cockshott/Cottrell, op.cit., S. 302.

hat der deutsche Mathematiker Carsten Stahmer dann Ende der neunziger Jahre eine Berechnung von 58 Produktionsbereichen der bundesdeutschen Wirtschaft für das Jahr 1990 in Arbeitswerten durchgeführt, auf der Grundlage monetärer Input-Output-Tabellen des Statistischen Bundesamtes. Die Untersuchung Stahmers vollführte sich über folgende Teilschritte: Zunächst wurde das Ausgangsmodell der monetären Input-Output-Tabellen (IOT) dargestellt und die Preisbildung beschrieben; dann die modellmäßige Ermittlung der Arbeitswerte „für inländische und importierte Güter sowie für Abschreibungen" verdeutlicht; die Erweiterung der monetären IOT über die Erweiterung des Produktionskonzepts dergestalt, das es erlaubt, private Aktivitäten wie hauswirtschaftliche Tätigkeiten einzubeziehen, war der folgende Schritt, der schließlich zu geschätzten Arbeitswerten für Privataktivitäten führte.

In späteren Beiträgen gelang dem Autor auch, die objektive Bewertung von Arbeit über Zeitinputs im Dienstleistungsbereich, z.B. im Erziehungssektor und der Formierung von „Human-Kapital", sowie in umweltökonomischen Kalkulationen durchzuführen.[12]

Somit verfügen wir bereits über kommensurable (vergleichbare) Messskalen für die monetäre Messung von Produkten und Dienstleistungen über den Preis, über den Wert (Zeitinputs) und über physische Volumen (Tonnen, Hektoliter, Megawatts, Megabits, usw.) sowie über Quantifizierungsverfahren für die beiden entscheidenden Arbeitsinputs des Werts, die direkte und die indirekte Arbeit.

Dieser Erfolg ist ein entscheidender Schritt hin zur Konstruktion einer einheitlichen operativen Basis der Ökonomie und von besonderer Wichtigkeit für die theoretische Weiterentwicklung der neuen Äquivalenzökonomie, die unzweifelhaft das komplizierteste Subsystem der postkapitalistischen Gesellschaftsformation darstellt.

3.2 Direkte Demokratie

Die großen Beiträge zur Philosophie und zur Wissenschaft der formalen oder repräsentativen (bürgerlichen) Demokratie stammen

---

12 – Vergleiche die entsprechenden Arbeiten von Carsten Stahmer im Internet, insbesondere, *Das magische Dreieck*, unter www.puk.de/download

aus dem 17. und 18. Jahrhundert und sind mit den Namen Thomas Hobbes, John Locke, Jean-Jacques Rousseau, Montesquieu und Thomas Jefferson, unter anderen, verknüpft. In den zwei darauf folgenden Jahrhunderten (19. und 20.) gab es keine vergleichbaren Beiträge mehr. Die Ursache für diese Stagnation findet sich in den der bürgerlichen Gesellschaft zugrunde liegenden kapitalistischen Ausbeutungsbeziehungen, die nicht nur einen qualitativen Sprung der formalen Demokratie hin zur partizipativen Demokratie unmöglich machen, sondern ebenfalls seine Evolution. Die seit dem Zweiten Kapitalistischen Weltkrieg dominierende Entwicklungslinie dieser Form politischer Herrschaft ist die Involution, d.h. die Rückentwicklung zu weniger Demokratie und faschistisch-imperialistischer Mentalität und Herrschaftstechniken.

Tony Blairs außenpolitischer Berater, Robert Cooper, spricht die neue politische Linie der atlantischen Bourgeoisie, die der britische Premier und George Bush weltweit praktizieren, offen aus. In einem Artikel über die „Neuordnung der Welt", geschrieben im Jahre 2002, erklärt er, weshalb die globale Gesellschaft weiterhin der Imperien bedarf, also der Großmachtblöcke des atlantischen Kapitals (EU und USA). Die Welt ist verteilt zwischen prämodernen Staaten wie Somalia, postmodernen Staaten wie den USA und der Europäischen Union und modernen Staaten wie China. Prämoderne und moderne Staaten sind, wie wäre es anders zu erwarten, Bedrohungen für unsere Sicherheit. Um diese Bedrohungen zu entschärfen, muss die postmoderne Welt sich daran gewöhnen, mit „doppelten Standards" zu handeln. „Unter uns operieren wir auf Basis von Gesetzen und offener kooperativer Sicherheit. Aber, wenn wir es mit den altmodischen Staaten außerhalb des postmodernen europäischen Kontinents zu tun haben, dann müssen wir die raueren Methoden aus früheren Zeiten wieder einführen – Gewalt, Überraschungsangriff, Täuschung, alles, was nötig ist gegenüber jenen, die noch in der egoistischen Staatswelt des 19. Jahrhunderts leben ... Wenn wir unter uns sind, befolgen wir die Gesetze. Wenn wir jedoch im Dschungel operieren, müssen wir auch die Gesetze des Dschungels benutzen."

Die Europäische Union, die ein „kooperatives Imperium" darstellt (cooperative empire) braucht eine „neue Art Imperialismus, der mit Menschenrechten und kosmopolitischen Werten vereinbar ist". Diejenigen, die zur Räson gebracht werden müssen, werden behandelt wie im Imperium Romanum: „Wie Rom würde dieses

Commonwealth seinen Staatsbürgern einige Gesetze geben, einige Münzen und einige Straßen."[13]

Dieser Diskurs ist inzwischen zum allgemeinen Diskurs der EU geworden, etwa in der Diktion von Michèle Alliot-Marie, der französischen Verteidigungsministerin und zusammen mit der norwegischen Verteidigungsministerin Kristin Krohn Devold eine der lautesten Stimmen in der europäischen Rüstungs- und Militarismuslobby, die sagt, dass, „wenn wir wollen, dass Europa seine Werte der Menschlichkeit und Demokratie in die Welt trägt, wir nicht nur reden, sondern auch handeln müssen, wenn nötig mit Waffen"[14].

Angesichts dieser Regressionstendenz, die die Bourgeoisie auf beiden Seiten des Atlantiks trotz einiger taktischer Differenzen im Wesentlichen teilt, stellt die direkte oder partizipative Demokratie als eine neue Qualität des friedlichen Zusammenlebens zwischen den Staatsbürgern die einzige reale Alternative zum System dar. Als solche sollte sie unter vier Gesichtspunkten reflektiert werden: a) der strukturellen Unmöglichkeit einer realen Einflussnahme des Bürgers auf die bedeutenden Entscheidungen der parlamentarischen Demokratie; b) der vielfältigen und von der Menschheit in ihrer gesamten Geschichte praktizierten Inhalte und Mechanismen direkter teilhabender Demokratie; c) der fehlenden Entwicklung einer formalen und partizipativen Demokratie im realexistierenden Sozialismus und ihren Konsequenzen; d) des möglichen Beitrags der fortgeschrittenen Wissenschaften zur Entwicklung einer besseren demokratischen Wirklichkeit.

Von einem historisch-evolutionären Standpunkt aus gesehen kann die Systemeigenschaft „Demokratie" als ein Anpassungsmechanismus an die permanenten Veränderungsprozesse, die innerhalb und außerhalb *Dynamisch Komplexer Menschlicher Systeme*

---

13 – „The postmodern world has to start to get used to double standards. Among ourselves, we operate on the basis of laws and open cooperative security. But, when dealing with old-fashioned states outside the postmodern continent of Europe, we need to revert to the rougher methods of an earlier era - force, pre-emptive attack, deception, whatever is necessary to deal with those who still live in the nineteenth century world of every state for itself... Like Rome, this commonwealth would provide its citizens with some of its laws, some coins and the occasional road." Robert Cooper, *The Foreign Policy Center*, www.fpc.org.uk.
Es handelt sich um die gleiche Mentalität wie bei den Nazi-Eroberern. Vgl. mein Essay Ironien der Weltgeschichte. Strukturparallelen zwischen Nazi-Lebensraum und Erster-Dritter Welt heute", in, *Das Fünfhundertjährige Reich*, Verlag Medico International, Frankfurt, 1990.
14 – *International Herald Tribune*, 9.6. 2005.

(DKMS) stattfinden, verstanden werden. In dem Maße, in dem das soziale System seinem evolutionären Weg von der Einfachheit zur Komplexität folgt, entwickelt sich entsprechend seine Eigenschaft „Demokratie", d.h., seine kybernetischen Kompetenzen. Den natürlich vorhandenen physikalischen kybernetischen Systemen tritt damit im Lauf der gattungsgeschichtlichen Entwicklung eine Dimension menschlich geschaffener technologischer kybernetischer Systeme zur Seite, die Resultat des kognitiven kybernetischen Systems „Gehirn" ist, sowie andere gesellschaftliche und politische kybernetische Systeme, wie eben die Demokratie. Es handelt sich dabei natürlich nicht um einen teleologischen Prozess, sondern eine Eigenschaft bestimmter Prozesse der Selbstorganisation der Materie, die, wie in der biologischen Evolution, die Entwicklung zu wachsender Komplexität nur bei Ausbildung bestimmter Systemeigenschaften erfolgreich durchführen können. In diesem Sinne sind das Auftauchen von europäischen Nationalstaaten (absolutistischen Monarchien) im 15. Jahrhundert oder das der modernen Demokratie seit dem 18. Jahrhundert keine zufälligen Phänomene; sie entwickelten sich vielmehr als Antwort auf die Notwendigkeiten bestimmter Entwicklungsprozesse der internen Systemkomponenten (Produktivkraftentwicklung, wachsende Bevölkerungsdichte, Verstädterung, neue soziale Klassen und Klassenwidersprüche, Kommunikationsmittel usw.) und ihrer Wechselwirkung mit der natürlichen und sozialen Umwelt.

Die Demokratie erscheint daher nicht nur als etwas Positives und primitiveren soziopolitischen Organisationsformen ethisch Höherwertiges, sondern vielmehr als notwendige Konsequenz [aus] der historischen Evolution menschlicher Gesellschaft und als funktional überlegene Systemeigenschaft in seiner Anpassungsfähigkeit an den unaufhörlichen internen Wandel des Systems sowie seiner Umgebung von globaler Gesellschaft und Natur. Solch ein tendenzielles Zusammenfallen von ethischem und praktisch-funktionalem Adaptationsverhalten der zeitgenössischen soziopolitischen Systeme bestätigt, dass der politische Kampf des 21. Jahrhunderts nur unter den Bannern der wirklichen Demokratie und sozialen Gerechtigkeit geführt werden kann. Und es verdeutlicht, dass die Entwicklungshemmung der sozialistischen Staaten, die aus der tragischen Rückständigkeit der objektiven Produktionskräfte resultierte, also aus einem weltgeschichtlich-wirtschaftlichen Evolutionsrückstand, sich gleichermaßen auf der politischen Ebene reproduzierte. Die weltgeschichtlich erreichte höchste Stufe gattungsgeschichtlicher politischer Entwicklung, die formaldemokratische bürgerliche Republik, war in Russland praktisch unbekannt und die Entwicklung unter Stalin führte nicht dazu, die objektiven Errungenschaften dieser, wie Lenin sagt, „denkbar besten politischen Hülle des Kapitalismus" zu adoptieren, um sie später in der wirklichen Demokratie der Mehrheiten im Hegelschen Sinn aufzuheben. So wie der Übergang zur evolutionslogisch notwendigen sozialistischen Äquivalenzökonomie nicht möglich war und zusätzlich durch die ideologisch bedingte Unterdrückung ökonomischer Initiativen und Selbständigkeiten der Kleinbourgeoisie und der Mittelschichten weiter verzögert wurde, sowenig gelang es, die erreichte bürgerliche politische Kybernetik in die evolutionslogisch notwendige partizipative Demokratie zu überführen. Das doppelte „Ausklinken" des Systems aus der Evolution der Gattung führte dann mittelfristig zu seiner Atrophie und seinem Zusammenbruch. Tod ist die Abwesenheit von Bewegung, hatte Hegel definiert. Für *Historische Projekte* können wir sagen: Tod ist die Folge des Ausscheidens oder der Isolation gegenüber der geschichtlichen Bewegung (Evolutionslogik) der Gattung.

Demokratie als eine Eigenschaft (Charakteristik) von sozialen Systemen kann in drei Dimensionen begriffen und gemessen werden: 1. der sozialen, verstanden als materielle Lebensqualität; 2. der formalen, definiert als die Gesamtheit von bestimmten allgemeinen Regeln, die die Ausübung von Macht, Rechten und Verpflichtungen der gesellschaftlichen Subjekte (Staat, Unternehmen, Bürger usw.) normieren; 3. der partizipativen Dimension, verstanden als tatsächlich erfolgende Mehrheitsentscheidungen über die wichtigsten öffentlichen Angelegenheiten der Gesellschaft unter angemessener Berücksichtigung und gebührendem Schutz der Minderheiten. In der Sprache der Naturwissenschaften könnten wir die drei Dimensionen als Größen oder Magnituden verstehen, die zur quantitativen Messung oder Bestimmung der Eigenschaft „Demokratie" verwendet werden.

In der modernen Gesellschaft sind die drei Dimensionen hierarchisch geordnet: Die dritte setzt die Existenz der zweiten voraus, die zweite die der ersten. Jedoch ist die Beziehung zwischen den drei Dimensionen dynamisch und wechselseitig: Jede einzelne hat Einfluss auf die beiden anderen, und keine ist verzichtbar oder durch eine andere zu ersetzen. Der Gedanke, die formale Demokratie durch soziale Sicherheit ersetzen zu können, wie er in den sozialistischen Führungsstrukturen sehr verbreitet war, führte unvermeidlich zu feudalähnlichen und despotischen Verkehrsformen im politischen und gesellschaftlichen System, wie etwa den dynastischen Regimeabfolgen in Rumänien unter Ceauşescu und in Nordkorea unter Kim Il Sung und den ständigen Bevormundungen der Bürger durch die Allmacht der Staatsbürokratie. Die gewünschte Loyalität der Staatsbürger kann dadurch unter den Bedingungen der gegenwärtigen globalen Gesellschaft ebenfalls nicht erzielt werden.

Umgekehrt gilt Ähnliches. Die großbürgerliche Strategie sozialen Friedens besteht darin, den Massen jede realdemokratische Einflussnahme abzuerkennen und diesen Souveränitätsverlust mit real hohem Konsumniveau zu vergelten. Panem et circenses hieß diese Strategie im Römischen Reich, Friedrich Engels analysierte sie unter dem Konzept der „Arbeiteraristokratie" für das britische Empire, und Adolf Hitler praktizierte sie mit dem imperialistischen „Volksstaat". In allen drei Fällen wurden der nationale Reichtum und damit der soziale Frieden durch die Ausplünderung anderer Völker erzielt. Hierin liegt natürlich ein qualitativer Unterschied zum historischen Sozialismus. Dieser konnte aufgrund unterschiedlicher Systemeigenschaften soziale Sicherheit garantieren, ohne zu Staatsterrorismus und imperialistischer externer Ausbeutung greifen zu müssen. Das extrem hohe gegenwärtige Konsumniveau in den kapitalistischen Metropolen hingegen kann das Kapital nur unter Zugriff und Enteignung des ökonomischen Reichtums der Dritten Welt garantieren. Daher ist, wie Tony Blairs Chefstratege Robert Cooper ausgeführt hat, es „immer noch notwendig, Großmächte zu haben".

Das bürgerliche Quidproquo – demokratische Rechte gegen hohen Lebensstandard –, welches uns zwingt, „doppelte Standards" zu benutzen und die „Gesetze des Dschungels zu praktizieren", ist natürlich ein sehr instabiles Herrschaftssystem, das dann zusammenbricht, wenn die Großbourgeoisie die materielle Lebensqualität der Massen nicht mehr garantieren kann und damit das zentrale Kohäsionselement bürgerlicher Demokratie zusammenbricht. Da die Bourgeoisie aufgrund ihrer Produktionsverhältnisse nicht den evolutionslogisch notwendigen Fortschritt in die Mehrheitendemokratie des 21. Jahrhunderts tun kann, bleibt ihr nur der Rück-Schritt in den totalitären Ausnahmestaat offen.[15] Bürgerliche Demokratie und imperialistische Ausbeutung sind daher organisch und untrennbar miteinander verknüpft und erklären das

Diktum Horkheimers, dass, wer vom Kapitalismus spricht, auch über den Faschismus sprechen muss.

Falls der Zugriff der herrschenden Elite auf nationale und externe Mehrprodukte auf Schwierigkeiten trifft, dann führt das unweigerlich zu verschärften nationalen Verteilungskonflikten, die ihrerseits den Demokratieabbau des Staates vorantreiben. Da die herrschende Klasse den Übergang zur dritten Magnitude der Demokratie, die Teil der objektiv möglichen und notwendigen dreidimensionalen Demokratie als allgemeine politische Herrschaftsform moderner Gesellschaften des 21. Jahrhunderts ist, nicht durchführen kann – ohne sich selbst überflüssig zu machen –, gerät ihr gesamtes anachronistisches Herrschaftssystem ins Wanken. Der Versuch großbürgerlicher Eliten, die gattungsgeschichtliche Entwicklung dieser Organisationsform gesellschaftlicher Macht reduktionistisch mit der plutokratischen Formaldemokratie zu verhindern, kann mittelfristig nur zu neuen faschistischen Regimes führen und ist langfristig zum Scheitern verurteilt.

Das Niveau an erreichter Demokratie in einem komplexen sozialen System (DKMS) kann durch die drei Größen oder Magnituden quantitativ erfasst werden, eine Tatsache, aufgrund derer die Diskussion über „die Demokratie" das Feld qualitativer Reflexionen und politischer Philosophie hinter sich lässt und wissenschaftlicher Methodik zugänglich wird. Das Messen des Grades an oder der Größen von Demokratie kann in den wichtigsten sozialen Beziehungen des Subjekts durchgeführt werden, nämlich: 1. den ökonomischen, politischen, kulturellen und militärischen Beziehungen, 2. den Hauptinstitutionen des DKMS und 3. den Mikro-, Meso- und Makroebenen der Gesellschaft.

In diesem Sinne kann der erreichte Demokratiegrad eines beliebigen Landes mit angemessener Genauigkeit ermittelt werden, wodurch man eine entsprechende Skala für alle Länder der globalen Gesellschaft erarbeiten kann. Diese Skala hätte ihre beiden Pole in der partizipativen Demokratie (100) und in der totalitären Diktatur (0), wobei der Raum zwischen beiden Extremen je nach Demokratiegehalt von den existierenden DKMS gefüllt wäre. Es ist offensichtlich, dass zur Zeit kein Land als eine real-partizipative Demokratie betrachtet werden kann und dass sich für den

---

15 – Auch hier findet sich wieder eine qualitative Überlegenheit des historischen Sozialismus, in dessen System keine unüberwindlichen Hindernisse für die Weiterentwicklung zum Sozialismus des 21. Jahrhundert existierten.

Rang formaler Demokratie lediglich etwa 30 Staaten qualifizieren, ebenso wie in der Kategorie der sozialen Demokratie.

Über diese empirische Informationsbasis zur Demokratie in jedem Land kann auch der Grad *realisierbarer* Demokratie innerhalb der aktuellen objektiven Entwicklungsbedingungen bestimmt werden. So kann mit akzeptablen Fehlerspannen der Unterdrückungsgrad oder eine anachronistische, d.h. historisch nicht gerechtfertigte, Antidemokratie in besagten Systemen berechnet werden.

Die präzise Kenntnis der Lebensqualität der Bürger in den verschiedenen „Dörfern" der Weltgesellschaft ist bisher am mangelnden politischen Willen der globalen Eliten gescheitert. Für die neue Gesellschaft ist eine solche Diagnose jedoch unumgänglich, um die natürlichen und sozialen Ressourcen des globalen Systems zu ermitteln, deren Information für ein Planungsprogramm schneller Reduzierung der extremen Ungleichheiten im materiellen und kulturellen Lebensstandard der Menschen in den verschiedenen Regionen und Ländern unerlässlich ist.

Der Grad an formaler Demokratie in einem gegenwärtigen sozialen System kann unter anderem über die Existenz und das effektive Funktionieren folgender Institutionen ermittelt werden, die vom politischen Liberalismus des Bürgertums als wesentlich für den politischen Überbau verstanden werden: 1. Die Gewaltenteilung (Montesquieu, Locke, Simón Bolívar); 2. die Verfassung (Magna Charta) mit einer klaren formal-demokratischen Definition der Gewalten, Rechte und Pflichten der kollektiven und individuellen Entitäten der Nation, der Anerkennung der Volkssouveränität als einziger Legitimationsquelle für die staatlichen Autoritäten und daraus folgend das Recht des Tyrannenmordes; 3. ein formal-demokratisches Wahlsystem für die politischen Volksvertreter der Nation, von der kommunalen bis zur Bundesebene, vermittelt über legalisierte politische Parteien; 4. die gesetzgebende Gewalt, das Parlament, als Repräsentant der Volkssouveränität; 5. eine föderative Staatsstruktur; 6. die Existenz von Kommunikationsmedien, die sich nicht im Staatsbesitz befinden; 7. der freie Zugang zu und die Nutznießung von privatem Eigentum und der Schutz desselben sowie dessen Sozialbindung; 8. der Rechtsstaat, der den Minderheitenschutz einschließt; 9. die konstitutive Dichotomie zwischen privater und öffentlicher Sphäre.

Diese formalen Mechanismen haben in der Realität eine Rückentwicklung oder Neutralisierung seitens der herrschenden Eliten erlitten, die sie zu simplen deklamatorischen Theoremen degradierten. Für die postbürgerliche Gesellschaft ist ihre Erweiterung, Vertiefung und, in einigen Fällen, Abschaffung unerlässlicher Teil eines demokratischen Machtmanagements in Staat und Gesellschaft.

Der Begriff der partizipativen oder direkten Demokratie bezieht sich auf die tatsächliche Fähigkeit der staatsbürgerlichen Mehrheit, über die wichtigsten öffentlichen Angelegenheiten der Nation in den vier entscheidenden Reproduktionsdimensionen des Menschen zu entscheiden: der Ökonomie, der Politik, dem Militärischen und der Kultur. In diesem Sinne handelt es sich um eine qualitative Veränderung der formalen Demokratie, in der die einzige politische Entscheidungsmacht des Bürgers in der periodischen Abstimmung über politische Parteien und Parteirepräsentanten liegt.

In der partizipativen Demokratie wird dieses Teilhaberecht an der Entscheidungsnahme weder konjunkturell-zeitlich beschränkt noch auch ausschließlich für die politische Sphäre gelten, sondern permanent und ausgedehnt sein auf alle Sphären sozialen Lebens, von den Fabriken und den Kasernen bis zu den Universitäten und Massenkommunikationsmitteln. Es handelt sich um das Ende der repräsentativen – in Wahrheit substitutiven – Demokratie und ihrer Überwindung durch die direkte oder plebiszitäre Demokratie.

Dabei sind die Beschränkungen des allgemeinen, gleichen, universalen Wahlmechanismus als demokratiestiftendes Vehikel in Rechnung zu stellen. Wie bereits die Griechen bemerkten, führt diese Form des Wahlrechts in der Regel nicht zu einer statistisch repräsentativen Widerspiegelung des gesamtgesellschaftlichen Universums, sondern zu einer Bestätigung herrschender formaler und informaler Führungsstrukturen, weshalb die Demokratie auch als oligarchische oder aristokratische Regierungsform verstanden wurde. Um diesen antidemokratischen Effekt zu vermeiden, benutzten sie deshalb auch aleatorische Auswahlmechanismen (nach dem Zufallsprinzip, wie etwa die Verlosung von Funktionen oder Ämtern), doch ist offensichtlich, dass wirkliche Demokratie nur durch eine Kombination vielfältiger Institutionen und entsprechender Ethik erzeugt werden kann, nicht durch einen Universalmechanismus.

Das Parlament und das Wahlsystem der Parteienherrschaft, wie wir sie heute kennen, werden kontrolliert von den ökonomischen Eliten; sie werden in der zukünftigen Demokratie keinen Platz haben.

Das gleiche gilt für die **Monopole der Indoktrination (Fernsehen, Radio und Presse), Produktion und Distribution.** Das große chrematistische Privatunternehmen, das in organisatorischen Begriffen eine private Tyrannei mit militärischer Struktur darstellt, ist unvereinbar mit einer wirklichen Demokratie und demokratisch geplanter Äquivalenzwirtschaft und wird deshalb in der neuen Gesellschaft nicht vorhanden sein. Und der Staat als Exekutivausschuss der ökonomischen Eliten wird den gleichen Weg gehen. In der berühmten Formulierung Engels aus dem Anti-Dühring: „An die Stelle der Regierung über Personen tritt die Verwaltung von Sachen und die Leitung von Produktionsprozessen. Der Staat wird nicht ‚abgeschafft', er *stirbt* ab."[16]

Die repräsentative Demokratie war ein unerlässliches Glied in der Evolution zur direkten Demokratie, solange nicht die technischen und kulturellen Mittel für die direkte Partizipation der Massen existierten. Wohnte ein Staatsbürger in Niedersachsen und wollte sein Votum über ein in Berlin zu entscheidendes Gesetz abgeben, so konnte er das nur über einen Repräsentanten oder Delegierten machen, da die Reise Tage oder Wochen erfordert hätte. In dem Sinne war die repräsentative Demokratie nicht nur eine ideologische Erfindung der Bourgeoisie, sondern auch die einzig mögliche Form von Demokratie überhaupt, so wie Alexis de Tocqueville in seinem Opus über die US-amerikanische Demokratie argumentiert. Die historische Alternative staatlicher Organisation und politischer Herrschaftsausübung reduzierte sich in den letzten drei Jahrhunderten in Europa auf die Fortsetzung monarchischer Überbaustrukturen oder die Einführung einer rudimentären repräsentativen Demokratieform. Raum, Zeit und Technologie der europäischen Großstaaten ließen keine andere Option zu.

Diese Etappe ist jedoch heute vorüber. Heutzutage erlauben die technologischen und ökonomischen Bedingungen den Völkern, die reale Macht ihrer Souveränität und Selbstbestimmung zurückzuerobern, die seit Hunderten von Jahren von den Oligarchien usurpiert wird.

In gattungsgeschichtlicher Perspektive gerät der politische Selbstbestimmungsprozess damit auf eine nie erreichte kulturelle Höhe. Die griechische Demokratie war partizipativ, aber nicht universal. Entscheidungen über öffentliche Angelegenheiten wurden von

---

16 – Friedrich Engels, *Herrn Eugen Dührings Umwälzung der Wissenschaft*, Marx/Engels Werke, Bd. 20, Berlin 1962, S. 261.

den Vollbürgern getroffen, in der Ekklesía. Unterworfene, Ausländer, Sklaven und Frauen hatten keine Teilnahme an der politischen Herrschaft, eine Tatsache, die sich die ersten Propagatoren des Christentums zunutze machten. Nach Überlieferung des Apostels Paulus gab es für ihre Basisgemeinden keine Teilnahmebeschränkungen, wie er in seinem Brief an die Galater schreibt: „Hier ist nicht Jude noch Grieche. Hier ist nicht Sklave noch Freier. Hier ist nicht Mann noch Frau; denn ihr seid allesamt einer in Christus Jesus."[17] Interessant zu sehen, was daraus im Vatikan und Katholizismus geworden ist.

Die bürgerliche Demokratie hingegen gelangte in einem zweihundertjährigen Evolutionsprozess bis zum gleichen, geheimen und allgemeinen Wahlrecht. Ihre Demokratie ist universal auf formaler Ebene, aber nicht partizipativ.

Erst die neue Demokratie der Mehrheiten wird beide geschichtlichen Prinzipien miteinander verbinden. Alle Staatsbürger werden an den großen öffentlichen Entscheidungen ohne Diskriminierung und in direkter Form elektronischer Plebiszite aktiv und bewusst teilhaben. Mehr als zweitausend Jahre nach der großen griechischen Innovation in Europa schließt sich somit der Evolutionskreislauf in der partizipativen Weltdemokratie.

3.3 Das rational-ethisch-ästhetische Subjekt

Es gibt drei mögliche Wege, die Gesellschaft zu transformieren: a) durch genetische Manipulation des Menschen; b) über den erzieherischen Versuch, den „neuen Menschen" zu schaffen; c) mittels der Veränderung jener Institutionen, die sein Handeln leiten. Punkt „a" ist der Traum des totalitären Kapitalismus, wie er heute bereits in den Ländern der Ersten Welt von den intellektuellen Vorreitern des neuen Faschismus offen proklamiert wird. Selbst dort, wo diese Strategie nicht bioterroristisch, sondern als Administrativ-Glückverheißende verabreicht werden soll, wie etwa in Aldous Huxleys Warnung der *Schönen neuen Welt*, ist sie unvereinbar mit der neuen postkapitalistischen Demokratie, in deren Zentrum die bewusste Selbstbestimmung des Subjekts steht.

Die Option „b" wird von allen religiösen oder quasireligiösen Systemen global angewendet, säkular oder metaphysisch, mit

---

17 – Paulus, Galater, 3.4

katastrophalen Resultaten. Die Auserwählten und Erleuchteten, geführt durch ihre jeweiligen Credos und Heilssysteme, Talibane, Heilige, Quacksalber und politische Kommissare, haben für die übrigen nur Infernos produziert. Daher optiert das *Neue Historische Projekt* für die Änderung der Institutionen, jedoch nicht in einer utopischen Perspektive, sondern innerhalb ihrer objektiven Möglichkeiten und Grenzen.

Die neue Welt hat nicht zur Bedingung, dass ihre Erschaffer Heilige oder Helden sind, sondern Sterbliche, die innerhalb des widersprüchlichen menschlichen Zustands von Glanz und Elend bereit sind, ethisch ihre Bestimmung zu ändern. Selbstverständlich werden die Erfahrungen des Kampfes um die neue Gesellschaft ihre eigenen Helden, Märtyrer und Banner gebären; doch ist es nicht das gleiche, einen Handlungsablauf an eine Vorbedingung zu knüpfen, wie das Resultat eines Prozesses zu konstatieren.

Den neuen Menschen oder *homo novus* als Voraussetzung für die Schaffung und Konsolidierung der neuen Gesellschaft zu postulieren, ist eine idealistische Position in der der Geist die schlechte Materie überwinden soll. Das Ausbrechen aus dem Zirkel schlechter Wirklichkeit und schlechter Humanität kann jedoch nur dialektisch erfolgen, indem Ethik des Handelns und institutionelle Veränderung parallel laufen und sich gegenseitig stärken.

Die Idee des *homo novus* hatte eine rationale Basis in der griechischen und römischen Gesellschaft. *Homo novus*, der neue Mensch, war jemand, der nicht aus einer traditionell zur Staats- oder plutokratischen Elite gehörenden Familie kam, sondern „von unten" in diese privilegierten Schichten vorstieß und mittels seiner Talente Machtpositionen ausübte. Diese rationale, fast Weberianische Idee, des talentierten „Emporkömmlings" wird im manichäischen und neuplatonischen Denken San Augustíns theologisiert. Der alte, sündenbeladene Mensch (*homo vetus*) wird durch die Gnade, die er im Glauben erlangt, gereinigt und transformiert in den neuen Menschen, den *homo novus*, der nun fähig ist, fortan in Tugend und Ethik zu handeln. Ersetzt man den theologischen Glauben (Credo) durch revolutionäres Credo, entsteht der neue Mensch, der nur noch für die Revolution und innerhalb ihrer Ethik lebt, wie Che, Fidel und so viele andere Revolutionäre.

Rational an dieser Idee ist, dass es immer Personen, Gruppen und Völker geben wird, die unter bestimmten Bedingungen und für eine bestimmte Zeit zu außergewöhnlicher Hingabe und Praxis fähig sind. Die Geschichte ist voll von diesen Beispielen, von der vietnamesischen Revolution bis zu den fünf kubanischen Märtyrern. Irrational ist jedoch zu glauben, dass die Mehrheit der Bevölkerung für immer so sein kann wie die Avantgarde oder dass die heroische Zeit beliebig verlängert werden kann. Die Gründerzeit der Revolution ist allgemein heroisch, doch nach verschiedenen Dekaden bleibt das beispielhafte Verhalten nur noch in besonders identifizierten Minderheiten zurück. Und da die Geschichte am Ende von den Mehrheiten gemacht wird, wird die Revolution instabil, wenn sie die Forderung alltäglichen Heldentums nicht ersetzt durch akzeptable materielle Lebensqualität und Entscheidungsteilnahme der Mehrheiten. Der Diskurs des revolutionären Helden verliert dann seine Überzeugungskraft und Fähigkeit, eventuelle konterrevolutionäre Entwicklungen in der Partei und Gesellschaft zu neutralisieren.

Es besteht kein Zweifel, dass das institutionelle Ende von Egoismus, Habgier und Ausbeutung, das aus dem Äquivalenzprinzip resultiert, zu so tiefen Änderungen im Denken und Handeln des *homo sapiens* führen kann, dass es nach seiner allgemeinen Durchsetzung möglich sein wird, in generellen Begriffen von einem neuen Menschen zu sprechen. Ohne in den diesbezüglich enthusiastischen Brechtschen Optimismus zu verfallen, steht doch zu vermuten, dass das aus der Degeneration der bürgerlichen Institutionen gerettete Subjekt in der wirklichen Demokratie ein Umfeld finden wird, in dem es seine rationalen (Wissenschaft), moralischen (Ethik) und ästhetischen (Kunst) Fähigkeiten voll entwickeln kann.

Ist die Teilung zwischen geistiger und körperlicher Arbeit überwunden, das entkräftende und brutale Joch des Mehrwertes gebrochen, die Diskriminierung aufgrund von Hautfarbe, Geschlecht oder Einkommen besiegt und der Abgrund zwischen Stadt und Land überquert, dann kann und wird der Mensch sich in den drei großen Quellen seines Seins alltäglich verwirklichen: Arbeit, Eros und Erkenntnis.

3.4 Bürgerliche versus Partizipative Institutionalität

Veränderung von Gesellschaft bezieht sich unvermeidlich auf die Modifikation ihrer Institutionalität, denn Gesellschaft ist im Grunde nichts anderes als das Produkt wechselseitigen Handelns der Menschen, welches einerseits, in einer dialektischen Beziehung, über Institutionen normiert und organisiert wird und andererseits, Institutionen erzeugt und formt. Es gibt daher in einer Gesellschaft zwei grundsätzliche Typen menschlichen Handels: institutionskonformes und institutionskonträres. Was es nicht geben kann, ist institutionsfreies Handeln, da Gesellschaft keine Räume zulässt, die nicht institutionell erfasst sind, sei es durch offizielle Institutionen, sei es durch informelle.

Antisoziales Verhalten abzuschaffen heißt also, die Institutionen abzuschaffen, die es erzeugen oder tolerieren und durch bessere zu ersetzen. Wer, beispielsweise, die ökonomische Ausbeutung des Menschen durch den Menschen verhindern will, muss ökonomische Einrichtungen schaffen, die die Ausbeutung unmöglich machen und nicht, wie heute der Fall, sie prämieren. Wer die Bildung parasitärer Vermögen und Existenzen über die Grundrente oder den Zins verhindern will, muss den Warencharakter des Bodens und des Geldes aufheben und durch gemeinnützige Verwaltung ersetzen. Und wer die gesellschaftliche Kriminalitätsrate auf ein Minimum reduzieren will, muss über wirtschaftliche und familiäre Institutionen verfügen, die jedem Menschen ein angemessenes materielles, kulturelles und sozialisierendes Dasein ermöglichen, welches die Ausgrenzung großer Bevölkerungsteile verhindert.

Veränderung kann dabei schrittweise als „Reform" durchgeführt werden oder über einen qualitativen Sprung im Systemverhalten, der traditionell als „Revolution" bezeichnet worden ist. Der Unterschied zwischen Reformatoren und Revolutionären liegt darin, dass erstere die existierende Institutionalität durch Modifikationen zu erhalten suchen, während letztere sie durch eine neue Institutionalität ersetzen wollen. In der Praxis ist die Beziehung zwischen gradueller und sprunghafter Veränderung eines Systems natürlich fließend oder dialektisch, und häufig ist das entscheidende „revolutionäre" – also zustandsverändernde – Element schwer zu identifizieren. Erhitzt man beispielsweise Wasser bis zu 100 Grad Celsius, so tritt der qualitative Sprung des Systems (Flüssigkeit zu Gas) zwischen 99 und 100 Grad auf. Dies wäre, politisch gesprochen, der Sturm auf das Winterpalais in St. Petersburg, der Sprung vom bürgerlich-zaristischen Regime in das sowjetische. Gleichwohl: Wäre der qualitative revolutionäre Sprung von 99 zu 100 Grad möglich gewesen, ohne die vorhergehende Erhitzung von, sagen wir, 59 auf 60 Grad, oder 70 auf 71 Grad? Welches ist

Institutionalität der bürgerlichen Demokratie (globale kapitalistische Gesellschaft)	Institutionalität der partizipativen Demokratie (globale postkapitalistische Gesellschaft)
1. Nationale Marktchrematistik	**1. Äquivalenzökonomie**
1.1 Chrematistik mit Planung einer Investitions-/Kapitalismus-Elite	1.1 Mikro- und Makroökonomie mit demokratischer Planung
1.2 Subjektive Preise, durch Macht bestimmt	1.2 Objektiver Wert, bestimmt durch verausgabte Arbeitszeit
1.3 Ungleicher Austausch, Ausbeutung, Entfremdung	1.3 Austausch von Äquivalenten
2. Formale Demokratie	**2. Partizipative Demokratie**
2.1 Demokratie der Form nach: erste Ebene einer möglichen Demokratie, auf die politische Sphäre beschränkt	2.1 Materielle Demokratie. Höchstmögliche Entwicklung von Demokratie: umfasst die zentralen gesellschaftlichen Beziehungen (Ökonomie, Politik, Kultur und Militär)
2.2 Plutokratie	2.2 Direkte Demokratie mit elektronischem Plebiszit bei transzendentalen Entscheidungen
2.3 Repräsentiert nicht den allgemeinen Willen (volontée générale), sondern substituiert ihn	2.3 Rückgewinnung der formalen Demokratie, Erringung sozialer und partizipativer Demokratie
3. Klassenstaat	**3. Nicht-Klassenstaat**
3.1 Klassenfunktion (ausführendes Organ der kollektiven Interessen der Wirtschaftselite) bestimmt seine Identität	3.1 Klassenfunktionen verschwinden, mit ihnen die repressive Identität des Staates
3.2 Allgemeininteressen durch Klassen-Funktionen verzerrt	3.2 Staat verwandelt sich in legitime Verwaltung des Allgemeininteresses
4. Kritisch-ethisch-ästhetisches Subjekt Ist dysfunktional für dieses institutionale Umfeld; wird daher durch das liberal-possessive und entfremdete Subjekt ersetzt.	**4. Kritisch-ethisch-ästhetisches Subjekt** In diesem institutionalen Umfeld verwirklicht sich der Staatsbürger als Subjekt in den drei Entwicklungsdimensionen menschlichen Seins.

139

der „wirklich revolutionäre" Veränderungsschritt im Transformationsprozess der Realität?

Wie auf dem militärischen Schlachtfeld und in der ökonomischen Praxis (opportunity costs) muss revolutionäres Handeln das spezifische Gewicht und die Bedeutung jedes einzelnen Handlungsschrittes und seiner Alternativen zu bestimmen versuchen, bevor er realisiert wird. Doch es muss sich davor hüten, vorschnell in die Falle mechanischer Reform-Revolutions-Entscheidungen zu tappen, die einerseits die Natur nichtlinearen Verhaltens der Politik missachten und andererseits die Grenzen möglicher taktischer und strategischer Bündnisse falsch bestimmen. Alle großen bürgerlichen Revolutionen der Neuzeit, die englische, die US-amerikanische und die französische haben einen ökonomischen Ursprung. Ihre Genesis liegt im Aneignungskampf um das Mehrprodukt, teils zwischen Fraktionen der herrschenden Machtelite, teils zwischen der herrschenden und den untergeordneten Klassen. Revolutionäre Praxis bedarf also unabdingbar der Fähigkeit, die Transformationsschritte der Wirklichkeit prozesshaft-dialektisch zu verstehen, also in der reformistischen Maßnahme das revolutionäre Potential, in der ökonomischen Konfliktstrategie das Übersprungspotential zum politischen und militärischen Konflikt und in der revolutionären Institutionalisierung das Entwicklungspotential zum Reformismus, zur Bürokratisierung und zur Involution (Rückentwicklung).

Revolutionär ist eine Politik also nicht durch das Ausmaß an Gewalt, zum Beispiel, bewaffneter oder nicht bewaffneter Kampf, die von den gesellschaftlichen Akteuren angewendet wird, sondern durch die Institutionalität, die sie zu verwirklichen suchen. Revolutionär ist eine Politik oder ein *Historisches Projekt* dann, wenn es die zentralen Institutionen der bestehenden Gesellschaft durch qualitativ andere, historisch mögliche Institutionen ersetzen will. Utopisch ist sie, wenn sie eine neue Institutionalität fordert (prätendiert) oder für eine kämpft, die objektiv nicht möglich ist, sondern nur ein subjektives Desideratum darstellt. In diesem Sinne wäre die berühmte Formulierung von Marcuse, „Seid realistisch, verlangt das Unmögliche", weder revolutionär noch ethisch zu fundieren, ebensowenig wie gewisse Theoreme anarchistischen Handelns. Reformismus liegt dann vor, wenn die Zielrichtung (Intentionalität) des Handelns immanent bleibt, das heißt, auf Bewahren der grundsätzlichen institutionellen Strukturen des Status quo der bürgerlichen Gesellschaft gerichtet ist.

Heute Revolutionär zu sein hat also fünf wesentliche Bestimmungen. Die erste und entscheidende besteht darin, im *Neuen Historischen Projekt* die objektiv mögliche nach-kapitalistische Institutionalität wissenschaftlich fundiert darzustellen. Da die spätbürgerliche Gesellschaft auf vier zentralen Institutionen ruht, nämlich der nationalen Chrematistik, der plutokratischen Formaldemokratie, dem bourgeoisen Klassenstaat und dem zur Idiotie programmierten konsumistischen Staatsbürger, muss jedes revolutionäre Programm des 21. Jahrhunderts plausibel jene großen gesellschaftlichen und staatlichen Einrichtungen (Institutionen) erklären können, die an die Stelle der existierenden bourgeoisen treten werden. Dies sind hauptsächlich die Äquivalenzökonomie, die partizipative Demokratie, die auf dem Konsens der Mehrheiten und dem Recht des Dissenses beruht, der Nicht-Klassenstaat sowie das kritisch-rationale, ethische und ästhetische Subjekt.

Jede dieser handlungsnormierenden und praxisorganisierenden zentralen Institutionen der nachbürgerlichen Gesellschaft ist wiederum in Subinstitutionen oder Subsysteme gegliedert, welche ihre zentrale Funktion näher spezifizieren. In einer vergleichenden Übersicht (Synopsis) lassen sich die institutionellen Differenzen zwischen der bürgerlichen und der postkapitalistischen Zivilisation schematisch darstellen. (Siehe S. 143)

Neben der Fähigkeit, die qualitativ andere Institutionalität der neuen Gesellschaft zu erkennen, bedarf ein revolutionäres historisches Subjekt in der Gegenwart, zweitens, der Kapazität, diese Kenntnis didaktisch und pädagogisch angemessen an die Mehrheiten zu vermitteln und im Gespräch (dialogisch) mit ihnen zu verbessern, um sie, drittens, über diese Inhalte wirkungsvoll zu organisieren.

Die vierte Bestimmung des Revolutionärs und revolutionärer Politik heute bezieht sich auf seine Fähigkeit, ein Übergangsprogramm zu entwerfen, das die strategischen Endziele des Kampfes (die nachbürgerliche Institutionalität) in Schritte taktischer Politik umsetzt, die innerhalb der gegenwärtigen kapitalistischen Misere das systemtranszendierende und -umwerfende Denken und Handeln vorantreibt.

Die letzte Bestimmung liegt in den Methoden der Praxis, die zur Transformation des Bestehenden benutzt werden. Diese müssen von der materiellen Ethik geleitet werden, die Situationen der Gewalt nicht ausschließt, deren Legitimität jedoch innerhalb eines klar begrenzten Rahmens definiert, sodass Missbrauch von Macht zwar nicht a priori ausgeschlossen werden kann – wie in keinem politischen System – jedoch als unvereinbar mit der Raison des Kampfes verstanden, unmittelbar deutlich und somit sanktionsfähig wird.

Die gesellschaftliche Praxis, die sich an diesen Kriterien orientiert, wird die Avantgarde und die mittleren Kader des Transformationsprozesses hervorbringen, die für das moralische Beispiel und den organisatorisch-politischen Erfolg des Übergangs zur postkapitalistischen Mehrheiten-Demokratie unabdingbar sind.

4.
Die Übergangsphase zum neuen Sozialismus

4.1 Das globale Herrschaftssystem

Die Menschheit ist in die Hände einer kriminellen Elite gefallen, die sich aus einigen zehntausend Bankiers, Industriellen, Berufspolitikern, Generälen und Berufspropagandisten zusammensetzt, welche die Ressourcen des Planeten und die Früchte unserer Arbeit für sich nutzen. Sie monopolisieren die Vorteile aus Energie, Technologie, Wissenschaft, Nahrungsmitteln, Erziehung und Gesundheit und lassen die Mehrheit in Elend und Schutzlosigkeit vegetieren.

Somit können sich in diesen ausgeschlossenen Sektoren der Menschheit die drei großen Entwicklungspotentiale menschlicher Existenz nicht entfalten. Das kritisch-rationale Denken, die ästhetischen (künstlerischen) Fähigkeiten und die ethischen (moralischen) Tugenden, welche in ihrer Gesamtheit das Besondere der menschlichen Gattung darstellen, atrophieren, was eine permanente und tiefgehende Verletzung der elementarsten Menschenrechte dieser Gattungsmehrheit darstellt.

Um der Menschheit das Recht auf würdiges Leben und Entwicklung zurückzugeben, muss sie die globale Gesellschaft zurückgewinnen und sich diese zueigenmachen. Das einzige Vehikel, das dafür zur Verfügung steht, ist das *Neue Historische Projekt* nachkapitalistischer Zivilisation, die Universale Partizipative Demokratie (UPD).

In den vorigen Kapiteln haben wir die vier grundlegenden Institutionen erläutert, die das soziale Umfeld gestalten, in dem der Staatsbürger der klassenlosen Gesellschaft handeln wird. Damit ist der strategische Horizont unseres Kampfes antikapitalistischer Transformation definiert. Was zu tun bleibt, ist die Reflexion einiger Charakteristika des Übergangsprogramms, welches die Aufgabe hat, aus der gegenwärtigen Realität in die neue Gesellschaft zu führen, ohne dabei in Sackgassen oder Irrwege zu geraten. Dafür ist es notwendig, sich einiger grundlegender Tatsachen gesellschaftlicher Reproduktion zu erinnern.

Jedes menschliche Wesen und jede menschliche Gemeinschaft muss vier objektive Notwendigkeiten erfüllen, um existieren zu können:

1. Das biologische Bedürfnis zu essen; aus diesem wird die Ökonomie mit ihren sozialen Beziehungen, Technologien und Institutionen geboren. Ökonomie kann daher als das gesellschaftliche Verhältnis verstanden werden, mittels dessen der Mensch die Natur in Güter und Dienstleistungen verwandelt, um seine materiellen Bedürfnisse zu befriedigen.

2. Das Erfordernis, sich mit den Anderen zu verständigen, um in Gemeinschaft leben und handeln zu können. Hieraus entsteht die Kultur mit ihren Sozialbeziehungen und Institutionen, die alle Staatsbürger über gemeinsame Sprachen, Werte, Traditionen etc. in die Gesellschaft integrieren.

3. Die Notwendigkeit, Entscheidungen im Namen der Gemeinschaft zu treffen und auszuführen. Daraus entsteht die Politik mit ihren Machtbeziehungen und Institutionen, deren hauptsächliche der Staat ist, der „offizielle Ausdruck der Gesellschaft", wie Marx sagt.

4. Die Unumgänglichkeit, sich physisch vor Aggression und Aufzwingung äußerer Interessen zu schützen. Hieraus entstehen die militärischen Verhältnisse und Institutionen.

Die Lebensqualität von Personen und Gemeinschaften hängt einerseits von ihrem objektiven technologischen Entwicklungsstand ab und andererseits davon, wie sie diese grundlegenden Beziehungen und Institutionen menschlichen Seins organisieren. Wird die entsprechende Entscheidungsfindung und Organisation unter realer demokratischer Teilhabe aller Staatsbürger durchgeführt, so wird sie nutzbringend für alle sein. Bleibt hingegen die Organisation dieser grundlegenden gesellschaftlichen Reproduktionsverhältnisse und Institutionen in den Händen einer kleinen Gruppe von Reichen und Mächtigen, so nutzt diese Elite ihren Machtvorteil natürlich rücksichtslos zu ihrem eigenen Vorteil und Gewinn aus.

De facto ist das die Situation, die heute in der globalen Gesellschaft der repräsentativen Demokratie vorherrscht und die erklärt, warum etwa 80 % der Menschheit mit geringer oder gar keiner Lebensqualität ihr Dasein fristet, während die übrigen 20 %, im Wesentlichen die Erste Welt, rund 83 % des gesellschaftlich produzierten Reichtums des Planeten und den überwiegenden Konsum seiner Rohstoffe auf sich konzentriert und über ein durchschnittliches jährliches Pro-Kopf-Einkommen von 25.000–30.000 Dollar verfügt.

Dieser erstaunliche Zustand der Gattung gebärt folgende Frage: Wie schafft es eine globale Minderheit von zehntausend Bankern, Industrie- und Handelskapitalisten mit ihren Berufspolitikern, Generälen und Propagandisten, die Mehrheit von 5,5 Milliarden Menschen auf derart brutale Weise von den Wohltaten der Arbeit, der Kultur und der aktuellen Technologie auszuschließen? Oder anders gefragt: Warum toleriert die überwältigende Mehrheit der Menschen die Tyrannei dieser kleinen globalen Oligarchie? Die Antwort auf diese Frage ist zentral, weil sich die konkrete Negation der bürgerlichen Tyrannei, das heißt, das Programm der postkapitalistischen Gesellschaft, nur aus der Kenntnis der Natur des Systems und den eigenen strategischen Zielen entwerfen lässt.

Die Antwort ist, dass die Elite ein internationales System von Herrschaft, Ausbeutung und Entfremdung errichtet hat, welches durch vier Charakteristika gekennzeichnet ist: 1. erstens, es ist vertikal und antidemokratisch, das heißt, seine Kommandostrukturen verlaufen von oben nach unten; 2. es umfasst die vier Grundbeziehungen des menschlichen Seins, also alle seine Lebensinhalte; 3. von den zwei globalen Machtzentren der atlantischen Bourgeoisie ausgehend (USA und Europäische Union) werden selbst die abgelegendsten Dörfer und Elendsviertel Lateinamerikas, Afrikas und Asiens abhängig integriert: mit anderen Worten, es ist territorial totalitär, denn es gibt keine räumliche Existenzmöglichkeit außerhalb seiner; 4. es verfügt über eine Eigenschaft, die in der fraktalen Geometrie als Selbstähnlichkeit oder Skaleninvarianz bezeichnet wird und die erklärt, weshalb es trotz aller Heterogenität seiner weltweiten Elemente relativ reibungslos funktioniert. Das kapitalistische Weltsystem verfügt in allen seinen Größenordnungen (Skalen), von der Gemeinde über den Bezirk, die Region, die Nation und bis zum Weltsystem, über selbstähnliche Grundelemente – teils bewusst geplant, teils aus der Systemlogik (Selbstorganisation) geboren –, die ihm erlauben, eine akzeptable Einheit, Effizienz, Operativität und Steuerbarkeit zu bewahren; trotz der unzählbaren täglichen Aktivitäten und Operationen, die 6,5 Milliarden Menschen in den vier Sozialbeziehungen und in einer enormen Diversität von Nationen, Kulturen, Sprachen, Identitäten und technologischen Entwicklungsniveaus auf dem gesamten Planeten tätigen. Die selbstähnlichen Grundelemente, die in unterschiedlicher Form das System vor dem Chaos und Kollaps bewahren, sind die vier bereits erwähnten Hauptinstitutionen der bürgerlichen Zivilisation:

1. die nationale Chrematistik;
2. die plutokratische Formal-Demokratie;
3. der Klassenstaat und
4. das entfremdete possessiv-liberale Konsumindividuum.

Diese vier Institutionen des Systems (ihre Institutionalisierung) sind unantastbar und jeder Versuch, sie qualitativ zu verändern, ruft die Repression des Weltregimes hervor. Sie sind die Stützpfeiler der bürgerlichen Weltordnung, weil sie die ungeheure Anzahl ihrer buntgescheckt-diversen Operationen uniform macht, wodurch ihre Stabilität und alltägliche Reproduktion erst möglich wird. Nichts entgeht diesen gleichsam magischen Aggregaten, die auf planetarischer Ebene für die Bourgeoisie die Einheit in der Vielfalt produzieren; das Konkrete, welches neolithische bäuerliche Produktion in Indien und high-tech-Kapitalismus an der Wall Street, Subsistenzwirtschaft in Guatemala und Geldwäscherei in der Schweiz zu einem kohärenten weltweiten Ausbeutungs-, Herrschafts- und Entfremdungssystem zusammenfügt, das der herrschenden Plutokratie ihren ökonomischen Reichtum und ihre Macht verschafft.

Ähnlich wie der Schwerpunkt in der Physik, um den sich alle Massen drehen, stellt die Aufrechterhaltung und das Funktionieren dieser vier Institutionen das Gravitationszentrum des *Historischen Projekts* des Kapitals dar, um das sich alle Ereignisse zentrieren. Dieses weltweite System lässt sich graphisch auf folgende Weise darstellen:

Globales Herrschafts-, Ausbeutungs- und Entfremdungssystem der Bürgerlichen Demokratie

Historisches Projekt des Großkapitals

1. Nationale Chrematistik
2. Klassenstaat
3. Formale Demokratie
4. Entfremdetes Subjekt

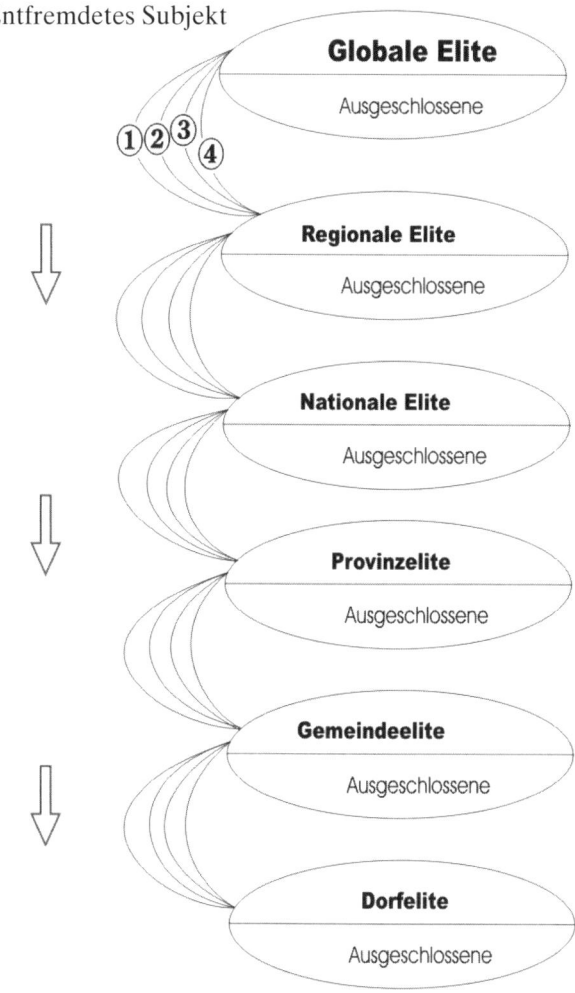

4.2 Das globale Emanzipationssystem

Die bürgerliche Gesellschaft zu *reformieren* bedeutet, wie im vorhergehenden entwickelt, ihre vier Kerninstitutionen zu modifizieren, ohne ihren Klassencharakter zu verletzen. Die bürgerliche Gesellschaft qualitativ zu *transformieren*, sprich, sie zu revolutionieren, bedeutet, ihre zentralen Institutionen durch die der wirklichen Demokratie zu ersetzen.

Das Übergangsprogramm, welches diese Transition bewirken wird, leitet sich aus zwei Elementen ab: a) der gegenwärtigen kapitalistischen Realität und b) der Institutionalität der Partizipativen Demokratie. Dieses Programm muss demnach folgende Elemente in Rechnung stellen:

1. Es hat transformierende Alternativen zu jeder einzelnen der vier durch bourgeoise Ausbeutung, Domination und Entfremdung pervertierten gesellschaftlichen Reproduktionsbeziehungen aufzuzeigen; 2. es muss diese Alternativen (oder „Gegenverhältnisse") in Übereinstimmung mit den Basisinstitutionen der Partizipativen Demokratie formulieren und in ein konkretes programmatisches Ganzes integrieren; 3. die kollektive Formulierung des Übergangsprogramms und der Aufbau der Bewegung wird von unten nach oben durchgeführt; 4. die Dimension des Programms und der Bewegung (der Netzwerke) erstreckt sich vom Stadtviertel bis in die globale Dimension, d.h. das Programm ist zur gleichen Zeit lokal, national, regional und weltweit; 5. die Methoden des Kampfes und seine Ethik müssen definiert sein, ebenso wie der Faktor Zeit, der für die verschiedenen Transformationsschritte voraussehbar oder verfügbar ist; 6. es handelt sich nicht um das alte menschewistische Schema einer Revolution in Etappen – zuerst die demokratische und dann die sozialistische – sondern um einen Vorschlag, der die zuvor aufgeführten Faktoren „a" und „b" integriert; 7. ebenso wenig handelt es sich um die Suche nach der mythischen nationalen Bourgeoisie oder irgendeines anderen vorbestimmten Subjekts der Befreiung, sondern um die Erkenntnis, dass die Subjekte der Befreiung aus vielen Klassen, multiethnisch, multikulturell und aus beiden Geschlechtern sein werden; 8. die weltweite Einheit der Kämpfe gegen das System – die Selbstähnlichkeit – wird durch die vier konsensierten Grundelemente, die Äquivalenzökonomie, den demokratischen Staat, die Mehrheitendemokratie und

das bewusste Subjekt hergestellt, also durch die konkrete Negation der bürgerlichen Tyrannei. Die graphische Darstellung dieser-
Charakteristika des Übergangsprogramms ist folgendermaßen:

Das globale Emanzipationssystem
Historisches Projekt des Sozialismus des 21. Jahrhunderts

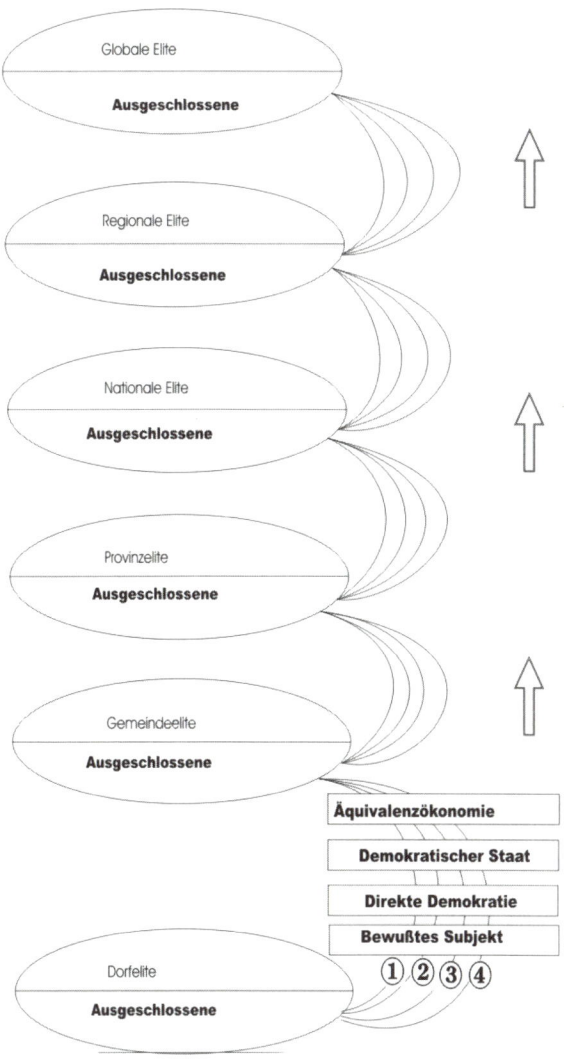

4.3 Die Subjekte der Veränderung

Das Problem der Realisierung des *Neuen Historischen Projekts* ist in gewisser Weise vergleichbar mit dem Versuch Martin Luthers, eine Zustandsänderung oder einen qualitativen Sprung im System der Katholischen Kirche herbeizuführen: Wie ist ein totalitäres, korruptes und auf Verfremdung bestehendes Weltsystem zu verändern?

Die Antwort lässt sich offensichtlich nicht in einer Strategie der „Verneinung" des Kapitals finden. Verweigerungstaktiken können Sinn haben als Teil spezifischer Operationen (z.B. der Boykott eines Unternehmens seitens der Konsumenten), jedoch stellen sie keine Strategie globaler Transformation dar. Auch für eine bewaffnete Revolution im traditionellen Sinne scheinen nicht die Bedingungen gegeben zu sein, vor allem nicht in den Zentren des Systems, in denen der globale Reichtum und die globale Macht konzentriert sind. Die Idee der Aufstellung einer neuen Internationalen wäre ihrerseits mehr ein organisativ-abstrakter Wunsch als eine wirkliche Antwort auf ein konkretes soziopolitisches Globalproblem. Denn es kann keine Form (Organisation) geschaffen werden, solange keine Inhalte da sind. Das formale Prinzip kann nicht ohne das materiale existieren, welches wechselwirkungshaft (dialektisch) der Grund seines Daseins ist und ihm Leben gibt. Somit muss zunächst eine hinreichend konkrete inhaltliche Programmatik, d.h. eine Reihe strategischer institutionsverändernder Zielvorstellungen, zur Verfügung stehen, bevor sich die lokalen, regionalen und globalen Netzwerke von (elektronischer) Kommunikation, Zusammenarbeit und Veränderung bilden können.

Wie kann sich demnach die Theorie in eine materielle Kraft der Veränderung verwandeln? Marx hat die Antwort gegeben: Sobald sie die Massen ergreift. Diese Erkenntnis bestimmt den gegenwärtigen Moment des globalen Kampfes. Zwischen beiden traditionellen Medien gesellschaftlicher Veränderung und Konservation, dem Verbum (Wort) und dem Schwert, liegt der Moment noch überwiegend bei der Theorie.

Die demokratisierenden Kräfte befinden sich in einer dem französischen Prozess vor 1789 ähnlichen Situation, als die politischen und ökonomischen Eliten sich der Demokratisierung und den Kräften zur Schaffung einer gerechteren Gesellschaft widersetzten, obwohl die objektiven Bedingungen für den Übergangsprozess zur neuen Gesellschaft vorhanden waren. Denn selbst von Teilen des kapitalistischen Weltstaates, zum Beispiel in den Entwicklungs-Programmen der Vereinten Nationen (UNDP), wird anerkannt, dass die wissenschaftliche Erkenntnis, die Technologie und das Kapital ausreichend sind, um die Welt in „weniger als einer Generation" vom Hunger zu befreien; jedoch, woran es mangelt, diagnostiziert die Institution, ist der „politische Wille". Wie 1789.

Dies ist das große Hindernis, welches das neue Subjekt der realen Demokratisierung überwinden muss, will es von der kapitalistischen zur menschlichen Gesellschaft kommen. In seinem historischen Projekt ist es doppelt legitimiert, durch die Tatsache, die Mehrheit der Weltbevölkerung zu sein und die Inhalte des Programms selbst. Dieses emanzipatorische Subjekt wird gebildet aus der Solidargemeinschaft (Kommunität) der Opfer des neoliberalen Kapitalismus und all denen, die ihren Kampf zum eigenen machen.

Die industrielle Arbeiterklasse wird weiterhin eine bedeutende Rolle in dieser Gemeinschaft der Opfer spielen, aber aus unterschiedlichen Gründen nicht zu der ihr zugedachten Hegemonialstellung des 19. und 20. Jahrhunderts zurückkehren. Ihre quantitative Reduzierung, relativierte Beteiligung an der Erzeugung des Sozialprodukts gegenüber dem Dienstleistungssektor, Veränderung des physischen Arbeitsplatzes, ihr historisch gesehen relativ hoher Lebensstandard, der sie in den Reichtumsinseln der Ersten Welt zur unteren Mittelklasse macht sowie das aus diesen Faktoren resultierende politische Bewusstsein, haben sie aus einem Faktor radikaler Veränderung zu einem konservativen Element des Status quo werden lassen.

Engels hatte diese Situation bereits 1882 in Bezug auf England in einem Brief an Kautsky so geschildert: „Sie fragen mich, was die englischen Arbeiter von der Kolonialpolitik denken? Nun genau dasselbe, was sie von der Politik überhaupt denken, dasselbe, was die Bourgeois davon denken. Es gibt hier ja keine Arbeiterpartei, es gibt nur Konservative und Liberal-Radikale, und die Arbeiter zehren flott mit von dem Weltmarkts- und Kolonialmonopol Englands." (Briefe über das Kapital, Dietz 1954, S. 273).

Die Gemeinschaft der Opfer ist multikulturell, multiethnisch, klassenübergreifend, zweigeschlechtlich und global und umfasst alle Personen, die übereinstimmen mit der Notwendigkeit, Ökonomie,

Politik, Kultur und die Systeme physischen Zwangs der globalen Gesellschaft von Grund auf zu demokratisieren.

Wie immer in der Geschichte bildet sich die Avantgarde eines fortschrittlichen *Neuen Historischen Projekts* über ihre Kampfpraxis und die theoretische Qualität ihres Projektes heraus; niemals durch Selbsternennung noch durch einen Glaubensakt, der ihrer strukturellen Position im sozialen System entstammt, auch nicht als metaphysisch definiertes Subjekt, das prädestiniert durch die Mission Gottes (Kirche), der Geschichte (Partei), des Geschlechts, der ethnischen Zugehörigkeit, der Erde und so weiter handelt. Auf diese Weise realisierte sich der Prozess in den großen gesellschaftlichen Klassen wie der Aristokratie, der Kleinbourgeoisie und im europäischen Proletariat, als sie zur Avantgarde wurden, und die gleiche Formierungsgesetzmäßigkeit wirkt in der globalen Gesellschaft weiter.

Tatsächlich kann sich die organische Bildung von Subjekten der Veränderung in der Praxis nicht in einer anderen Form vollziehen. Die Allgemeinheit der potentiell zur demokratisierenden Veränderung drängenden Subjekte der globalen Gesellschaft – prekäre soziale Sektoren, Indígenas, Frauen, kritische Intellektuelle, fortschrittliche Christen, unabhängige NGO's, ethnische Minderheiten etc. – wird nicht akzeptieren, dass ihnen die Führerschaft einer soziopolitischen Gruppe oder gesellschaftlichen Einrichtung aufgezwungen wird, deren Legitimität sich nicht aus seiner befreienden Praxis ableitet.

Dieses weltumspannende gattungsgeschichtliche Befreiungssubjekt stellt sich dem globalen elitär-reaktionären Herrschaftssubjekt entgegen, das aus vier grundsätzlichen Machtkonfigurationen oder -strukturen gebildet wird: 1. dem transnationalen Kapital und seinem Medium ökonomischer Realisierung, dem Weltmarkt; 2. dem großen nationalen Kapital, das in abhängiger Weise dem transnationalen assoziiert ist; 3. den kapitalistischen Nationalstaaten als Mittel politisch-militärischer Realisierung des Großkapitals; 4. dem Weltstaat (IWF, WHO, NATO usw.) und den Regionalstaaten, wie die Vereinigten Staaten und die Europäische Union.

Die Realisierung des *Neuen Historischen Projekts* wird in mehreren großen Etappen erfolgen. Zwei lassen sich deutlich differenzieren: die *finale* oder Endphase, in der die drei demokratieverhindernden Strukturmechanismen – Ausbeutung, Herrschaft und Entfremdung – überwunden sind in einer Gesellschaft ohne Marktchrematistik, ohne Klassenstaat und ohne ausgrenzende

Kultur. Aus diesem strategischen Horizont leiten sich die Inhalte, Ziele und Formen des Kampfes für die vorhergehende Etappe ab, die wir gerade leben. Es handelt sich, wie beim historischen Sozialismus, um eine Zwischenphase der Koexistenz hinterbliebener Elemente der globalen bürgerlichen Gesellschaft mit Elementen der neuen postbürgerlichen Weltgesellschaft, welche der graduellen Harmonisierung der technologischen, edukativen, ökonomischen, politischen, kulturellen, militärischen etc. Entwicklungsstände zwischen den Erstweltstaaten und den neokolonialen Staaten dienen wird. Diese Phase ist unabdingbar, da die abgrundtiefen Disparitäten in diesen Sektoren, die der Kapitalismus in den letzten zweihundert Jahren hervorgebracht hat, kein friedliches und demokratisches Zusammenleben innerhalb der Weltgesellschaft erlauben werden. Die Funktion dieser Phase besteht in der bewusst vorangetriebenen graduellen Dynamik aller subjektiven und objektiven Faktoren, die die ausbeuterischen, repressiven und entfremdenden Mechanismen und Verhaltensweisen, die charakteristisch für alle Klassengesellschaften der Vergangenheit sind, überwinden können.

Die gegenwärtige Transitionsphase begann politisch mit der Wiedergeburt des kritischen Denkens in den Neunziger Jahren und wird augenblicklich charakterisiert durch den Bildungsprozess einer Programmatik der postbürgerlichen Gesellschaft. Die Dynamik des demokratisierenden Kampfes in dieser Etappe wird bestimmt von der Beziehung zwischen drei Faktoren (Variablen): den Klassenstrukturen und Bewusstseinsniveaus, den strategischen Zielen des NHP und dem Kräftegleichgewicht zwischen den zeitgenössischen soziopolitischen Hauptakteuren. Es geht darum, eine Bewusstseinsbildung der Mehrheiten in solcher Tiefe und Breite zu erlangen, dass sich das Kräftegleichgewicht im Weltmaßstab zugunsten der demokratisierenden Faktoren verschiebt, wodurch eine wachsende Neutralisation des kapitalistischen Systems und seiner Eliten, die entscheidend die Entwicklungslogik der globalen Gesellschaft bestimmen, erreicht wird.

Das Programm des Wandels zur postkapitalistischen Gesellschaft muss die strategischen Ziele des NHP mit den vorhandenen Machtbeziehungen und Tageskämpfen auf eine Art vermitteln, dass ein doppelter Effekt erzielt wird. Die Endziele, die zur neuen Institutionalität führen, müssen in den unmittelbaren und alltäglichen Forderungen und Kämpfen gegen das System dergestalt präsent sein, dass sie nicht dem Schicksal verfallen, nur abstrakte

oder rhetorische Postulate für die Zukunft darzustellen. Für die
tägliche Realität des Konfliktes und der Veränderung hingegen
bewirkt die dialektische Durchdringung strategischer und taktischer Elemente, dass sie nicht im Reformismus stecken bleibt. Die
Zukunft wird somit zur Kraft für die Gegenwart und die Gegenwart zum bewusst orientierten Schritt in die Zukunft; Realismus
und Zukunftsgesellschaft erzeugen gemeinsam die emanzipatorische Programmatik und Praxis.

Innerhalb dieses Zusammenhangs lassen sich wichtige demokratisierende Elemente des *Neuen Historischen Projekts* identifizieren,
die bereits für die jetzige Konfliktphase mit dem Kapital rele-
vant sind. Bezüglich der Demokratisierung der Ökonomie ist es
zum Beispiel notwendig, für die Kontrolle der Mehrheiten über
die bedeutendsten makroökonomischen Entscheidungen zu Produktion, Distribution und staatlicher Redistribution des gesamtgesellschaftlichen Produktes zu kämpfen. Die Investition ist die
strategische Variable eines jeden kapitalistischen Wirtschaftssystems, nicht nur bezüglich der politisch-sozialen Macht, die
sie gewährt, sondern ebenso hinsichtlich des Lebensstandards
und der sozialen Absicherung der Mehrheiten. Daher sind die
Gebiete vorrangiger Netto- und Ersatzinvestitionen und die entsprechende, ihnen zugewiesene Proportion des Bruttosozialpro-
dukts, die Investitionsquote, per Referendum zu entscheiden. Dies
gilt sowohl für den privaten als auch den staatlichen Sektor der
Nationalökonomie.

Das Gleiche ist gültig für den Staatshaushalt, der jedes Jahr nach
angemessener öffentlicher Debatte per Plebiszit ratifiziert werden
muss. Die gleiche Logik ist anzuwenden auf der Ebene von Bun-
desländern und Kommunen, wie es de facto bereits in mehr als ein-
hundert brasilianischen Gemeinden und Großstädten, die von der
Partei der Arbeit (PT) regiert werden, gemacht wird. Die operative Technologie für diese Ausübungen partizipativer Demokratie
stellt kein Problem mehr dar. Es wurde durch das Internet gelöst.
Die Bürger, die über keinen eigenen Computer und Internetan-
schluss verfügen, benutzen jene des „kollektiven Gebrauchs", die
in öffentlichen Gebäuden wie Schulen, Gemeindeverwaltungen
usw. aufgestellt werden. Bei den Präsidentschaftswahlen 1998 in
Brasilien wurde bereits dieses System der „elektronischen Urne"
erfolgreich verwendet, und inzwischen gehen immer mehr Staaten
zu seiner Benutzung über.

Die zunehmende elektronische Vernetzung der Bürger und Institutionen, in der Ökonomie zum Beispiel über so genannte spreadsheet-Modelle, schafft eine Infrastruktur, die der eines gigantischen Supercomputers ähnelt, der, dezentralisiert organisiert, alle wesentlichen Informations- und Entscheidungsprozesse ökonomischer, politischer, kultureller und militärischer Art ermöglicht und damit den Staatsbürgern auf jeder Ebene, von der Gemeinde bis zum Regional- und Weltstaat, die Möglichkeit gibt, Subjekt aller entscheidenden Prozesse zu sein. Diese Art öffentlicher Regulierung der staatlich-gesellschaftlichen Angelegenheiten kann bestimmte Prozesse verlangsamen oder sogar unmöglich machen, wie beim Referendum über die Europäische Verfassung (2005) geschehen. Doch ist dies der Preis jeder demokratischen Organisation gegenüber einer militärisch strukturierten. In den Niederlanden, beispielsweise, waren fast 80 % der Abgeordneten für das „Ja" zur Verfassung, während die Mehrheit der Bevölkerung dagegen war. Der Rückgriff auf das Referendum führte dann, wie in Frankreich, zur Ablehnung der Verfassung des Europas des Großkapitals. Ähnliches geschah in Uruguay, als die Wasserversorgung privatisiert werden sollte und das Referendum der Bevölkerung sich dagegen aussprach. Und es besteht kein Zweifel, dass ein Plebiszit über den geplanten Irak-Krieg die Teilnahme Großbritanniens, Italiens und Spaniens verhindert hätte. Diese Beispiele zeigen deutlich, dass trotz aller Bewusstseinsmanipulation und ständigen „perception managements" durch die Kulturindustrie das Verhalten der Bevölkerung nicht sicher programmiert werden kann und die Realisierung der Interessen der Eliten nicht gewährleistet ist. Die ideologische Deformierung des bürgerlichen Subjekts ist weitgehend, doch nicht absolut. Daher muss es aus den realen Entscheidungsinstanzen ausgegrenzt bleiben. Die Rückgewinnung seiner bewussten Subjektivität ist also nicht zu trennen von der Rückeroberung seiner realen Entscheidungsmacht, und die dafür notwendigen Institutionen können nur in der nichtbürgerlichen Gesellschaft aufgebaut werden.

Die Dekonzentration von sozialem Reichtum in der Landwirtschaft, der Industrie, dem Handel und der Finanzwirtschaft – welcher heute die materielle Stütze für die herrschende plutokratische Macht von Eliten und Staaten darstellt – ist eine objektive Notwendigkeit für den Weg zur neuen Demokratie, um das wirtschaftliche Wachstum zu verbessern, wie auch die soziale Gerechtigkeit zu fördern und die Kriminalität zu reduzieren. Das Gleiche gilt für den Erlass der Außenschuld der Dritten Welt, angemessenen Terms of Trade, das Ende des Protektionismus der herrschenden Länder und die Entschädigung der Dritten Welt für die säkulare Beraubung durch den Kolonialismus. Hinsichtlich des letzteren ist das Prinzip materieller Rehabilitation von Opfern des jüdischen Holocaust in Deutschland auf die Opfer von Sklaverei, Zwangsarbeit etc. anzuwenden, sei es durch das von Arno Peters vorgeschlagene Prinzip, sei es mittels einer Kommission der UNO, die die entsprechenden Werte berechnet und die Summen und Modalitäten der Entschädigung festlegt.

Die Auflösung der NATO als der bewaffnete Arm der neokolonialen Mächte; die Abschaffung des feudalen Sicherheitsrates der UNO, der als faktische Weltregierung weder das Prinzip bürgerlicher Gewaltenteilung anerkennt (Legislative, Judikative und Exekutive sind in ihm vereint), keine demokratische Legitimation hat, noch auch sich der Jurisdiktion des Internationalen Gerichtshofes in Den Haag unterwirft; die demokratische Abstimmung der UN-Generalversammlung über alle Gesetzgebungen und Regelungen, die die internationale Gesellschaft betreffen, anfänglich mittels gewichteter Voten und später gemäß dem formalen Prinzip: ein Staat, ein Votum; die Umverteilung des Welteinkommens, von dem sich augenblicklich 83 % in den Händen von 20 % der Weltbevölkerung konzentriert; die Demokratisierung der Kultur und vor allem der Massenkommunikationsmittel, indem die wichtigsten Sektoren der Gesellschaft eigene Fernsehkanäle und Radiostationen erhalten, wie Arbeiter, Angestellte, Arbeitslose, Künstler, Frauen, ethnische Gruppen, Studenten etc.; die Bildung eines globalen Stipendienfonds für Wissenschaftler und Künstler der Dritten Welt mit dem Ziel, dem strukturellen wie dem vorsätzlich induzierten „brain drain" in die Erste Welt entgegenzuwirken; die Rückgabe der durch den Kolonialismus widerrechtlich angeeigneten Kulturgüter der Dritten Welt an ihre rechtmäßigen Eigentümer; die angemessene Vergütung der Hausarbeit von Frauen; ein würdiges Basiseinkommen für alle Mitglieder der Gesellschaft unter Einschluss derer, die nicht imstande sind zu arbeiten; die verfassungsmäßige Verpflichtung eines Referendums, um den Beginn oder das Ende eines Krieges zu entscheiden, eine heutzutage immer noch von den Eliten an sich gerissene Prärogative; die Neuorganisation des Zentralstaates und Unterdrückers ethnischer Minderheiten mittels seiner Föderalisierung und der Respekt vor der Autonomie der Völker, die in ihm zwangsweise zusammenleben; die aktive Förderung der Sektoren, die durch ethnische, sexistische, altersmäßige oder historische Diskriminierung (Frauen, ethnische Minderheiten etc.) im öffentlichen (Parlament, Regierung etc.) wie im privaten Leben (Unternehmen) unterrepräsentiert sind. All dies sind Inhalte und Ziele des *Neuen Historischen Projekts*, die, neben vielen anderen, schon heute in die nationalen, regionalen und globalen Programme der ersten Phase des Kampfes gegen das Weltkapital integriert werden können und müssen und somit die Konstitutionsachsen des neuen weltgeschichtlichen Subjektes darstellen.

Hinsichtlich der räumlichen Dimension des Projektes ist offensichtlich, dass sein Aktionsbereich die globalen, regionalen und nationalen Dimensionen der gegenwärtigen globalen Gesellschaft organisch integrieren muss. Kein Projekt tiefgreifenden nationalen Wandels für die Mehrheiten kann in der Aktualität erfolgreich sein, wenn es nicht als integraler Bestandteil eines regionalen und Weltprojekts konzipiert und ausgeführt wird. Die erfolgreiche Liquidierung der 35-Stunden-Woche in Deutschland und Frankreich zeigt, unter anderem, dass die Abhängigkeiten der nationalen Ökonomien gegenüber dem Weltmarkt so groß sind, dass das Überleben eines progressiv-kapitalistischen Projekts (Arbeitszeitverkürzung) im nationalen Rahmen auf mittelfristige Sicht unmöglich wird. Und gleiches gilt natürlich in weit höherem Maße noch für ein nicht-kapitalistisches Zivilisationsprogramm.

In diesem Sinne hat sich die lang andauernde theoretische Diskussion über die Möglichkeit, den Sozialismus in einem Land zu errichten, durch die historische Entwicklung der letzten Dekaden erübrigt. Der Kapitalismus ist, ebenso wie ein Karzinom, ein systemisches Problem, kein lokales. Daher kann er nur mit einer Verteidigungs- und Überwindungsstrategie besiegt werden, die ihrerseits systemisch ist. Aus diesem Grund wird die demokratisierende Praxis des globalen Weltveränderungssubjekts nur dann die notwendige Kraft zur Überwindung des Systems akkumulieren können, wenn sie den Kampf mit einer integrierten global-regional-nationalen Perspektive führt, selbst wenn die Kämpfe im Wesentlichen auf lokaler und nationaler Ebene stattfinden. Die Parole des Systems, *Think global, act local*, gilt dialektisch auch umgekehrt: *Think local, act global*.

Die dergestalt zu entwickelnden regional-nationalen Übergangsprogramme zum Postkapitalismus sind natürlich unterschiedlicher Natur, da die ihnen zugrunde liegenden objektiven Realitäten und subjektiven Bedingungen sehr divergent sind. Das europäische Programm kann unmittelbar den Übergang zur partizipativen Demokratie in Angriff nehmen, da alle objektiven Bedingungen für den neuen Sozialismus gegeben sind. In Lateinamerika kann dies nur mittelbar erfolgen, da die durch den Neoliberalismus hervorgerufene Zerstörung der objektiven und subjektiven Bedingungen für den Sozialismus zu weit fortgeschritten ist. Die vermittelnde erste Stufe der Transition zum Sozialismus liegt in der Kreation eines Regionalen Lateinamerikanischen Machtblocks, wie der venezolanische Präsident Hugo Chávez ihn anstrebt, mit dem neuen Sozialismus als strategischem Horizont des Transformationsprogramms. In Afrika ist die Situation noch extremer, da alle Voraussetzungen für eine partizipative Demokratie fehlen und zunächst einmal die Schaffung funktionierender Nationalstaaten, gesellschaftlicher Kohäsion, getrennter säkularer und metaphysischer Strukturen, nationaler Identitäten und kompetitiver wirtschaftlicher Subsysteme durchgeführt werden muss.

Das Vorhergesagte bezieht sich auf den Faktor Zeit, der im Allgemeinen in revolutionären Subjekten unterschätzt wird. Das Leiden an den unhaltbaren Zuständen der Mehrheiten führt dazu, eine schnelle Veränderung herbeiführen zu wollen, doch kann damit das Problem objektiver Evolutionszeiten nicht aus der Welt geschafft werden. In China, Kuba und Venezuela kann beispielsweise solange keine Äquivalenzökonomie aufgebaut werden, als die entsprechende Informatik-Logistik nicht existiert. Und der eben geschlüpfte Vogel, der die sich nähernde Katze sieht, kann nicht deshalb wegfliegen, weil es opportun wäre, sondern erst dann, wenn sein objektives Entwicklungsstadium es ihm erlaubt.

Der intensive raum-zeitlich-bewegungsmäßige Zusammenhang der einzelnen Elemente der Weltgesellschaft macht deutlich, dass sich die Transformationen zum Sozialismus im Globalen Dorf in gewisser Zeitnähe zueinander vollziehen müssen, um durchführbar zu sein. Analysiert man die entsprechenden geschichtlichen Entwicklungsprozesse – wie den Protestantismus, den Kapitalismus oder den Sozialismus – gelangt man zu dem Schluss, dass qualitative Veränderungen in sozialen Systemen innerhalb einer Untereinheit eines größeren Systems getätigt werden: die protestantische Reformation in der Katholischen Weltkirche; die Französische Revolution von 1789 in einem Nationalstaat eines regionalen halbfeudalen Systems (Mitteleuropa); die Russische Revolution von 1917 in einem Nationalstaat des globalen kapitalistischen Systems und die Sandinistische Revolution von 1979 (Nicaragua) innerhalb des neokolonialen regionalen Machtsystems der westlichen Hemisphäre.

In diesem Sinn ist die Situation des *Neuen Historischen Projekts* ähnlich der der Französischen Revolution wie auch der der sozialistischen Revolution. Die erste triumphierte in einem europäischen Land, wurde Opfer der Intervention der Feudalstaaten, siegte über diese, hatte hauptsächlich ab 1830 die Gefahr der Refeudalisierung überwunden und wurde Teil einer neuen Weltlogik. Die Sowjetische Revolution durchschritt die gleichen Wechselfälle. Dem Triumph von 1917 folgte die bewaffnete Intervention und die kapitalistische Blockade. Nachdem die militärische Konterrevolution 1925 besiegt war und die Blockade in den Dreißiger Jahren zerbrach, weitete sich das sozialistische System auf die Hälfte der Menschheit aus, bevor es in den Neunziger Jahren zusammenbrach.

Mit anderen Worten, generell errichtet sich das neue System in *einem* Sektor des herrschenden Systems, um dann schrittweise zu expandieren und sich von Subsystem oder neuer Ordnung (Heterodoxie) zu verwandeln in System oder Hauptordnung (normal): die neue Orthodoxie. Vermutlich wird der Übergang des gegenwärtigen globalen Kapitalismus zur partizipativen globalen Demokratie der gleichen Entwicklungslogik folgen.

Ebenso wie die Französische und Sowjetische Revolution werden sich das neue System und seine gesellschaftlichen Subjekte gegen zwei große Herausforderungen durchsetzen müssen: a) ein der neuen demokratischen Ordnung wahrscheinlich partiell feindliches Umfeld, und b) sich zu behaupten und zu wachsen innerhalb der Beziehungen mit dem noch kapitalistischen Weltmarkt und den Sektoren nationaler oder regionaler Ökonomie, die noch nicht ausreichend entwickelt sind, um sie in die neue Äquivalenzökonomie zu überführen.

Die Ökonomie der Übergangsphase wird deswegen notwendigerweise einen Mischcharakter haben. Die Operationsbasis der fortgeschrittensten Faktoren der neuen nationalen oder regionalen Ökonomie wird von monetären Kosten-Preisen übergehen auf objektive Werte (Arbeitszeit), während die rückständigsten Sektoren und der Weltmarkt weiterhin über Preise-Kosten operieren werden.

Zwei Faktoren machen die temporäre Koexistenz beider Wirtschaftstypen möglich: a) die Basis für die Kalkulation in

Geldeinheiten (Preise-Kosten) in den Marktwirtschaften ist de facto die Kalkulation in Zeiteinheiten, seit dem Beginn des Taylorismus in den Dreißiger Jahren bis hin zu den modernsten Methoden der Quantifizierung von Produktionszeiten im aktuellen Toyotismus; b) die von Stahmer demonstrierte Konvertibilität dreier Messskalen, die den Austausch zwischen marktwirtschaftlichen und Äquivalenzsystemen möglich macht. Mit der Entwicklung der Äquivalenzökonomie wird die Tendenz zur graduellen Expansion der unter der Kontrolle des objektiven Wertes stehenden Gebiete das Gewicht der Chrematistik reduzieren, bis diese letztendlich aufhört zu existieren.

Ein letzter Aspekt der Frage der Subjektbildung in der Übergangsphase ist das Argument, dass heutzutage das Fernsehen eine Bewusstseinsbildung der Massen unmöglich macht. Dieses Argument ist falsch. Das „Fernsehen" des Feudalismus war die Katholische Kirche, welche die Indoktrination und die systematische Ergebenheit der analphabetischen Bevölkerung garantierte. Aber trotz ihrer eisernen Kontrolle mittels psychologischen und staatlichen Terrors (Inquisition) konnte sie nicht die Wiedergeburt der weltlichen und kritischen Vernunft verhindern, die letztendlich die Ketten der Ideologie sprengten und den Weg zur neuen Gesellschaftsformation freimachten.

4.4 Der Arbeitswert

Die Notwendigkeit, den objektiven Wert von Produkten zu bestimmen, so wie es die klassische Ökonomie forderte, ist *conditio sine qua non* des Sozialismus, dessen fundamentale Forderungen a) Soziale Gerechtigkeit und b) Real Partizipative Demokratie sind. In der Chrematistik wird der Preis einer Ware im Wesentlichen über die Macht der an der Preisbildung beteiligten wirtschaftlichen Agenten bestimmt. Derjenige, der die meiste Macht hat, sei es politische, ökonomische, kulturelle oder militärische, zwingt dem Schwächeren den Preis der Waren, Dienstleistungen und Arbeitskraft auf. Die bürgerliche Ökonomie mystifiziert diese fundamentale Tatsache mittels dreier Ideologismen: 1. das „Gesetz von Angebot und Nachfrage", 2. die Theorie der marginalen Kosten (Grenzkosten) und 3. die subjektive Wertlehre. Es ist jedoch unbestreitbar, dass die konstitutive Tatsache der bürgerlichen Ökonomie, die Preise (Gewinne) und ihr Bildungsmechanismus, eine direkte Funktion der Macht darstellen, die von keiner Instanz bürgerlicher Gesellschaft demokratisch kontrolliert wird. Das Strukturbild vertikaler, antidemokratischer und antisozialer Organisation der Bourgeoisie wiederholt sich also in allen zentralen Institutionen ihrer Zivilisation, von Politik, Kultur, Militär bis zur Ökonomie.

Die Herstellung einer gerechteren sozialistischen Ökonomie mittels des Austauschs gleicher (äquivalenter) Arbeitsaufwendungen verläuft a) über die Bestimmung der objektiven Werte und b) über die Verwirklichung des Austauschs gleicher (äquivalenter) Werte. Ersteres ist ein methodologisch-wissenschaftliches Problem, das zweite ein Problem der Macht. Das erste löst sich mit der fortgeschrittenen Mathematik, der Informatik und Computerkapazität, das zweite mit der Partizipativen Demokratie.

Im Unterschied zum subjektiven Charakter der von der bürgerlichen Ökonomie verwendeten Konzepte Preis und Wert ist das Konzept des Wertes als die in einem Produkt oder in einer Dienstleistung real enthaltene direkte und indirekte Arbeitszeit (abstrakte Arbeit) eine objektive Größe. Objektive Größe bedeutet, dass ihre Feststellung nicht personenabhängig ist; also unabhängig von Nationalität, Geschlecht, ethnischer Zugehörigkeit, Ausbildung, religiösem Credo usw. durchgeführt werden kann. Erst dieser objektive Charakter des Wertes erlaubt ihm, die Basis einer gerechten Ökonomie zu sein, weil der Austausch von Gütern und Dienstleistungen auf Werten gleicher Größe basieren kann, unabhängig von der konkreten Form und materiellen Gestalt, die Produkte oder Dienstleistungen haben.

Der Status des Wertes als objektive Größe – d. h. unabhängig von irgendeinem besonderen Subjekt – unterscheidet ihn von den Werten, die bloß intersubjektiv sind, z.B. dem Nennwert einer Banknote. Diese Objektivität des Wertausdrucks ergibt sich aus seiner Zeitbasis. Eine kurze Reflexion über das Konzept *Zeit* kann dies verdeutlichen.

Auf den ersten Blick scheint die *Zeit* eine Einheit intersubjektiven Maßes zu sein, also eine gesellschaftlich vereinbarte Größe, ähnlich der, die man auf der Denomination (Benennung) einer Banknote findet. Sie vermittelt den Eindruck, dass ein menschliches Gemeinwesen irgendwann ihre Messeinheiten definiert hat, z.B. den Tag mit 24 Stunden oder die Minute mit 60 Sekunden, und als diese Definitionen dann als nützlich akzeptiert wurden, verbreiteten sie sich über den ganzen Erdball. Damit wurden sie intersubjektiv, das heißt, unabhängig von den Gesichtspunkten und Wertvorstellungen jedes einzelnen Subjekts. Bis hierhin reicht de facto der *Status* einer monetären Maßeinheit wie eine Banknote.

Im Fall der Definition des Wertes über die abstrakte Arbeit geht der erkenntnistheoretische Status des Konzeptes jedoch von der intersubjektiven auf die objektive Ebene über, da die *Zeit* der Ausdruck bestimmter Bewegungsregelmäßigkeiten innerhalb der Natur ist. Ein Tag von 24 Stunden bezieht sich auf eine komplette Drehung der Erde um ihre eigene Rotationsachse oder ein Jahr mit 365 Tagen auf die Erdumlaufbahn um die Sonne (365,26 Tage). Das bedeutet, dass die *Zeit* mittels bestimmter Messeinheiten (Tage, Stunden etc.) – die subjektiv oder national variieren können, wie Zentimeter oder Zoll als Längenmaß oder Celsius, Fahrenheit und Kelvin als Temperaturmaße – ein objektives Verhältnis zwischen einer Distanz und einer Geschwindigkeit ausdrückt, also mathematisch ein Quotient ist.[1] Die Distanzen sind objektive Dimensionen des Universums, ebenso wie die Bewegungen (Geschwindigkeiten) der physikalischen Phänomene, etwa des Lichts. Nur das System zu ihrer Messung ist intersubjektiv, weil es aus pragmatischen Konventionen besteht, die von einer menschlichen Gemeinschaft vereinbart werden, wie es z.B. beim Thermometer, Seismographen und dem in Paris bewachten Raummaß des Originalmeters, das den zehnmillionsten Teil der Entfernung vom Nordpol zum Äquator darstellt, geschehen ist. Hierin liegt der qualitative Unterschied zwischen dem objektiven Parameter (Maßstab) des Wertes über die Zeit und dem subjektiv-willkürlichen der bürgerlichen Ökonomie: der Macht.

Diese Reflexion zeigt, dass der als quantitative Zeiteinheit definierte Arbeitswert in wissenschaftslogischer Hinsicht dem des Preises überlegen ist, weil er eine größere Entsprechung mit der objektiven Realität erreicht als der Preis und daher einen wichtigen methodologisch-theoretischen Fortschritt darstellt. In der immer asymptotischen Beziehung zwischen Begriffen und Messkategorien menschlicher Interpretation und der Wirklichkeit selbst, stellt der von der Politischen Ökonomie vor zweihundert Jahren bestimmte Wertbegriff nach wie vor das für sozial gerech-

---

1 – Ebenso, wie die Zeit ein Verhältnis zwischen Raum und Geschwindigkeit ausdrückt, drückt die Geschwindigkeit eine Beziehung zwischen Raum und Zeit aus und die räumliche Distanz ein Verhältnis zwischen Zeit und Geschwindigkeit.

tes Wirtschaften erfolgreichste Messsystem dar, das wir zur Verfügung haben.

Die technische Entwicklung hat es mit sich gebracht, dass die historisch auf zwei Optionen reduzierte Alternative, Wert oder Macht-Preis, sich erweitert hat auf zusätzlich mögliche objektive Indikatoren. Da heute kein Produkt oder Dienstleistung erzeugt werden kann, ohne dass wissenschaftliches Wissen oder Information in ihm enthalten ist und da, weiterhin, Information über Bits und Bytes quantitativ gemessen werden kann, wäre diese allgemein unverzichtbare Ressource gesellschaftlicher Produktion ebenfalls als Messinstrument und wirtschaftliche Verrechnungseinheit verfügbar.

Neben Zeitinputs (Wert) oder Informationsinputs (Bytes) könnten ebenfalls Energiequota, die praktisch in jedes Produkt eingehen, als objektivierende Messeinheiten verwendet werden. Zeitinputs scheinen jedoch, bei Abwägung aller pragmatischen und theoretischen Gründe, die für oder gegen die verschiedenen Berechnungseinheiten sprechen, nachwievor die optimale Berechungsgrundlage für die zukünftige Äquivalenzökonomie der direkten Demokratie zu bilden.

Kurz vor seinem Tod hat Arno Peters in bedeutender Weise das didaktische Problem des Verständnisses des Wertkalküls vorangebracht. Neben den ursprünglich von Wassily Leontieff entwickelten Input-Output-Matrizen, die es gestatten, komplexe wechselseitige Abhängigkeiten und Verflechtungen quantitativ zu kalkulieren, wie etwa die Benutzung der Produktion eines Betriebes als Investitionsinput in einen anderen, gelang es dem Wissenschaftler, im Januar 2002 eine Matrix zu entwickeln, die die Berechnung des Wertes eines beliebigen Produktes erlaubt. Dieses Paradigma, das Peters selbst als „Peters-Rose" bezeichnete, verdeutlicht die für die Wertberechnungen der Äquivalenzökonomie notwendigen Einsatzfaktoren der Produktion, die den Gesamtwert des Produktes ergeben.

Die Matrix von Peters (Peters-Rose) ist eine deutlich didaktischere Form, das theoretische Problem der Berechnung des objektiven Wertes darzustellen, als die Input-Output-Tabellen (IOT) von Wassily Leontieff, auch wenn sie letztendlich zur gleichen mathematischen Form führt wie die großartige Innovation des russischen Mathematikers. Dieser didaktische und heuristische Effekt wird durch folgendes erreicht:

1. Die Organisation der Einträge (Variablen), die den finalen Wert des Produkts festlegen, in einem Kreis-Modell macht leicht verständlich, dass die Anzahl an Inputs für eine bedeutende Zahl von Produkten und Dienstleistungen virtuell unendlich ist. Aus dieser Erkenntnis leiten sich wichtige methodische Schlüsse ab.

2. Die Matrix erlaubt es, anschaulich alle Produktionsfaktoren auf zwei zurückzuführen, in Übereinstimmung mit der klassischen Ökonomie und ihrem Postulat, dass ausschließlich die Arbeit in lebendiger oder verdinglichter Form Wert schafft bzw. transferieren kann.

3. Die Peters-Rose zeigt auf, dass der Präzisionsgrad, mit dem jeder einzelne Produktionsfaktor als Zeit bestimmt werden kann, davon abhängt, ob es sich um lebendige oder verdinglichte Arbeit handelt. Die Zeiten (Werte) lebendiger Arbeit – dargestellt in der oberen Hälfte der Matrix – können mit einer Präzision von annähernd 100% berechnet werden, da alle Produktionsprozesse der modernen Ökonomie auf dem Vektor „Zeit" basieren.

Die Berechnung der Werte an verdinglichter Arbeit (Maschinen, Werkzeuge, Räumlichkeiten etc.), die anteilmäßig in das neue Produkt eingehen, ist komplexer und erfordert Approximationsmethoden, die ähnlich der Berechnungsgrundlage der zur Zeit gebräuchlichen Wertminderungstabellen (Abschreibungen) hinreichend akzeptable Annäherungswerte ergeben.

4. In der ersten Etappe des *Neuen Historischen Projekts* (heute) wäre der Prozess der Messung, Operationalisierung und Instrumentalisierung des objektiven Wertes demzufolge eine Kombination von präzisen Messungen und begründeten, nicht willkürlichen Schätzungen.

Dieses Problem ist jedoch aus drei Gründen von geringerer Wichtigkeit, als es auf den ersten Blick den Anschein hat: a) In dauerhaften Gütern verwandelt sich der präzise Wert an lebendiger Arbeit einer Phase t_0 in einen präzisen Wert der verdinglichten Arbeit in der Phase t_1, und demzufolge reduziert sich sukzessiv die „Annäherungszone" in den Berechnungen; b) verglichen mit den Preisen der bürgerlichen Ökonomie, die in antidemokratischer Weise durch Machtüberlegenheit festgelegt werden, häufig willkürlich, stellt der teils präzise ermittelte und teils geschätzte Wert in der Übergangsphase zur Äquivalenzökonomie einen qualitativen Sprung im Voranschreiten zu einer gerechteren, demokratischeren und moralischeren Ökonomie dar; c) generell ist der Annäherungsgrad einer mathematischen Berechnung an die objektiven

Parameter eines empirischen Phänomens eine pragmatische Entscheidung. Die notwendigen Konfidenzintervalle, Sicherheitsgrade und Fehlerrisiken statistischer Messungen sind eine Funktion der praktischen Verwertung, die diesem Wissen zugedacht ist. In der Produktion eines Narkosemittels, z.B., ist ein weitaus höherer statistischer Sicherheitsgrad notwendig als, sagen wir, in der Produktion eines Hustensaftes.

5. In abstracto ist es möglich, den Wert auf eine induzierte oder eine deduzierte Art und Weise zu berechnen. Jedoch ist möglicherweise die Induktion, die die relativen Werte jedes Eintrags aufsummiert, um zum definitiven Wert des Endproduktes zu gelangen, weniger funktional als die Deduktion; z.B. die Berechnung des Wertes der Tages-, Monats- oder Jahresproduktion eines Produktes oder einer Dienstleistung, gefolgt von seiner Desaggregation in Durchschnittswerte pro Stück.

6. Mit der Peters-Rose[2] und den entsprechenden Arbeiten von Stahmer, Cottrell und Cockshott schließt sich eine strukturell-institutionelle Lücke in der Theorie der postkapitalistischen Gesellschaft, da nun die Institutionalität der neuen Ökonomie durch drei Subinstitutionen oder Subsysteme weiter definiert werden kann: 1. die demokratische Mikro- und Makroplanung, die die faktische Ausübung der Volkssouveränität auf dem Gebiet der Wirtschaft wiederherstellt, die von der formalen Demokratie der Bourgeoisie negiert wird; 2. die Berechnung des objektiven Wertes von Produkten und Dienstleistungen mittels der modernen Mathematik und Informatik; und 3. der gerechte Austausch von Gütern und Dienstleistungen in Übereinstimmung mit dem Prinzip ihrer Äquivalenz.

4.5 Komplexe Arbeit

Die wirtschaftspolitischen Gestaltungsprinzipien des objektiven Werts, der Äquivalenz und der basis-demokratischen Planung sind zweifelsohne die fundamentalen Achsen einer gerechten Ökonomie der Zukunft. Sie sind von Arno Peters ansatzweise in ihrer klassischen Form formuliert worden, das heißt, so wie sie in der klassenfreien Gesellschaft der partizipativen Demokratie existieren werden. Aber alles deutet darauf hin, dass für die Übergangsphase vom Kapitalismus zur neuen Zivilisation die antikapitalistischen Kräfte die Gestaltungsmöglichkeit dieser Prinzipien realistisch unter den Bedingungen des weltweiten Systemkonfliktes mit den

Die Peters-Rose

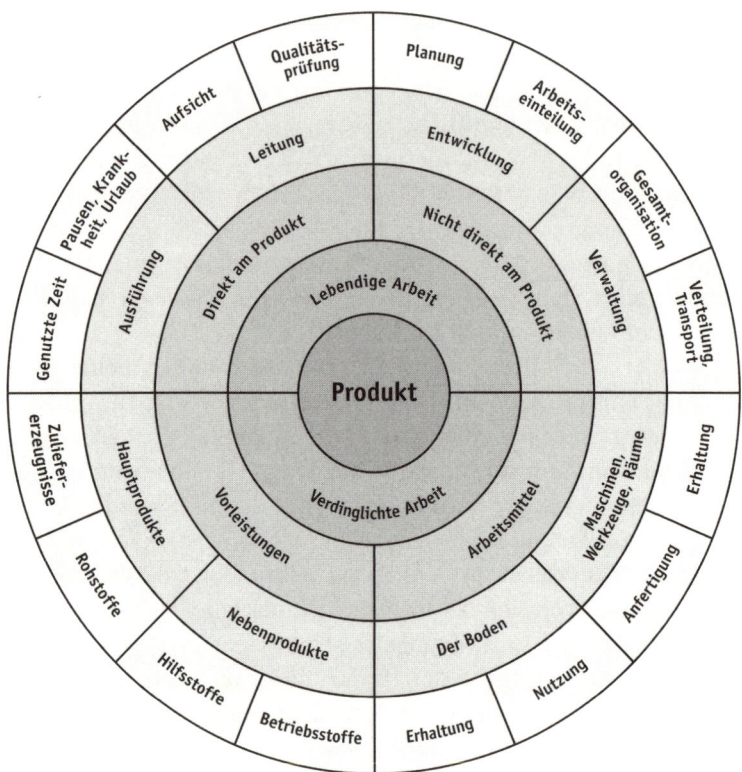

2 – Als Arno Peters nach langen Diskussionen und Versuchen den Gedanken hatte, die Wertproblematik mittels der Peters-Rose graphisch darzustellen, rief er mich um 07:00 Uhr morgens in Mexiko-Stadt an und sagte: „Herr Dieterich, heute habe ich nach langer Zeit wieder ,Heureka' in mein Tagebuch geschrieben." Leider verstarb er zu früh, um an die Zusammenarbeit mit der Schottischen Schule, von deren Existenz wir erst später durch den puk-Mitarbeiter Stefan Rehfus aus Göttingen erfuhren, anzuknüpfen. Ohne Zweifel hätte die direkte und intensive Zusammenarbeit mit Cockshott/Cottrell, Carsten Stahmer und den lateinamerikanischen Autoren die Theorie schnell vorangebracht, die in der Bundesrepublik auch deshalb nicht weiter entwickelt ist, weil Arno Peters institutionelle Unterstützung, etwa von der Bremer Universität, versagt wurde.

großen imperialistischen Blöcken und ihren Oligarchien in Rechnung stellen müssen, falls sie nicht erneut scheitern wollen.

Die vollendete Form eines Systems ist an vorhergehende objektive Entwicklungsabläufe gebunden, die den Gesetzmäßigkeiten von Raum und Zeit unterworfen sind. Da Zeit, außer im Quantenuniversum, stets mit gleicher Geschwindigkeit immer in der gleichen Richtung fließt, nämlich aus der Vergangenheit in die Zukunft, können diese Raumzeitbedingungen nicht „übersprungen" werden, sondern müssen als Planungsparameter in die entsprechenden *Historischen Projekte* eingehen, so wie Lenin das zum Beispiel mit der Neuen Ökonomischen Politik gezeigt hat oder mit der Adoption des Agrarprogramms. Für die drei genannten Gestaltungsprinzipien der nichtkapitalistischen Wirtschaft gilt also, dass ihre theoretische Behandlung und praktische Realisierbarkeit in den Übergangsphasen zur partizipativen Demokratie flexibel, d.h. materialistisch-dialektisch gehandhabt werden muss, gegenüber ihrer Endgestalt in der klassenfreien Gesellschaft. Dies gilt, zum Beispiel, für die Behandlung der Gratifikation einfacher und komplexer Arbeit.

Das von Arno Peters stipulierte Prinzip rigoroser Äquivalenz oder absoluter Gleichheit in der Entlohnung einfacher und komplexer Arbeit kann in der gemischten Ökonomie des Übergangs realistischerweise nicht aufrechterhalten werden, da es der Konditionierung des menschlichen Charakters im Kapitalismus – möglicherweise auch seiner anthropologischen Natur – nicht genügend Rechnung trägt, wie etwa der Bedeutung materieller Anreize, dem Machtstreben und Machtmissbrauch, dem Neid, den Tendenzen zur Korruption, dem Narzissmus, Autoritarismus und Konsumismus. All dies sind Faktoren, die einen positiven oder negativen Einfluss auf die individuelle und soziale Arbeitsproduktivität haben und daher als ökonomische Faktoren für die sozialistische Periode von enormer Bedeutung sind. In dieser Hinsicht sind die Erfahrungen aus der Sowjetunion und der DDR außerordentlich wertvoll, da sie verhindern können, dass romantisches Denken oder historisch erklärbare Gerechtigkeitsforderungen in objektiv konträren Verhältnissen die praktische Wirtschaftspolitik determinieren.

Einer der wichtigsten aber auch komplexesten Aspekte dieser Problematik ist die Beziehung zwischen der Produktivität einer Arbeitskraft und ihrer materiellen Vergütung, also die Frage, wann eine höhere individuelle Produktivität des Beschäftigten „A" gegenüber dem Beschäftigten „B", bei gleicher Anzahl geleisteter Arbeitsstunden, eine höhere Gratifikation für „A" erlaubt?

Um dieses Problem zu lösen, muss mindestens zwischen zwei Situationstypen oder Variablen unterschieden werden, die eine bessere Vergütung im Falle höherer Produktivität gestatten bzw. verneinen. Generell sind unterschiedliche Produktivitätsniveaus des Arbeitenden mehreren objektiven und subjektiven Bedingungen geschuldet, unter anderem überlegene technologische Ausstattung und Arbeitsorganisation, bessere professionelle Ausbildung, bessere vitale Kapazitäten, leistungsbezogene Entlohnung, Disziplin und persönlicher Arbeitseinsatz und -wille des direkten Produzenten.

Wenn die höhere Produktivität des Arbeitenden „A" sein persönlicher Verdienst ist, also wenn sein Interesse, seine professionelle Ausbildung, formale Erziehung, Sorgfalt, Disziplin, Wille usw. die Quellen seiner höheren Produktivität sind, sollte er dann eine zusätzliche Gratifikation zum Basiswert, den er für einen Arbeitstag erhält, bekommen? Wenn er acht Stunden gearbeitet und gesellschaftliche Werte geschaffen hat, sollten ihm dann, zum Beispiel, neun Stunden vergütet werden? Welcher arbeitenden Gruppe würde man diesen Extrabonus abziehen, da ja gesamtgesellschaftlich immer nur eine begrenzte Menge von Produkten und Dienstleistungen zur Verteilung verfügbar ist?

Hingegen, wenn die höhere Produktivität von „A" aus Variablen resultiert, die nicht seinem eigenen oder persönlichen Verdienst entsprechen – z. B., in einem physisch leistungsfähigeren Alter zu sein, Verfügung über eine bessere Produktionstechnologie zu haben, einer ethnisch (kaukasischer Phänotypus) oder geographisch privilegierten Gruppe (Erstweltökonomien) oder einem privilegierten Geschlecht (sexistischer Vorrang) anzugehören –, dann wäre keine bessere Vergütung als der Basislohn zu rechtfertigen. Wenn man es dennoch täte, würde zum Beispiel eine ältere Person wegen ihrer geringeren Produktivität bestraft werden, obgleich sie subjektiv unschuldig ist und die Aufhebung ihres Strafgrundes außerhalb ihrer Wirkungsmöglichkeiten läge.

Eine zusätzliche Reflexion über das Problem der gerechten Entlohnung muss Arbeitsbedingungen in Rechnung stellen, die extrem schwer oder gesundheitsgefährdend sind. Ein Erntearbeiter auf einer Zuckerplantage, ein Müllarbeiter oder ein Bergarbeiter müssten gewisse Extragratifikationen – mehr Ferien, besseres Essen, Gefahrenzulage usw. – erhalten, als jemand, der eine physisch leichte Tätigkeit in einem Büro mit Klimaanlage verrichtet. Das Argument von Peters, dass die Berechnung solcher Vergütungen – über den objektiven Wert hinaus – notwendigerweise subjektiv ist, ist zweifelsohne korrekt, da es keinen Modus gibt, aufzuzeigen, dass ein Ingenieur zweimal mehr anstelle von 1,8 oder 2,2 mal mehr zu verdienen hat als ein Mechaniker. Dieser Multiplikator des Basiswertes ist unvermeidlich subjektiv und insofern ein möglicher Gefahrenpunkt von Korruption und Ungerechtigkeiten. Doch unter entsprechender demokratischer Kontrolle der Produzenten und der öffentlichen Kontrollorgane ist dieses Problem der Übergangsgesellschaft dem des „brain drain" vorzuziehen, das aus dem kapitalistischen Einkommensgefälle zwischen niedrig- und hochtechnifizierten Gesellschaften entspringt und über staatlich induzierte Abwerbungsprogramme des Imperialismus systematisch verstärkt wird gegenüber allen nicht-kapitalistisch intendierten Gesellschaftsprojekten, so wie das historisch in der DDR und Kuba geschah.

Neben diesem Aspekt individueller Gerechtigkeit spielen Entgeltungsdifferentiale natürlich eine zentrale gesamtökonomische Funktion in der Allokation (Verteilung) von Arbeitskraft. Die Elite jeder modernen Gesellschaft bedient sich einer Kombination unterschiedlicher ökonomischer Stimuli, marktwirtschaftlicher Repressionen (z.B. Arbeitslosigkeit) und arbeitsgesetzlicher Zwänge (Bedingungen des Arbeitslosengeldes, der Sozialhilfe usw.), welche die arbeitsfähige Bevölkerung den Imperativen der Kapitalakkumulation unterwirft, sei es denen, die aus der Industrialisierung, der technischen Innovation oder der Zerstörung des Sozialstaates resultieren. Da im real existierenden Sozialismus der wichtigste Hebel der Arbeiterkontrolle, die existenzzerstörende Entlassung, praktisch aufgehoben war, blieben nur administrative Maßnahmen oder Vergütungsdifferentiale als Leitsysteme übrig. Mit der Entstalinisierung fiel ein Großteil der administrativen Zwangsmaßnahmen (Zwangsarbeit) weg, so dass das doppelte Marxsche Prinzip der a) Arbeit als einzige Einnahmequelle und b) der Gleichbehandlung aller Arbeit, nur modifiziert realisiert werden konnte, über Lohndifferenzen für einfache und komplexe Arbeit.

Es wäre daher wenig realistisch zu versuchen, vom kapitalistischen *homo oeconomicus* ohne Übergang zum ethischen Menschen der zukünftigen Demokratie zu gelangen. Bei Marx und Engels wurde dieses Problem in den Konzepten von einfacher und komplexer

Arbeit behandelt und später im real existierenden Sozialismus nach unserer Auffassung – im Wesentlichen – korrekt gelöst.

Die zweite Modifizierung bezieht sich auf das Konzept mittlerer Produktivität. In der Chrematistik tendiert das ökonomische Subjekt, dessen Produktivität unterhalb des nationalen oder internationalen Durchschnitts liegt, dazu, eliminiert zu werden, vor allem in Krisenzeiten. Das bedeutet, dass die Produktionskosten in der Chrematistik im Prinzip eine realistische Richtschnur hinsichtlich des erreichten Produktivitätsstandes zu jedem Zeitpunkt und in jedem Winkel der globalen Ökonomie darstellen, wenn auch die praktischen Berechnungsprobleme, die aus Währungsverhältnissen, Subsidien, manipulierten Statistiken usw. resultieren, nicht unterschätzt werden sollten.

Für die demokratisch geplante Ökonomie wird ein ähnlicher Standard benötigt – eine mittlere Produktivität –, der es erlaubt, die Effizienz jeder ökonomischen Einheit, vor allem der Unternehmen, mit einer gewissen Objektivität zu bewerten, um keine knappen Ressourcen zu verschwenden. Diese durchschnittliche Produktivität würde, demokratisch vermittelt, als eines der Leitprinzipien der Äquivalenzwirtschaft das ersetzen, was Marx das Wertgesetz der kapitalistischen Ökonomie genannt hat.

4.6 Wann ist eine Wirtschaft sozialistisch?

4.6.1 Taktische und strategische Definition des Sozialismus

Die praktische Notwendigkeit, innerhalb des strategischen Endziels des Kommunismus Etappenziele des sozialistischen Aufbaus zu bestimmen, zwang die sozialistischen Staatsführer von Zeit zu Zeit, pragmatische Losungen auszugeben über den erreichten Stand nichtkapitalistischer Entwicklung. Diese periodischen Diagnosen waren im logischen Sinn lediglich taktische Definitionen, notwendig, um die Aufgaben aller am Aufbau beteiligten Akteure, also der Partei, der Massen und des Staates, regelmäßig den sich verändernden Verhältnissen anzupassen. Der Imperativ, die Sowjetunion aus einem Agrarland in ein Industrieland zu verwandeln, führte beispielsweise Lenin im Dezember 1920 dazu, den Delegierten des 8. Allrussischen Sowjetkongresses den Entwurf eines Planes der Staatlichen Kommission zur Elektrifizierung Russlands (GOELRO) vorzulegen. Dieses, von mehr als 200 Wissenschaftlern und Technikern ausgearbeitete Projekt, das zwei Jahre später in Angriff genommen wurde, wurde von Lenin mit der historischen Formulierung präsentiert: „Kommunismus – das ist Sowjetmacht plus Elektrifizierung des ganzen Landes." Im Januar 1923 veränderte sich die Zustandsbeschreibung sowjetischer Realität und das Gravitationszentrum sozialistischen Aufbaus: „Nun können wir zu Recht bestätigen", schrieb Lenin, „dass für uns die Entwicklung der Kooperativen (...) identisch ist mit der Entwicklung des Sozialismus."[3] Vierzig Jahre später definierte Chruschtschow in karikaturesker Form die Überlegenheit des sowjetischen Sozialismus und seinen vorhersehbaren Eintritt in den Kommunismus mit dem Kriterium höheren Fleischkonsums in der Sowjetunion gegenüber den USA, dem sogenannten „Gulasch-Kommunismus".

Maos „Großer Sprung nach vorn" spielte eine ähnliche Rolle in der chinesischen Revolution. Begonnen im Frühjahr 1958 sollte er die Volksrepublik China innerhalb von 15 Jahren so weit entwickeln, dass sie die Pro-Kopf-Erzeugung Großbritanniens an schwerindustriellen Gütern überholte. Das Programm der „drei roten Banner", also die simultane Entwicklung von Industrie und Landwirtschaft mittels gleichzeitiger Nutzung moderner und traditioneller Produktionsmethoden, die dörfliche Versorgung mit einfachen Gebrauchsgütern über lokale, dezentralisierte Kleinindustrien, „Produktionsschlachten", zum Beispiel in der Stahlerzeugung, eine arbeitsintensive Entwicklungspolitik, die Militarisierung der Arbeit und die Schwächung des traditionellen Familiensystems über die zwangsweise Zusammenfassung landwirtschaftlicher Produktionsgenossenschaften, Gemeinden und Fabriken in großen Volkskommunen, dies alles waren Maßnahmen, die den Sprung der chinesischen Revolution in den Kommunismus vorbereiten sollten.
Der große Sprung nach vorn endete jedoch nicht in einer gesellschaftlichen Vorstufe des Kommunismus, sondern in einer tiefgehenden Strukturkrise des Systems, die über die folgende Kulturrevolution schließlich im Reformismus Deng Xiao-Pengs terminierte, das heißt, zur Installation eines marktwirtschaftlich bestimmten Modernisierungsweges führte, der China unweigerlich im Kapitalismus des 21. Jahrhundertes enden lässt. Maos verzweifelter Versuch, den Sozialismus in objektiv dafür ungeeigneten Verhältnissen mittels eines voluntaristischen Quantensprungs

---

3 – V.I. Lenin, *Sobre las Cooperativas*, Editorial Progreso, Moscú 1980, S. 34.

auf brutal-antidemokratische Weise nach vorn zu treiben, ist nur plausibel zu erklären aus der Ohnmacht eines großen dialektischen Denkers, der sieht, dass die dynamische Kraft revolutionärer Transformation am Trägheitsmoment vorsozialistischer Wirklichkeit scheitern wird. Ebenso wie bei Lenin liegt das zentrale politische Ziel Maos in der abhängigen Integration der Bauernmassen unter die vertikale Kontrolle der Partei bzw. der Sowjetmacht. Die revolutionäre Diktatur und Unterordung der Mehrheit der Bevölkerung wird der evolutionären und mitbestimmenden Integration der Massen vorgezogen, mit verheerenden langfristigen Konsequenzen für die Entwicklung realer Demokratieformen und -institutionen in Partei, Staat und Massen.

Die bolivarianische Revolution in Venezuela unterliegt ähnlichem Praxisdruck in ihrem Versuch, das Konzept des Sozialismus des 21. Jahrhunderts im Zentrum lateinamerikanischer Transformationsdynamik zu verankern. Die Pression antikommunistischer Kräfte, wie etwa der hohe Klerus, große Teile der Generalität, der monopolistischen Medien und bedeutender Segmente der Mittelklassen, haben dazu geführt, dass Hugo Chávez „Sozialismus" vor allem als christlichen oder bolivarianischen Sozialismus definiert. Es handelt sich dabei erneut um eine taktische Definition, also um eine Konzession an die Machtverhältnisse, die im Moment keine radikalere Definition zulassen. Taktische Definition deshalb, weil das Zivilisationsmodell Simón Bolívars die europäische Bourgeoisie der Jahrhundertwende war und das historische Projekt von Jesus über eine progressive Ethik und Metaphysik nicht hinausging.

Die taktischen Definitionen der großen Baumeister des Sozialismus und ihre undialektische Lektüre durch die heute vorwiegenden vulgärmarxistischen Strömungen sowie die innerhalb dieser Strömungen wenig beachteten ursprünglichen Bestimmungen von Marx und Engels über die Essenz der postkapitalistischen Zivilisation führen dazu, dass die gegenwärtige Diskussion über den sozialistischen Charakter einer Wirtschaft hauptsächlich konfus ist und wenig zur antikapitalistischen Praxis beiträgt. Die Entstehung eines antikapitalistischen Weltbewusstseins und -subjektes ist jedoch ohne die Kenntnis des qualitativen Unterschieds zwischen kapitalistischen und sozialistischen Produktionsverhältnissen nicht möglich. Nur wenn die zentralen Elemente einer strategischen Definition sozialistischer Ökonomie klar sind, können missverständliche Interpretationen wirtschaftlicher Wirklichkeit, die beispielsweise keynesianische Marktökonomien, „sozialistische Marktwirtschaften", über Preis-Kosten-Mechanismen operierende zentralverwaltungswirtschaftliche Systeme oder durch christliche Ethik inspirierte Marktwirtschaften mit Sozialismus verwechseln, vermieden werden.

Der nichtbürgerliche Klassencharakter der sozialistischen Ökonomie und Gesellschaft kann nur etabliert und dauerhaft gefestigt werden, wenn das neue Wirtschaftssystem drei Kriterien erfüllt: 1. reale ökonomische Entscheidungsfindung der Bevölkerung über makroökonomisch relevante Faktoren; 2. die Operation wesentlicher Sektoren der Nationalökonomie über den Wert (Zeitinputs) und den wertgleichen Tausch (Äquivalenz); 3. weitgehende Selbstbestimmung auf Betriebs- und Gemeindeebene, also in mikroökonomischen Prozessen.

4.6.2 Realdemokratische Einflussnahme der Mehrheiten auf makroökonomische Prozesse

Wirtschaftliche Demokratie erfordert, dass die Mehrheit der Staatsbürger eine reale Einflussnahme auf die volkswirtschaftlichen Parameter nehmen kann, die ihre Lebensqualität entscheidend beeinflussen. Zu diesen Parametern gehören unter anderem die Staatshaushalte, die sektoralen und nationalen Investitionsquoten, die Steuerquoten, die Entscheidung über privatrechtliche oder öffentlich-rechtliche Eigentumsformen in strategischen Wirtschaftsbereichen, wie Energie und Wasser, sowie internationale Verträge von Bedeutung, wie Freihandelsverträge und Vereinbarungen mit den Regionalstaaten (z.B. Europäische Union) und den Wirtschafts- und Finanzinstitutionen des Weltstaates, wie dem Internationalen Währungsfonds, der Weltbank und der Welthandelsorganisation.

Die Einführung und konkrete Form dieser demokratischen Kontrollen muss realistischerweise graduell und den lokalen und nationalen Gegebenheiten entsprechend durchgeführt werden. Der Staatshaushalt ist vielleicht der Parameter, der am einfachsten in den demokratischen Diskussions- und Entscheidungsprozess einbezogen werden kann. Die Prozedur ist relativ einfach. Die verschiedenen Haushaltsinitiativen werden einige Monate lang in ihren wesentlichen Komponenten über öffentliche und private Medien (Fernsehen, Radio usw.) debattiert und dann in einem elektronischen Plebiszit entschieden. Da die Haushaltsgelder Teile des von der Bevölkerung erwirtschafteten gesamtgesellschaftlichen Reichtums darstellen und ihre angemessene oder unangemessene Verteilung direkte (Rentenhöhe) oder indirekte (Zinsniveau, Arbeitslosigkeit) Konsequenzen für alle Staatsbürger hat, bedarf die Legitimität dieser Maßnahme keiner Diskussion. Ähnliches gilt für die anderen Parameter, deren Kontrolle durch die Bevölkerung unabdingbar für jede demokratische Produktionsweise ist. Die brasilianische Arbeiterpartei (PT) praktiziert seit vielen Jahren diesen „partizipativen Haushalt" in den Gemeinden, in denen sie die Gemeindeverwaltung stellt. Das Modell ist richtig, doch unzureichend, denn die ökonomische Macht der politischen Klasse, die den Staat der Bourgeoisie verwaltet, liegt nicht auf der Gemeindeebene, sondern im Bundeshaushalt. Das historische Exempel der Gewaltenteilung zwischen der Aristokratie, die die nationale Exekutive für sich reservierte und des Bürgertums, welches das Monopol parlamentarischer Kontrolle über die Ausgaben der Exekutive für sich behielt, ist eindeutig. Was nützt den Königen die ultima ratio regis (Kanonen), wenn die Bourgeoisie nicht die Fonds für das Pulver bewilligt?

4.6.3 Wichtige Sektoren der Volkswirtschaft müssen über den Wert geleitet werden

Das zweite Kriterium sozialistischer politischer Ökonomie bezieht sich auf die Notwendigkeit, die Logik des marktwirtschaftlichen Systems zu brechen mittels der schrittweisen Ersetzung des Preis-Profit-Mechanismus durch das Wertkalkül, den gerechten Austausch gleicher, in den Produkten verkörperter Quanta von Arbeitszeit und natürlich durch demokratisch gesetzte Produktions- und Konsumtionsziele. Die voraussehbare graduelle Ersetzung einer volkswirtschaftlichen Logik durch eine andere setzt eine längere Phase der Koexistenz zwischen Marktwirtschaft und Äquivalenzwirtschaft voraus und damit die Möglichkeit, die unterschiedlichen wirtschaftlichen Verrechnungseinheiten „Preis" und „Wert" kommensurabel (vergleichbar) zu machen und das sowohl auf nationalem wie internationalem Niveau. Dieses Problem führt direkt zum Disput der Werttheorien bürgerlicher und Marxscher Herkunft.

Für die bürgerlichen Autoren gilt, dass jenseits der Preise keine objektiven Werte existieren. Preise sind keine willkürlichen Parameter der Allokation (Zuordnung) knapper Ressourcen, sondern gesamtwirtschaftliche Resultate kompetitiver Produktionskosten, einschließlich der des „Humankapitals", der Beziehung zwischen Angebot und Nachfrage sowie subjektiver Präferenzen. Da objektive Werte im Sinne der politischen Ökonomie nicht existieren, kann als einziger objektiver Faktor ökonomischer Gerechtigkeit in der Marktwirtschaft nur der Preis fungieren, der a) individuell von den Wirtschaftssubjekten nicht determiniert werden kann und b) das Ergebnis einer freiwilligen Kauf-Verkaufsentscheidung beider Wirtschaftssubjekte ist. Frei vereinbarte Preise sind folglich gerecht und vorteilhaft für alle Beteiligten, und jede Staatsintervention kann diese Realität nur zum Schlechteren ändern.

Marx hat in der Politischen Ökonomie die Unterscheidung zwischen Gebrauchswert, Wert und Tauschwert entwickelt. Gebrauchswert ist die Fähigkeit eines Produktes, ein Bedürfnis zu befriedigen; Wert ist eine quantifizierte Zeitspanne, z.B. zwanzig Minuten, eine Stunde, zwei Tage usw., die zur Produktion eines Gebrauchswerts erforderlich ist, und Tauschwert ist die „notwendige Ausdrucksweise oder Erscheinungsform des Werts", so wie er sich im konkreten Austausch manifestiert. Der objektive Wert eines Produktes liegt demnach in der zu seiner Produktion gesellschaftlich durchschnittlich notwendigen Arbeitszeit, und ein gerechter Austausch zweier Waren erfordert den Austausch gleich großer Arbeitsquanta, nicht den Austausch gleicher Preisgrößen.

Diese qualitative Differenz zwischen der wirtschaftlichen Verrechnungseinheit „Preis" und der wirtschaftlichen Verrechnungseinheit „Wert" ist in der Ökonomie durch die irreführende Vorstellung, dass die Preise in einer Marktwirtschaft um ihre Werte oszillieren, sozusagen also das Epizentrum der Werte darstellen, verdunkelt worden. Preise sind, im Gegensatz zum Wert, subjektive Größen, die heutzutage wenig mit Werten zu tun haben.

Und dies aus drei Gründen: 1. Preise sind monetäre Ausdrücke, die den Währungsrelationen zwischen verschiedenen Wirtschaftsregionen unterliegen. Der monetäre Preis von zehn Minuten Arbeit eines deutschen VW-Arbeiters ist, beispielsweise, fünf Dollar, der seines mexikanischen Kollegen 50 Cents. Da Technologie und Arbeitsorganisation im Wesentlichen die selben sind, schlägt sich ein gleicher zeitlicher Arbeitsaufwand (Zeitinput) von zehn Minuten in monetären Größen mit einem zehnfachen Unterschied nieder. 2. Aufgrund der zunehmenden Technifizierung, Zerstörung der Gewerkschaften und Globalisierung der heutigen Ökonomie geht der Kostenpreisbildungsanteil der lebendigen Arbeit immer mehr zurück. 3. Preise sind im Wesentlichen das Resultat der Kräftekorrelation zwischen den ökonomischen Subjekten. Dasjenige Wirtschaftssubjekt, welches über größere ökonomische, politische, kulturelle und militärische Macht verfügt, bestimmt die Preise. Und dies gilt vom ersten Kauf der Rohstoffe über die Preisgestaltung von Halbfertigprodukten bis zum Lohn der Beschäftigten, die Transportpreise und den Verkaufspreis an den Großhändler. Der Preis in der Marktwirtschaft ist das, was der Revolver beim Banküberfall ist. Wer in der Bank den Revolver hat, bekommt den (monetären) Reichtum; wer in der Marktwirtschaft die Preise bestimmen kann, bemächtigt sich des gesellschaftlichen Mehrprodukts. Preise sind nichts anderes als legalisierte Expropiationsmechanismen des gesellschaftlichen Reichtums in der Chrematistik. Sie sind in der Tat der entscheidende Bereicherungsmechanismus der ökonomischen Elite und als solche haben sie soviel mit Gerechtigkeit und Konsens zu tun wie Adolf Hitler mit der Demokratie.

Die Äquivalenzökonomie muss also in der ersten Koexistenzphase mit der Marktwirtschaft Kommensurabilitätskalküle haben, die den Austausch zwischen der chrematistischen Marktwirtschaft der Vergangenheit und der sozialistischen Gemeinwirtschaft der Zukunft möglich machen. Dies ist im Grunde problemlos, da alle Ökonomie auf dem Produktionsvektor „Zeit" beruht. Sie darf nur nicht den Fehler begehen, in der subjektiven Preistyrannei der Chrematistik das Epizentrum der Wertökonomie entdecken zu wollen. Das ist weder notwendig noch sinnvoll, denn es handelt sich um zwei qualitativ verschiedene Produktionsweisen, die unterschiedlichen Epochen angehören und demzufolge, wie Marx schon lehrte, ihren entscheidenden Unterschied in der Form der Appropriation der Mehrarbeit haben: in der Chrematistik über den oktroyierten Preis und für die Elite, in der Äquivalenzökonomie über die in Wert gemessene Surplusarbeit und ihrer demokratischen Verwendung durch und für die Gesamtheit der Bürger.

4.6.4 Mikroökonomische Grundsatzentscheidungen durch die Beschäftigten

Das dritte Kriterium sozialistischer Ökonomie, die realdemokratische Entscheidungsfindung auf Betriebsebene, führt uns zu einem der meistdebattierten Phänomene der Wirtschaftsgeschichte: dem von Marx als Mehrwertrate definierten Verhältnis zwischen dem Mehrwert (m) und dem variablen Kapital (v). Unter Mehrwert verstand Marx die in Wertkategorien (Zeit) ausgedrückte Mehrarbeit, und variables Kapital war im Wesentlichen das, was für den Lebensunterhalt des Beschäftigten (Lohn) gezahlt werden muss, das heißt, die notwendige Arbeit. Die Proportion zwischen

Mehrwert und variablem Kapital ist gleich der Proportion von Mehrarbeit und notwendiger Arbeit, nur einmal in der Form „vergegenständlichter, das andere in der Form flüssiger Arbeit", wie Marx sagt. „Die Rate des Mehrwerts ist daher der exakte Ausdruck für den Exploitationsgrad der Arbeitskraft durch das Kapital oder des Arbeiters durch den Kapitalisten."[4] Die Mehrarbeitsrate (Surplusarbeitszeit zu notwendiger Arbeitszeit), die ersterer zugrunde liegt, ist folglich der exakte Ausdruck für den Exploitationsgrad der Arbeitskraft durch die ökonomische Elite in jeder ökonomischen Gesellschaftsformation, die nicht realdemokratisch von den unmittelbaren Produzenten geleitet wird.

Dieses, von Marx und Engels aufgedeckte gesellschaftliche Verhältnis, steht im Zentrum der berühmten Formulierung des *Kommunistischen Manifests*, dass die Geschichte „immer die Geschichte von Klassenkämpfen" ist. Es bezeichnet die Trennungslinie zwischen Klassen- und Nichtklassengesellschaften bzw. den Unterschied zwischen Vorgeschichte und Geschichte der Menschheit, und es ist seine Konfiguration in der sozialistischen Gesellschaft, welche – auf der gesamtgesellschaftlich-politischen oder kollektiv-subjektiven Ebene – darüber entscheidet, ob diese Ökonomie „sozialistisch" ist oder nicht.

Daher liegt die wesentliche Befreiungsproblematik sozialistischer Ökonomie nicht in den Eigentumsformen der Produktionsmittel, in der zentralstaatlichen Verwaltung oder den Wohlfahrtsmaßnahmen, sondern in der demokratischen Selbstbestimmung des unmittelbaren Produzenten über den Exploitationsgrad seiner Arbeit, d.h., die Mehrarbeitsrate. Dies ist der entscheidende Unterschied zwischen der wissenschaftlichen Arbeitsorganisation im Sozialismus und dem kapitalistischen Taylorismus. Beide Ökonomien sind getrieben durch den Imperativ steigender Produktivität, doch in der Äquivalenzökonomie entscheidet der Beschäftigte als Subjekt über die Höhe der Mehrarbeitsrate, während er im Kapitalismus lediglich ein Objekt der Ausbeutungsbestimmungen der Unternehmermagnaten ist.

Die Exploitationsrate der direkten Produzenten in einer realdemokratischen Ökonomie kann nur von ihnen selbst bestimmt werden, in Übereinstimmung mit den objektiven Bedingungen des Systems. Keinesfalls kann eine Eigentumsform per se diesen

---

4 – Karl Marx, Friedrich Engels, Marx Engels Werke, Dietz Verlag, Berlin, 1979, Bd. 23, S. 232.

Schutz seiner Subjektinteressen garantieren. In der römischen Sklavenwirtschaft traten dem direkten Produzenten (Sklaven) als mehrarbeitsdefinierende objektive Gewalt Latifundisten und Majordomos entgegen, ebenso wie später im Feudalismus auf den säkularen und klerikalen Dominien, einschließlich der Jesuiten-Missionen in Paraguay; im Frühkapitalismus ist es der Kleineigentümer, der Eigentums-, Besitz- und Verwaltungspositionen ausführt; im entwickelten Kapitalismus differenzieren sich die drei Funktionsrollen und im real existierenden Sozialismus treten die höheren Betriebs- und Parteifunktionäre dem Arbeitenden als externe Gewalt gegenüber, deren Plan- und Produktionsziffern ebensowenig geändert werden können wie die des kapitalistischen Betriebsmanagers.

Die bis heute fortdauernde Produktionspraxis aller ökonomischen Gesellschaftsformationen hat die Mehrheiten in stets noch entfremdende Arbeitssituationen gezwungen, die ihrer Struktur nach sich kaum von der vertikalen Organisation militärischer Institutionen unterscheiden. Hierin liegt sicher einer der wichtigsten Erklärungsfaktoren für das Nicht-Einschreiten der bewaffneten Arbeitermilizen und gewerkschaftlichen Massenorganisationen angesichts der voranschreitenden kapitalistischen Involution beispielsweise in der DDR und der Sowjetunion. Warum sollten diese Arbeiter Institutionen verteidigen, die zwar als Volkseigentum definiert waren, ihnen jedoch aufgrund ihrer täglichen Lebenserfahrung so fremd und fern lagen wie eine kapitalistische Fabrik den in ihnen Ausgebeuteten.

Die „Militarisierung der Arbeit", die allen Klassengesellschaften gemein ist, kann lediglich durchbrochen werden auf einer hohen Entwicklungsstufe der Produktivkräfte – die heute erreicht ist – sowie der bewussten demokratischen Praxis der arbeitenden Bevölkerung im Betrieb, in einer Äquivalenzwirtschaft.

4.6.5 Produktivität und ökonomische Demokratie bei Lenin

Während Marx und Engels die Beziehung zwischen Produktivität, Ausbeutungsgrad der Arbeit und Selbstbestimmung der unmittelbaren Produzenten als theoretisches Problem zu untersuchen hatten, stand Lenin vor der titanischen Aufgabe, eine nichtkapitalistische Übergangsgesellschaft in einem halbfeudalen Land, ohne kapitalistische Produktionseffizienz, ohne allgemeine Schulbildung und unter oligarchisch-imperialistischer Militäraggression, zu organisieren. Unter diesen Bedingungen war es unvermeidlich, dass die Bedeutung der Erhöhung der Arbeitsproduktivität für die sozialistische Entwicklung und Demokratie sowie die politisch-militärische Verteidigung der Revolutionsmacht die beiden Zentren der Leninschen Praxisreflexionen darstellten. Daher schreibt Lenin im März 1918, dass das „eigentliche Wesen des Übergangs von der kapitalistischen zur sozialistischen Gesellschaft darin (besteht), dass die politischen Aufgaben einen untergeordneten Platz gegenüber den ökonomischen Aufgaben einnehmen". Diese Aufgaben lassen sich aufgliedern „in zwei Hauptrubriken: 1. Rechnungsführung und Kontrolle über Produktion und Verteilung der Produkte (…) und 2. Erhöhung der Arbeitsproduktivität".[5]

Ende des Jahres, in einem Gesamtrussischen Kongress über die Weiterentwicklung der Landwirtschaft und des Übergangs von der kleinbäuerlichen Einzelwirtschaft zur gemeinschaftlichen Bodenbearbeitung, findet sich eine folgenreiche, weil strukturelle, Bestimmung über die Arbeitsproduktivität: „Die Arbeitsproduktivität ist in letzter Instanz das allerwichtigste, das ausschlaggebende für den Sieg der neuen Gesellschaftsordnung. Der Kapitalismus hat eine Arbeitsproduktivität geschafffen, wie sie unter dem Feudalismus unbekannt war. Der Kapitalismus kann endgültig besiegt werden und wird dadurch endgültig besiegt werden, dass der Sozialismus eine neue, weit höhere Arbeitsproduktivität schafft." Dies ist, außer bestimmten sektoralen Erfolgen, nie gelungen und zusammen mit der Zerstörung realer Demokratie in Partei, Staat und Massenorganisationen, wohl der zweite entscheidende Faktor für den Zusammenbruch (Implosion) der Sowjetunion.

Da der „russische Mensch ein schlechter Arbeiter ist" im Vergleich mit den „fortgeschrittenen Nationen", kann die Erhöhung der Produktivität nur über die Konsolidierung der materiellen Basis der Großindustrie erfolgen und über die Anhebung des kulturellen Niveaus der Bevölkerung. „Arbeiten zu lernen" ist die große Aufgabe, in der „das letzte Wort des Kapitalismus in dieser Hinsicht", die durch Frederick Winslow Taylor entwickelte wissenschaftliche Organisation der Arbeit (*The Principles of Scientific Management*, 1911) nützlich sein kann. Das Taylorsystem vereinigt in sich, „wie alle Fortschritte des Kapitalismus, die raffinierte Bestialität der bürgerlichen Ausbeutung und eine Reihe wertvollster wissenschaftlicher Errungenschaften (…) Das Nega-

---

5 – W. I. Lenin, *Über wissenschaftliche Arbeitsorganisation*, Dietz Verlag, Berlin, 1971, S. 22.

tive am Taylorsystem ist, dass es unter den Verhältnissen der kapitalistischen Sklaverei angewandt wurde und als Mittel diente, aus den Arbeitern bei unveränderter Entlohnung das Zwei- und Dreifache an Arbeit herauszupressen (...)." Das Positive ist, dass es einen „gewaltigen Fortschritt der Wissenschaft einschließt. (...) Die Realisierbarkeit des Sozialismus hängt (daher) ab von unseren Erfolgen bei der Verbindung der Sowjetmacht und der sowjetischen Verwaltungsorganisation mit dem neuesten Fortschritt des Kapitalismus.“[6]

Der negative Teil des Taylorismus wird durch die humaneren Produktionsverhältnisse der sozialistischen Sowjetrepubliken neutralisiert, indem wir dieses System „verbinden mit einer Verkürzung der Arbeitszeit, mit der Anwendung neuer Methoden der Produktion und Arbeitsorganisation ohne jeglichen Schaden für die Arbeitskraft der werktätigen Bevölkerung. Im Gegenteil, gehen die Werktätigen selber mit dem notwendigen Bewusstsein an die Sache heran, dann wird die von ihnen richtig geleitete Anwendung des Taylorsystems das sicherste Mittel sein, die obligatorische Arbeitszeit für die gesamte werktätige Bevölkerung weiter und sehr erheblich zu verkürzen; wird sie das sicherste Mittel sein, um in ziemlich kurzer Frist die Aufgabe zu lösen, die man etwa so ausdrücken kann: sechs Stunden körperliche Arbeit täglich für jeden erwachsenen Bürger und vier Stunden Arbeit zur Verwaltung des Staates (...)"[7]

Wie in der Hegelschen List der Vernunft bereitet der Taylorismus „– ohne Wissen und gegen den Willen seiner Erfinder – die Zeit vor, wo das Proletariat die ganze gesellschaftliche Produktion in seine Hände nehmen und *eigene Arbeiterkommissionen einsetzen wird, um die gesamte gesellschaftliche Arbeit richtig zu verteilen und zu regeln*. Die Großproduktion, die Maschinen, die Eisenbahnen, das Telefon, all das gibt Tausende von Möglichkeiten, um die Arbeitszeit der organisierten Arbeiter auf den vierten Teil herabzusetzen und ihnen dabei einen viermal so großen Wohlstand wie heute zu gewährleisten. Die Arbeiterkommissionen werden mit Hilfe der Arbeiterverbände imstande sein, diese Prinzipien einer vernünftigen Verteilung der gesellschaftlichen Arbeit zur Anwendung zu bringen, sobald diese aus ihrer Versklavung durch das Kapital befreit sein wird.“[8]

---

6 – Ebenda, S. 29.
7 – W. I. Lenin, *Über wissenschaftliche Arbeitsorganisation*, Dietz Verlag, Berlin, 1971, S. 24.

Die „sozialistische" Verbindung, die Lenin zwischen der Arbeits-produktivität und der Bestimmung der makroökonomischen und mikroökonomischen Parameter durch die unmittelbaren Produzenten, mittels „Arbeiterkommissionen" und „Arbeiterverbände", herstellt, wird von ihm ausgedehnt auf die politische Ebene. Auf die Frage nach der spezifischen Differenz zwischen dem bürgerlichen Parlament und dem demokratischen und sozialistischen Charakter der Sowjets antwortet er, „die Teilnahme aller an der Verwaltung".

Das von Lenin vorgesehene organische Verhältnis von ökonomischer und politischer Demokratie, ohne dass ein wirklicher Sozialismus nicht existieren kann, wird in der Phase des Stalinismus definitiv zerstört. Die Liquidierung der Demokratie in der Partei und im öffentlichen Leben geht einher mit der Substitution der wirtschaftlichen Produzentendemokratie durch die entfremdende quasimilitärische Organisation der „Werktätigen", in der vom Januskopf des Taylorismus nur noch das Schreckensgesicht erhalten bleibt. Reduziert auf Wachstumsraten und höhere Konsumziffern, verliert das *Historische Projekt* des Sozialismus seine geistige Transzendenz und Überlegenheit und degeneriert zur vulgärpositivistischen ökonomischen Alternative des Kapitals. Dieses Sein bestimmt dann das Bewusstsein, dessen sozialistische Identität nur noch ein Schatten dessen ist, was 1917 den Sturm auf das Winterpalais möglich gemacht hatte. Wo bürgerliche Waffen versagten, siegte die Marktökonomie.

4.7 Eigentum, Macht und Sozialismus

Eines der großen Probleme, die das Verständnis für das *Neue Historische Projekt* (NHP) des Sozialismus des 21. Jahrhunderts erschweren, ist die Frage, ob die Eigentumsform an den Produktionsmitteln für den zivilisatorischen oder Klassencharakter eines Gesellschaftssystems entscheidend ist, also etwa, ob das Privateigentum an Produktionsmitteln für den Kapitalismus und das staatliche oder gesellschaftliche Eigentum für den Sozialismus unabdingbar sind.

Marx hatte eine klare Antwort auf die Frage gegeben, wodurch sich die unterschiedlichen sozioökonomischen Epochen der Mensch-

---

8 – Ebenda, S. 12, Hervorhebung von mir.

heit unterschätzen, also etwa die auf Sklaverei beruhende, die asiatische Produktionsweise, die Feudalwirtschaft oder der industrielle Kapitalismus der Neuzeit. Die *Form* der Aneignung des Mehrproduktes oder wirtschaftlichen Überschusses (Surplus) war das Kriterium für Marx in dieser Diskussion, wobei die prinzipielle Unterscheidung von ihm getroffen wurde zwischen der gewalttätigen Appropriation dieses Überschusses durch die wirtschaftlichen Eliten und herrschenden Klassen wie etwa in der Sklaverei und der formal gewaltfreien Aneignung im Industriekapitalismus über das Kapitalverhältnis; also einem formal freien Vertragsverhältnis von Kauf-Verkauf der Arbeitskraft, das es dem Käufer ermöglicht, einen über den Kaufpreis (Lohn) hinausgehenden Mehr-Wert in der Produktion zu erzielen und ihn sich legal anzueignen. Um diese verdeckte Ausbeutung in der zukünftigen sozialistischen Gesellschaft zu verhindern, schlagen Marx und Engels vor, der Wirtschaftselite das Privateigentum über die Produktionsmittel revolutionär zu entziehen. Die Überführung dieser Produktionsmittel in gesellschaftliches Eigentum nimmt der herrschenden Klasse ihr Ausbeutungsinstrument und liquidiert sie als Klasse. Gleichzeitig werden die Mehrheiten, die unmittelbaren Produzenten wie Arbeiter, Bauern, Angestellte usw., zu kollektiven Eigentümern und de facto Operateuren der Fabriken, des Bodens, der Technologien und Rohstoffe und als solche eignen sie sich unmittelbar das Mehrprodukt an. Mit den Mehrheiten derart „verankert" im materiellen Substrat der Nation und ausgestattet mit partizipativer Demokratie und politischem Bewusstsein gäbe es keine Möglichkeit, dass das ancien régime der Bourgeoisie zurückkehren kann.

Mit dem Triumph des realexistierenden Sozialismus wurde dieses entscheidende Theorem der Gründungsväter in die Wirklichkeit umgesetzt – leider nur in die ideologische. Außer genossenschaftlichen Eigentumsformen, die sich der Idee gesellschaftlichen Eigentums annähern, wurde vor allem staatliches Produktionseigentum geschaffen, das dann im offiziellen Sprachgebrauch als „Volkseigentum" und „volkseigene Betriebe" mystifiziert wurde. Es ist durchaus möglich, dass zur Gründerzeit der DDR und der Sowjetunion weder die objektiven noch die subjektiven Bedingungen bestanden, um Industrie und Boden in authentische gesellschaftliche Produktionsverhältnisse zu überführen und so der Staat als einziges Organisationssubjekt der Volkswirtschaft agieren musste, wollte man nicht erneut auf den Markt zurückgreifen. Doch die Mystifizierung dieser staatlichen Produktionsverhältnisse als volkseigentümliche, also gesellschaftlich-sozialistische, stellte die gesamte Gesellschaftstheorie und Diskussion dieser Gründerstaaten auf eine objektiv falsche Basis. Von diesem Zeitpunkt an konnte jeder Diskurs, der diese Grundsatzprämisse akzeptierte, in seinen zentralen Elementen nur noch Ideologie sein, also objektiv falsches Bewusstsein.

Die bewusste Fehlidentifikation der Verstaatlichung mit der Vergesellschaftung der Produktionsmittel, ebenso wie des Staates mit den Arbeiter- und Bauernklassen oder der Partei mit dem Willen der Mehrheiten, hatte verheerende Konsequenzen für die Einschätzung der strategischen und taktischen Notwendigkeiten des Kampfes um die Weiterentwicklung des Sozialismus. Die Verstaatlichung der Produktionsmittel hatte das imperialistische Subjekt des Großkapitals liquidiert, doch es hatte nicht ein neues Subjekt sozialistischer Produktionsmitteleigner hervorgerufen, welches in Momenten der Krise bereit gewesen wäre, sein kollektives Produktiveigentum und die damit verbundene Produktionsweise zu verteidigen. Das neue Subjekt politökonomischen Handelns, dem die reale Verfügungsgewalt über dieses Eigentum unterlag, war eine neue Klasse oder Führungsschicht, die zu weit von den Mehrheiten entfernt war, um deren wirkliche Vorstellungen und Loyalitäten zu kennen oder aufzunehmen.

Die neuen Eigentumsformen und Verfügungsgewalten in der Sowjetunion und der DDR hatten natürlich bedeutenden Einfluss auf die entsprechenden makroökonomischen und mikroökonomischen Prozesse sowie das Leben ihrer Staatsbürger, dergestalt, dass die einebnende Formel des „Staatskapitalismus" mehr Erkenntnismöglichkeiten über den real existierenden Sozialismus verschleiert als öffnet. Doch ist andererseits klar, dass die neue staatliche Eigentumsform bei Beibehaltung der zentralen Funktionsmechanismen der Marktökonomie nicht das Transformationspotential entwickeln konnte, das notwendig war, um eine qualitativ andere Produktionsweise herbeizuführen, welche die Basis eines irreversiblen neuen zivilisatorischen Systems hätte werden können.

Heiner Müller sagte einmal: „In der DDR ist der groß angelegte Versuch unternommen worden, Marx zu widerlegen. Dieser Versuch ist gescheitert." Müller erlaubt sich den Luxus einer zynisch-subjektivistischen Formulierung über ein großes gesellschaftliches Experiment, doch die unwiderlegbare empirische Evidenz aller realsozialistischen europäischen Staaten macht eine Schlussfolgerung unvermeidbar: Die Verstaatlichung des Produktiveigentums und seine zentralverwaltungswirtschaftliche Organisation sind keine hinreichenden Mittel, um eine Ökonomie aufzubauen, die im Sinne politisch-ökonomischer Wissenschaft als sozialistische zu bezeichnen ist. Die Gleichsetzung von staatlichem Eigentum und sozialistischer Ökonomie, wie sie übrigens in den fünfziger Jahren als Grundelement antikommunistischer Propaganda ständig gebraucht wurde, etwa in Karl A. Wittfogels „Orientalischer Despotismus" über den „Sozialismus der Inkas", führt zu einer völligen Simplifizierung des realen Problems.

Wenn das staatliche Eigentum und die Diktatur der „Arbeiter- und Bauern-Partei" nicht zum neuen Sozialismus führen, wie ist dann dieser Weg neu und erfolgreich theoretisch zu konzipieren?

Wir haben im Kapitel 1.2.1 die von Arno Peters zusammengefassten zehn Prinzipien wiedergegeben, auf der die Nationale Marktwirtschaft oder Chrematistik beruht. Die deutsche herrschende Klasse hat uns aus Anlass des Vertrages über die Schaffung einer Währungs-, Wirtschafts- und Sozialunion zwischen der Deutschen Demokratischen Republik und der Bundesrepublik Deutschland (18. Mai 1990) und des von der DDR-Volkskammer beschlossenen Treuhandgesetzes vom 17. Juni 1990, das im Wesentlichen die Instruktionen des Bonner Finanzministeriums ausführte, den Gefallen erwiesen, einen Katechismus von Systemeigenschaften zu definieren, die die Herren des kapitalistischen Systems für dessen Funktionieren für lebenswichtig halten. Demnach wird die soziale Marktwirtschaft, „insbesondere bestimmt durch Privateigentum, Leistungswettbewerb, freie Preisbildung und grundsätzlich volle Freizügigkeit von Arbeit, Kapital, Gütern und Dienstleistungen".[9]

Wenn wir in diesem Dekalog notwendiger kapitalistischer Funktionsvariablen das Propagandakonzept „Leistungswettbewerb" streichen, bleiben sechs Elemente übrig, die die deutsche herrschende Klasse als notwendig für ihr Ausbeutungssystem ansieht. Eines davon ist juristisch-formal, das Privateigentum, sozusagen die Magna Charta der Marktökonomie; die anderen fünf operationalisieren dieses Verfassungsprinzip für die kapitalistische Realität, das heißt, bezeichnen die Mechanismen realer Verfügungsgewalt und Macht in der marktwirtschaftlichen Tyrannei: freie Preisbildung und volle Freizügigkeit von Arbeit, Kapital, Gütern und

---

9 – Christa Luft, *Wendeland. Fakten und Legenden*, Aufbau Taschenbuch, Berlin 2005, S. 28.

Dienstleistungen. Dies sind die Divisionen, mit denen das Kapital sein ökonomisches Verfassungsprinzip faktisch durchsetzt.

Wenn die kapitalistische Marktwirtschaft nur mittels dieser Mechanismen existieren kann, dann ist klar, dass eine sozialistische Ökonomie nur mittels ihrer Negation sozialistisch sein kann. Statt Privateigentum an Produktionsmitteln, also gesellschaftliches Eigentum statt freier Preisbildung, Wertausdruck der Ware über Zeitinputs (Werte) und Tausch von Äquivalenten und statt absoluter privater oder staatlicher Verfügungsgewalt über Arbeit, Kapital, Güter und Dienstleistungen, Unterordnung dieser wirtschaftlichen Größen unter die demokratische Verfügungsgewalt der Mehrheiten.

Ganz so, wie Marx und Engels das schon vor 160 Jahren geplant hatten.

Danksagung
In memoriam, Luis Eduardo Gürra

Dieses Buch ist mehr als jedes andere ein kollektives Produkt, für dessen Entstehen vielen Menschen zu danken ist. Sein „tragendes Gerüst" entwickelte sich aus der Zusammenarbeit und Freundschaft mit dem Bremer Universalwissenschaftler Arnold Peters, dem kubanischen Physiker Raimundo Franco und dem Leben unter den kämpfenden Völkern Lateinamerikas. Arno Peters trug das postkapitalistische Wirtschaftsmodell der äquivalenten Weltökonomie zur Theorie des neuen Sozialismus bei; Raimundo Francos Input ergab sich vor allem aus den Diskussionen über dynamisch komplexe Systeme, und der antikapitalistische Widerstand Lateinamerikas ist die Musik, die, wie Marx sagte, die versteinerten Verhältnisse zum Tanzen brachte.

Zu spät lernte ich Paul Cockshott und Allin Cottrell aus der Schottischen Schule kennen, um in einem gemeinsamen Workshop in Bremen mit Peters, Franco, dem deutschen Mathematiker Carsten Stahmer und anderen interessierten Wissenschaftlern die neue Theorie vorantreiben zu können. Es fehlte das Geld, ein internationales Arbeitsseminar zu finanzieren, und alle Versuche von Arno Peters, von der Bremer Universität Unterstützung für seine bahnbrechenden Arbeiten zu bekommen, schlugen kläglich fehl. Die ökonomische Fakultät ist „im Wesentlichen neoklassisch", also neoliberal, so erklärte er einmal das Scheitern seiner Versuche.

Viel Geld hätte man nicht benötigt. Nach Einschätzung von Peters hätte man eine exemplarische Wertkalkulation für etwa fünfzig Produkte mit zwölf Hilfskräften innerhalb eines Jahres durchführen können und zwar mit mathematisch weitaus einfacheren Verfahren als die, die er für die Berechnungen seiner mapa mundi gebraucht hatte. Doch selbst mit der Unterstützung eines Bremer Ex-Kultussenators gelang es nicht, eine Bresche in die Mauer deutscher Bürokratenträgheit und politischen Opportunismus zu schlagen.

Ich schlug Peters daraufhin vor, das wirtschaftliche Problem der notwendigen Wertkalkulationen über ein so genanntes „internet based distributed-computing"-Projekt zu lösen. Damit war er einverstanden, doch scheiterte dieser Weg, ebenso wie die geplante direkte Zusammenarbeit mit Cockshott und Cottrell, schließlich am Tod des großen Gelehrten.

Eine Gruppe junger Rebellen, die aus der antifaschistischen Bewegung in Göttingen in eine Unterstützerbasis für das *Neue Historische Projekt* der Mehrheitendemokratie hineinwuchsen – „das rote Zellchen", wie sie sich manchmal mit angenehmer Eigenironie bezeichnen – sorgten mit der Internet-Seite „puk.de", einem internationalen Kongress in Göttingen und ihrem Enthusiasmus dafür, dass die Diskussion über das *Neue Historische Projekt* in der BRD nicht zum Erliegen kam. Stefan, Erich und nun auch Christian, der die Rohübersetzung des Buches aus dem Spanischen vornahm, halten die Fahne des roten Zellchens weiter aufrecht, und wer mit ihnen zusammenarbeiten möchte, braucht nur die Webseite www.puk.de/download anzuwählen.

Ein weiteres Kollektiv, von dem noch viel Positives für die Rückgewinnung der Zukunft zu erwarten ist und das an der Veröffentlichung dieser Arbeit großen Anteil hat, sind die Freunde und Compañeras von der Jungen Welt in Berlin sowie Kai Homilius, dessen Verlag das Buch herausgibt. Cuba Sí und das Netzwerk Cuba, in dem Reinhard, „Franky" und Kristine unermüdlich den tropischen Sozialismus unterstützen und dabei auch noch Zeit finden, die Vampire des Weltsystems im eigenen Land zu bekämpfen, gehören ebenfalls zu der wachsenden Zahl von Mitkämpfern für die neue Zivilisation.

Den rot-grünen Freiheitskämpfern Gerhard Schröder und Joschka Fischer ist es zu verdanken, dass ich Manfred Wekwerth und Renate Richter kennen lernte. Als erstere, im besten Stil der Regierungen von Bananen-Republiken, dem Druck des kriminellen Bush-Regimes und seinem faschistoiden Schoßhündchen Aznar nachgaben und die Unterstützung der Bundesregierung für die Internationale Buchmesse in La Habana blockierten, fuhren Manfred und Renate nach Kuba, um als solidarische Brecht-Barden der rot-grünen Infamie entgegenzutreten. Im „Hotelito del Laguito" in La Habana, in einem Gästehaus der Regierung, begann der Dialog über den alten und neuen Sozialismus, erfreulich vorangetrieben durch den einen oder anderen Cuba Libre auf der nächtlichen Terrasse. Dieser tropikalische Dialog wurde später fortgesetzt über Ostsee-Matjeshering in Rügen. Aus dieser explosiven Mischung erwuchs dann eine wertvolle Freundschaft, die mir sehr geholfen hat, das ursprünglich in Lateinamerika und für Lateinamerika geschriebene Werk der deutsch-europäischen Diskussion anzunähern.

Aus Berlin-Grünau, wo Manfred und Renate wohnen, führte der Weg dann zu Volker Braun, dessen jahrzehntelange DDR-Arbeits- und Lebenserfahrung und scharfsinniges Räsonnieren die Tradition großen kritischen deutschen Denkens fortführte. Seine Bereitschaft, eine wunderbare Strophe aus seinem „Großen Frieden" als Epigraphe für dieses Buch zur Verfügung zu stellen und eventuell eine kleine Abhandlung dazu zu schreiben, ebenso wie das Vorwort von Manfred, sollen helfen, die Realität der neuen Theorie widerzuspiegeln wie an den Wänden der platonischen Höhle, allerdings mit zusätzlicher Klarheit. Das wird tiefer liegenden Dimensionen der Theorie sehr zu Gute kommen.

Meiner Familie gebührt besonderer Dank, insbesondere meiner Schwester Hilde und Michael Spindler, die immer bereit waren, diese lange Arbeit zu unterstützen. „Müllers Buchhandlung" in der Goethestrasse 9, im niedersächsischen Rotenburg an der Wümme, die von Hilde geleitet wird, ist so etwas wie ein kleines libertäres Kulturzentrum. Als das einzige Kleinstadt-Internet-Café den Weg alles Irdischen ging und damit die elektronische Inkarnation des Hegelschen Weltgeistes, das Internet, aus meiner Arbeitslogistik in den Wümme-Niederungen verschwand, diente mir „Müllers Buchhandlung" häufig als unverzichtbare kleine Referenz-Bibliothek.

Meine Lebenserfahrungen in Lateinamerika, das seit dreißig Jahren meine neue Heimat geworden ist, waren natürlich der Schoß der neuen Kreatur. Es ist nicht das Gleiche, aus dem Elend zu schreiben, als über das Elend. Die Erfahrungen aus dem argentinischen Elendsviertel auf der toxischen Müllhalde, in dem Kinder und Eltern jeden Tag physisch um ihr Überleben kämpfen;

die Kugeln bolivianischer Militärs, die auf unsere Demonstration in La Paz schossen; die trostlose Zelle des sich im Hungerstreik befindlichen, zu dreimal lebenslänglich Haft verurteilten argentinischen Guerrilleros Enrique, der das Kommando anführte, welches den nicaraguanischen Diktator Anastasio Somoza in Asunción der Gerechtigkeit zuführte; das tägliche Elend in den Straßen der lateinamerikanischen Großstädte und auf dem völlig vernachlässigten Land; die Ohnmacht gegenüber staatlicher und gesellschaftlicher Ungerechtigkeit, Verletzung der Menschenrechte und Korruption; das Treffen mit dem kolumbianischen Gemeindeführer Luis Eduardo Guerra in Quito und vier Wochen später das Hilfegesuch der kolumbianischen Nonne Clara Lagos, ihn zu retten, gefolgt am Tag darauf von der Nachricht, dass Luis Eduardo zusammen mit seiner Familie von den Todesschwadronen des kolumbianischen Präsidenten Alvaro Uribe gefoltert und zerhackt worden war; der Rundgang durch die Escuela de Mecanica de la Armada (ESMA), der Technikerakademie der argentinischen Marine in Buenos Aires, in der 5.000 Menschen gefoltert wurden und „verschwanden", d.h., von Flugzeugen aus in den Atlantik gestürzt wurden, mit Enrique Fukman, einem der wenigen Überlebenden, der mir den von den Folterern „Avenida de la Felicidad" (Avenue des Glücks) genannten Weg aus dem Folterkeller in den Innenhof zeigte, wo die Opfer betäubt und in die Flugzeuge verschleppt wurden; die traumatischen Erfahrungen mit den großen Erdbeben und Hurricans in México; ebenso aber, auf der positiven Seite, das erste Treffen mit dem venezolanischen Staatspräsidenten Hugo Chávez im Palacio de Miraflores und die lange Freundschaft, die daraus folgte; die Einladung von Fidel, am 1. Mai des Jahres 2002 in La Habana vor 1,3 Millionen Menschen zu sprechen; das klandestine Treffen mit ekuadorianischen Gewerkschafts- und Indigenaführern sowie demokratischen Militärs in einem Vorort von Quito, die vor der geplanten Insurrektion wissen wollten, wie das Ausland auf eine Machtübernahme des Volkes reagieren würde; das Zusammentreffen mit 2.000 Mitgliedern einer sich im Protest befindlichen argentinischen Bauernorganisation an der paraguayischen Grenze, mit ihrem jungen, an Jesus erinnernden, charismatischen Führer Benigno López, der mich indirekt kennen gelernt hatte, als ihm in einem Krankenhaus in Buenos Aires mein Buch über wissenschaftliche Forschungsmethodik in die Hände fiel; die langen Gespräche mit dem kubanischen Verteidigungsminister Raúl Castro und das vertrauliche rote

Telefon, mit dem Fidel mit dem Kreml kommunizierte; die Interviews mit den Forschungsleitern der kubanischen Biotechnologie und Medizinwissenschaften und die lange Fotoreportage aus dem Tropicana; die Gespräche mit dem ersten revolutionären Präsidenten Nicaraguas, Daniel Ortega und mit Ernesto Cardenal, in der Blütezeit der sandinistischen Revolution; der freiwillige Einsatz bei der Kaffeeernte im Norden Matagalpas, wo Ronald Reagans Söldnerhorden mordeten und jedes sowjetische Sturmgewehr AK-47 in unserem Lager ein Garant des Überlebens und ein Symbol des Friedens war; der unvergessliche Ausdruck von Entschiedenheit, Willen und Trauer auf den Gesichtern der jungen Soldaten, die sich in Managua von ihren Familien verabschiedeten, um an die Front zu fahren; die dreiwöchige Promotion der ersten Buchversion des Sozialismus des 21. Jahrhunderts in Venezuela, in der wir in einer abenteuerlichen Expedition 4.000 km zurücklegten, in einem altertümlichen Gemeindebus und nur der literweise Konsum des hervorragenden venezolanischen Anisschnapses unsere Gruppe von Enthusiasten aus Argentinien, México und Venezuela bei Kräften hielt; die Freude, wie damals beim Sieg Vietnams über die USA, beim Sturz der US-Marionetten-Präsidenten in Ecuador, Bolivien, Argentinien und beim Fehlschlag des US-Putsches gegen Hugo Chávez, kurz das große Kaleidoskop von Horror, Alltäglichkeit und Glück im Süden der „Neuen Welt" ist der eigentliche Mentor dieses Werkes. Zu viele Namen müssten genannt werden, um jenen zu danken, die in Lateinamerika direkt oder indirekt am Werk teilhatten. Für sie alle steht stellvertretend der Name meiner Lebensgefährtin Sandra Mirna, die mit Ideen, Disputen und Solidarität von Anfang an den neuen Sozialismus begleitete.

Ein letztes Wort gilt denjenigen, die dieses Buch lesen. Obgleich ich mich bemüht habe, es so verständlich wie möglich zu schreiben, eignet es sich nicht für den schnellen und leichten Konsum. Sein theoretischer Status ist der einer fortgeschrittenen Selbstverständigung über sehr komplexe Realitäten und ihre mögliche Veränderung, und es erfordert daher Geduld, konzentriertes Studieren und die Hilfe eines guten Wörterbuchs. Die beste Form, diese Arbeit zu erleichtern, liegt darin, den Sozialismus des 21. Jahrhunderts in kleinen Gruppen von Interessierten demokratisch zu debattieren, in Studierzirkeln. Alle großen Sozialbewegungen der Geschichte begannen damit, dass sich einige wenige zusammenfanden und planten, die Welt zu transformieren. Alle großen gesellschaftlichen Veränderungen begannen mit diesem ersten kleinen Schritt. Wer also die Aufforderung, an und mit dem Buch zu arbeiten, als unangemessen oder unzumutbar empfindet, sollte daran denken, dass es absurd ist, eine Welt ohne Arbeit verändern zu wollen.

Wer die Mühe auf sich nimmt, dieses Buch verstehen zu wollen, findet jedoch Hilfe in seiner logischen Struktur. Es versucht nicht, enzyklopädisch auf die großen Debatten und offenen Fragen des Sozialismus einzugehen, also die Ökologie, die Frauenbefreiung, die Preis-Wert-Debatte, den Kollaps des real existierenden Sozialismus, den „neuen Menschen" und unendlich viele andere Themen. Ein derartiger Versuch wäre sinnlos, weil er die intellektuelle Kapazität jedes Menschen übersteigt. Ich habe daher für die logische Struktur des Buches das in der Informatik benutzte Modell des „Baumes" benutzt, um die infiniten Elemente der neuen Zivilisation und ihrer Übergangsperiode in ihren großen tragenden (Äste) und sekundären (Blätter) Aspekten darzustellen. Die vier tragenden Elemente sind die Äquivalenzökonomie, der Nicht-Klassenstaat, die Mehrheitendemokratie und das kritisch-ethisch-ästhetische Subjekt. Jede neue theoretische und praktische Erfahrung, sei sie taktischer oder strategischer Natur, lässt sich nun logisch in die vier großen Evolutionslinien und ihre Verzweigungen integrieren, ohne dass ihr systematischer Ort im lokalweltgeschichtlichen Transformationsprozess verloren geht oder missverstanden wird. Damit wird die Mit-Arbeit aller Interessierten am Ausbau und der Vervollkommnung der Theorie und des *Neuen Historischen Projektes* auf allen ihren Wissens- und Erfahrungsgebieten möglich: Wissenschaft, Kunst, Ethik und alltäglicher Überlebenskampf.

Erst die Arbeit hat die Menschwerdung des Affen ermöglicht. Was fehlt, ist die Menschwerdung des Menschen. Dies ist nur möglich, indem man die Affenordnung der Menschheit abschafft. Gibt es eine sinnvollere Tätigkeit, als daran mitzuwirken?

Personenregister